Gerhard Middendorf

www.franzis.de

HDR PROJECTS
2018

COACH

IHR PERSÖNLICHER TRAINER: WISSEN, WIE ES GEHT!

FRANZIS

Lieber Leser,

als verifiziertem Kunden dieses Buchs stehen Ihnen kostenfrei weitere Inhalte zur Verfügung.

Zu diesem Buch haben wir für Sie folgende Ergänzungen aus unserem Softwareprogramm bereitgestellt:

- ***DENOISE projects 2 elements***
- ***HDR projects 2018 elements***
- ***SHARPEN projects 2018 elements***

So einfach kommen Sie an diese exklusiven Inhalte:

1. Gehen Sie auf die Website: *https://www.franzis.de/buchcd*
2. Geben Sie diesen individuellen **BUCH-CD-CODE** ein: **60600-4**
3. Danach loggen Sie sich in Ihrem Kunden-Konto ein oder legen direkt Ihr Kundenkonto an. In Ihrem Kundenbereich finden Sie die Zusatzinhalte zum Download.

Bitte haben Sie Verständnis, dass wir diese Inhalte ausschließlich per Download und nur für registrierte Leser mit einem Kundenkonto bereitstellen können.

Wir wünschen Ihnen viel Freude beim Stöbern.

Ihr Franzis-Team

Gerhard Middendorf

www.franzis.de

HDR PROJECTS 2018

COACH

IHR PERSÖNLICHER TRAINER: WISSEN, WIE ES GEHT!

FRANZIS

Bibliografische Information der Deutschen Bibliothek

Die Deutsche Bibliothek verzeichnet diese Publikation in der Deutschen Nationalbibliografie; detaillierte Daten sind im Internet über http://dnb.ddb.de abrufbar.

Hinweis: Alle Angaben in diesem Buch wurden vom Autor mit größter Sorgfalt erarbeitet bzw. zusammengestellt und unter Einschaltung wirksamer Kontrollmaßnahmen reproduziert. Trotzdem sind Fehler nicht ganz auszuschließen. Der Verlag und der Autor sehen sich deshalb gezwungen, darauf hinzuweisen, dass sie weder eine Garantie noch die juristische Verantwortung oder irgendeine Haftung für Folgen, die auf fehlerhafte Angaben zurückgehen, übernehmen können. Für die Mitteilung etwaiger Fehler sind Verlag und Autor jederzeit dankbar. Internetadressen oder Versionsnummern stellen den bei Redaktionsschluss verfügbaren Informationsstand dar. Verlag und Autor übernehmen keinerlei Verantwortung oder Haftung für Veränderungen, die sich aus nicht von ihnen zu vertretenden Umständen ergeben. Evtl. beigefügte oder zum Download angebotene Dateien und Informationen dienen ausschließlich der nicht gewerblichen Nutzung. Eine gewerbliche Nutzung ist nur mit Zustimmung des Lizenzinhabers möglich.

© 2018 Franzis Verlag GmbH, 85540 Haar bei München

Alle Rechte vorbehalten, auch die der fotomechanischen Wiedergabe und der Speicherung in elektronischen Medien. Das Erstellen und Verbreiten von Kopien auf Papier, auf Datenträgern oder im Internet, insbesondere als PDF, ist nur mit ausdrücklicher Genehmigung des Verlags gestattet und wird widrigenfalls strafrechtlich verfolgt.

Die meisten Produktbezeichnungen von Hard- und Software sowie Firmennamen und Firmenlogos, die in diesem Werk genannt werden, sind in der Regel gleichzeitig auch eingetragene Warenzeichen und sollten als solche betrachtet werden. Der Verlag folgt bei den Produktbezeichnungen im Wesentlichen den Schreibweisen der Hersteller.

Autor: Gerhard Middendorf
Herausgeber: Ulrich Dorn
Programmleitung, Idee & Konzeption: Jörg Schulz
Covergestaltung: Manuel Blex
Satz & Layout: Nelli Ferderer, nelli@ferderer.de
Druck: Firmengruppe APPL, aprinta druck, Wemding

ISBN 978-3-645-60600-4

Vorwort

Dieses Buch in Verbindung mit der erfolgreichen Bildbearbeitungs-App HDR projects entführt Sie in die Welt der HDR-Fotografie. Das ist nichts Neues, werden Sie sagen, weil das viele Apps und viele Bücher machen. Stimmt! Dieses Buch aber folgt einer ganz anderen Idee: Entdecke die Möglichkeiten! Gleichermaßen Ihre eigenen wie die der Software – und das für fast alle Bilder.

Die eigenen Möglichkeiten zu entdecken bedeutet, sich von Vorurteilen zu befreien:

> *»HDR-Bilder können nur mit Belichtungsreihen, einem Stativ und dem RAW-Dateiformat zu außerordentlichen Ergebnissen werden.«*

> *»Sie müssen ein detailliertes Wissen über alle Einstellungsmöglichkeiten des Programms haben, um einzigartige Bilder zu kreieren und die Leistungsstärke des Programms zu nutzen.«*

> *»HDR-Bilder sind immer so übertrieben bonbonbunt und kontrastreich, dass es dem Auge eher wehtut als den Betrachter erfreut.«*

All das ist Unsinn!

Die Stärke von HDR projects 2018 liegt unter anderem darin, dass Sie fantastische Bilder in der bestmöglichen Bildqualität mit nur wenig Aufwand erzeugen können. Die Software unterstützt und fördert Ihre Kreativität durch einzigartige Voreinstellungen, die gegenüber der Vorgängerversion noch einmal erweitert wurden, und zahlreiche Kombinationsmöglichkeiten. Das heißt, dass Sie sich bequem zurücklehnen und sich von den Vorschlägen inspirieren lassen können. HDR projects lässt Ihnen aber auch jedwede Freiheit, individuell da einzugreifen, wo Sie es für sinnvoll halten oder noch experimentieren möchten. Hinzugekommen sind weitere spannende Effekte, Masken und beim selektiven Zeichnen tolle neue Gestaltungsmöglichkeiten z. B. für Composings!

Mit diesem Buch lernen Sie Möglichkeiten und Wege kennen, wie Sie aus ganz normalen Bildern blitzschnell echte Hingucker mit ungeahnter Detailfülle und Kontrastreichtum zaubern oder über den Plug-in-Filter in Adobe Photoshop CC noch mehr Variationsmöglichkeiten ausprobieren können. Belichtungsreihen und die RAW-Bearbeitung kommen ebenso zu ihrem Recht wie die Erklärung und Visualisierung der wichtigsten Nachbearbeitungseffekte. Ich möchte das Prinzip hinter den Hauptfunktionen so verständlich machen, dass Sie danach viel schneller und effektiver arbeiten können.

Ich wünsche Ihnen viel Spaß und Erfolg beim Experimentieren und Ausprobieren sowie tolle Ergebnisse mit HDR projects.

Gerhard Middendorf, Essen im Frühjahr 2018

Vorwort 5

1. **EINFÜHRUNG IN HDR PROJECTS 2018** 10
   Einzigartige Bilder aus dem Stand   13
   Entdecke die Möglichkeiten   16

2. **SCHNELLEN SCHRITTES ZUM ERFOLG** 20
   Erster Blitzworkflow   22
      Eine Bilddatei einladen   25
      Den generellen Bildlook über die HDR-Stile festlegen   28
      Eine passende Voreinstellung auswählen   30
      Optional den Optimierungs-Assistenten einstellen   32
      Das fertige Bild oder das ganze Projekt speichern   35

3. **DAS GEHEIMNIS DER SYNTHETISCHEN BELICHTUNGSREIHE** 38
   Aus einem werden drei   40
      Eine synthetische Belichtungsreihe erzeugen   40

4. **ERSTE ERGÄNZUNGEN UND VARIATIONEN** 46
   Bildzuschnitt nach Maß   48
      Ohne Umweg zum Beschneiden   48
      Hilfslinien optimieren den Beschnitt   50
   Ergebnisbild direkt ausdrucken   50
   Voreinstellungen kombinieren   52
   Favoriten erstellen   56
   Vergleichsansicht aufrufen   56
   Blick auf den Modus Experte   57
   Leere Voreinstellung ohne Effekte   58

5. HDR PROJECTS UND PHOTOSHOP 62

Ein starkes Team 64

- Notwendige einmalige Vorkonfiguration 66
- Eine separate Ebene anlegen 67
- HDR projects eingebunden in Photoshop 68
- Fliegender Wechsel zu einer anderen App 70

6. THEORIE UND AUSWIRKUNG AUF DEN WORKFLOW 72

Häufig gestellte Fragen und Antworten 75

1. Was sind die wichtigsten Neuerungen in HDR projects 2018 gegenüber der Vorgängerversion? 75
2. Was sind die wichtigsten Alleinstellungsmerkmale von HDR projects? 76
3. Was ist der Unterschied zwischen Finalisieren und Experte? 77
4. Ist es sinnvoll, die automatischen Voreinstellungen zu ändern? 80
5. Worin liegen die Unterschiede bei den Voreinstellungen in den einzelnen Kategorien? 81
6. Was sind Algorithmen, und was können sie? 86
7. Wie kann ich Bearbeitungen rückgängig machen oder gespeicherte Zwischenschritte abrufen? 88
8. Kann ich alle gespeicherten Bilder und Projekte im Überblick sehen? 91
9. Was bedeuten die beiden Begriffe ultra HDR und Supersampling? 92
10. Kann ich ein HDR-Bild ohne Veränderungen im Post-Processing und ohne Effekte erzeugen? 95
11. Brauche ich HDR projects, wenn ich mit Photoshop auch HDRs erzeugen kann? 95
12. Warum sind HDR-Bilder oft quietschbunt und haben übersättigte Farben? 95
13. Können die Bedienfelder verschoben werden? 98
14. Wo genau liegt der Unterschied zwischen JPEG und RAW? 100
15. Sind HDR-Bilder aus Belichtungsreihen immer besser als die durch die Umwandlung aus Einzelbildern entstandenen? 109
16. Was sind die klassischen Motive als Basis für gute HDR-Bilder? 112

7. WORKFLOW MIT BELICHTUNGSREIHEN UND RAW   140

Arbeitsablauf mit Belichtungsreihen   142
Eine Belichtungsreihe auswählen und einladen   143

Zuerst das RAW!   148
Besonderheiten im Modul RAW-Entwicklung   150

RAW-Funktionen kurz vorgestellt   155
Rauschverhalten und Schärfe überprüfen   157
Chromatische Aberrationen mindern oder beseitigen   158
Perspektivische Korrekturen und Entzerrungen   159
Spezialeffekte für schon hoffnungslose Fälle   161
Überblick über weitere RAW-Funktionen   164

Dodge-and-burn   164

Geisterbilder entfernen   166
Einsatz der automatischen Geisterbildkorrektur   166
Auf Geisterjagd mit dem Bildsequenz-Player   168

Belichtungsreihe und Gewichtungen   169
Für Detailverliebte: Belichtungsreihe manipulieren   170
Bearbeitungsbeispiel einer manuellen Manipulation   171

Post-Processing im Finalisieren-Modus   176
Festlegen einer passenden Voreinstellung   176
Mehrere Voreinstellungen auf einen Blick   179
Optimierungen ganz nach Ihrem Geschmack   188
Erlernte Trends wieder auf null zurückstellen   191

8. KREATIVE ZUGABEN   192

Simulation einer Filmkörnung   194
Verschiedene Körperformen der Körnung   195

Lokale Anpassungen vornehmen   200
Farbverstärkung mit selektivem Zeichnen   200

Composings mit Ebenen und Texturen   206
 Zwei Himmel fusionieren zu einem neuen   207
 Eine Maske gegen eine neue austauschen   209
 Neue Elemente in ein Bild einfügen   211
 Goldfinger-Look mit einer Texturüberlagerung   212
 Hintergrund mit einer Texturüberlagerung tauschen   216
 Ein beliebiges Bild in eine Textur umwandeln   218

Korrekturen und schnelle Retusche   220
 Kratzer und Sensorflecken entfernen   220
 Der Korrekturpinsel als kreativer Helfer   224

9. LETZTE AUSFAHRT HDR PROJECTS-EXPERTE   226

Bildbearbeitung ohne Limits   228
 Automatik aus! – Hier sind Sie der Experte   230
 Zwischenergebnis als neues Originalbild   230
 Ergebnisbild in Zwischenablage kopieren und versenden   231
 ultra HDR, Szenario und Algorithmen   232
 Tonemappings, Effekte und ihre Variationsmöglichkeiten   232
 Filter/Effekte und Masken   233
 Das Kernstück des Post-Processings   233

Smart-Mask-Filter   237
 Individuelle Einflussfaktoren auf gewählte Effekte   239
 Reihenfolge der Filter in der Liste der gewählten Effekte   240
 Ebenenverrechnungsmethoden und Deckkraft   240
 Weitere Einflussnahmen über die Effekte-Parameter   242
 Die Maskierungskurve verändert die Intensität   244
 Weitere selektive Bearbeitungsoptionen   245
 Cross-Color-Entwicklung mit einem Verlauf   245
 Eigene Voreinstellungen erstellen und weitere Effekte-Optionen   248

Index   254

Bildnachweis   256

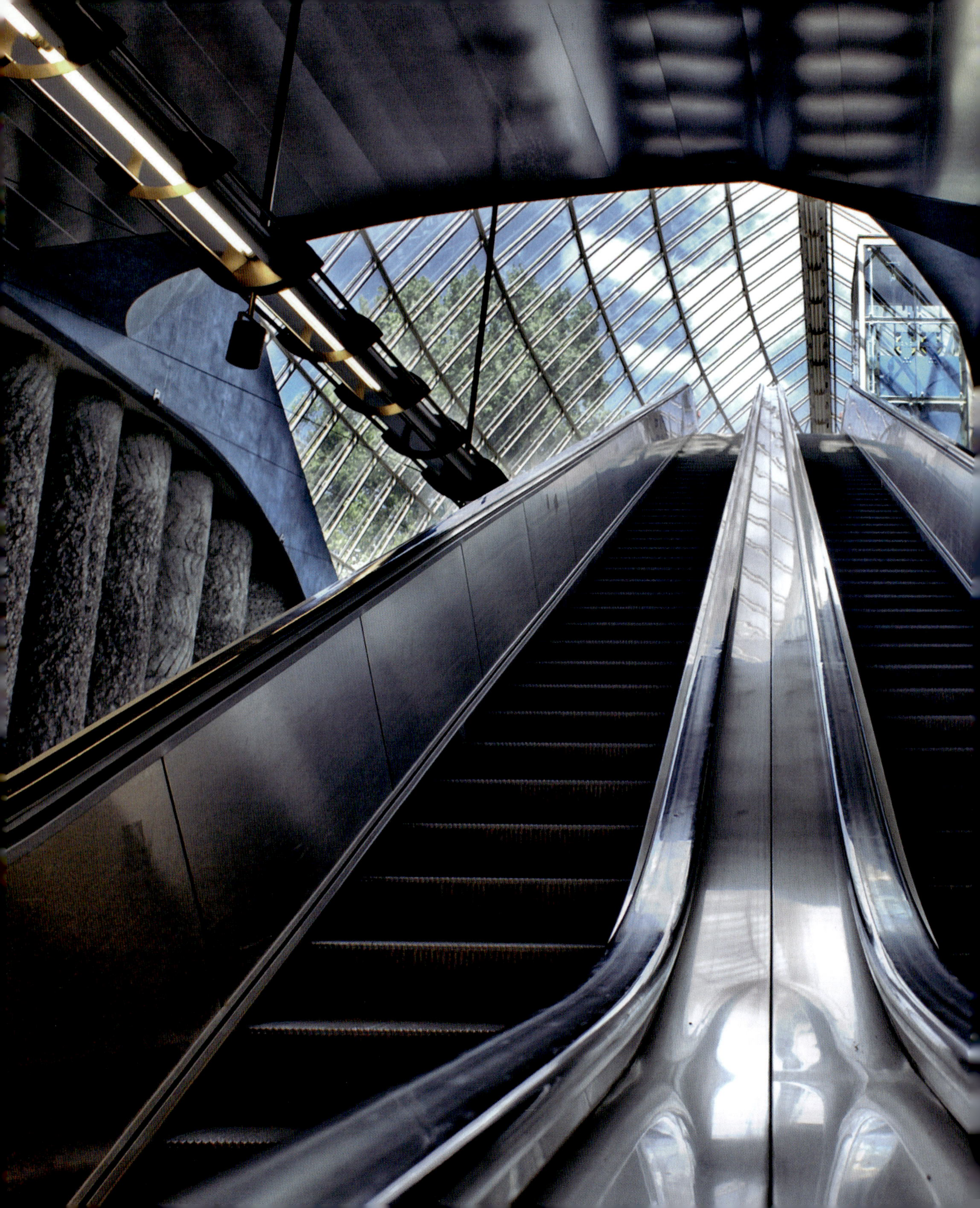

Kapitel 1

EINFÜHRUNG IN HDR PROJECTS 2018

- **Einzigartige Bilder aus dem Stand** 13
- **Entdecke die Möglichkeiten** 16

▶ Was beim Betrachten der Kamerarohdaten zu kontrastarm aussah, entpuppt sich nach der Bearbeitung mit HDR projects als großartiges Bildspektakel. Landschaft auf Island – bearbeitet mit dem Polfiltereffekt.

18 mm :: f/11 :: 1/320 s :: ISO 100

■ Das Auge sieht HDR, die Kamera nicht. Oder: »Ich sehe was, was du – die Kamera – nicht sehen kannst, weil dein Dynamik- und Kontrastumfang meinen Augen hoffnungslos unterlegen ist.« Unser Auge sieht weitaus besser und differenzierter als die beste und teuerste Kamera. Helligkeits- und Dynamikunterschiede zwischen größter Dunkelheit und gleißendem Licht stellen das Auge vor keine unlösbaren Probleme. Und es kommt noch besser: Das Auge kann sich ungewöhnlichen Lichtsituationen im Hellen wie im Dunkeln anpassen. Übersetzen wir das in die Sprache der Kamera, reden wir von einem unglaublichen Dynamikumfang von 20 bis zu 50 Blenden. Normale Kameras sind da hoffnungslos überfordert, denn deren Sensoren schaffen zwischen 9 und 15 Blenden und können sich auch nicht an extreme Kontrastsituationen anpassen.

EINZIGARTIGE BILDER **AUS DEM STAND**

HDR projects gleicht dieses Manko in jeder Hinsicht aus. Das Ergebnis der HDR-Konvertierung mit dieser Software sind einzigartige Bilder, die Sie ganz schnell und ohne besondere Vorkenntnisse erstellen können – und das sogar von älteren Aufnahmen, die Sie schon immer mal aufwerten wollten. Wenn jetzt der Einwand kommt, dass diese Bilder nur noch als jeweils eine einzige JPEG-Datei existieren, weil Sie kein Stativ dabeihatten, keine Zeit für Belichtungsreihen blieb und Ihre Fotos auch nicht im RAW-Format gespeichert wurden, kann ich Sie beruhigen. Tolle HDR-Bilder gelingen nicht nur mit Belichtungsreihen im RAW-Format und vom Stativ aus mit Fernauslöser. HDR projects wertet auch »ganz normale« Fotos auf, die entweder aus der Hand oder mit Langzeitbelichtung vom Stativ aus gemacht wurden.

Die nachfolgenden Bildbeispiele, generiert aus einer einzelnen JPEG-Datei, sollen Ihnen nicht nur Appetit auf das Ausprobieren mit Ihren eigenen Bildern machen, sondern auch dazu anregen, mit ganz normalen JPEGs in das Programm einzusteigen. Glauben Sie mir, es gelingt prima, und Sie lernen schnell und einfach die grundlegende Handhabung der Software und die Auswirkungen der vielen Voreinstellungen kennen. Erste Wow-Momente werden nicht lange auf sich warten lassen! Danach geht es zur Kür. Erfahren Sie mehr über den Umgang mit Belichtungsreihen im RAW-Format sowie über individuelle Einstellungen und lernen Sie weitere Effekte kennen. Das Erstellen von HDR-Bildern ist dann keine Kunst mehr, die Ergebnisse aber sind digitale Kunstwerke.

HDR

HDR ist die Abkürzung von *High Dynamic Range* und steht für Bilder mit einem hohen Dynamik- bzw. Kontrastumfang. Darüber hinaus verblüffen HDR-Bilder mit einem deutlich größeren Detailreichtum.

◀ Das Original, aufgenommen mit einer Canon EOS 5D Mark II in Paris.

24 mm :: f/9 :: 1/40 s :: ISO 100

▼ Das gleiche Bild, bearbeitet mit dem HDR-Stil **Feine Details** und der Voreinstellung Architektur/Modern.

Die beiden hier gezeigten HDR-Bilder sind aus einem Ausgangsbild entstanden und verdeutlichen, dass Sie sehr wohl auch bemerkenswerte Ergebnisse mit Einzeldateien im JPEG- oder RAW-Format erzielen können und nicht ausschließlich auf Belichtungsreihen angewiesen sind. Weshalb es legitim ist, gerade mit dieser Software HDR-Bilder aus Einzelbildern zu erstellen, und warum die Ergebnisse schon so verblüffend gut sind, erkläre ich in Kapitel 2. Dort werden Sie ein überraschendes Alleinstellungsmerkmal von HDR projects 2018 kennenlernen!

▲ **Das gleiche Bild mit dem HDR-Stil** Feine Details, **der Voreinstellung** Architektur/Modern **sowie dem Effekt** Weiches Relief (im Modus Experte). Erst die HDR-Bearbeitung bringt den Detailreichtum dieser wunderbaren Fassade so richtig zur Geltung.

EINFÜHRUNG IN HDR PROJECTS 2018 | 15

ALLES UNTER EINEM DACH

HDR projects ist ein Alleskönner. Ihre Bilder werden nicht nur in HDR-Kunstwerke umgewandelt, die App beinhaltet zusätzlich zu den Voreinstellungen und Nachbearbeitungseffekten auch ein integriertes vollwertiges RAW-Modul. Die Bilder können zudem beschnitten, ausgedruckt und selektiv bearbeitet werden. Sie können in verblüffend kurzer Zeit Composings unter anderem mit den neuen Texturen kreieren, Porträts retuschieren und vieles andere mehr. Die neuen HDR-Stile, mit denen Sie eine bestimmte Grundstimmung im Bildlook vorwählen können, die dann auf alle 155 Voreinstellungen wirkt, bescheren Ihnen praktisch fünf HDR-Programme in einem.

ENTDECKE DIE **MÖGLICHKEITEN**

So könnte der Buchtitel auch lauten, weil die beispielhaften Workflows keine Anleitungen zum identischen Nachbau sein, sondern Voraussetzungen für die eigene Experimentierfreudigkeit schaffen sollen. Ich möchte Sie in diesem Buch schrittweise von den supereinfachen und schnellen Bildergebnissen zu komplexeren Bildreihen, verschiedenen Nachbearbeitungsmöglichkeiten (Post-Processing-Effekten) und Parametervariationen in den Modi *Finalisieren* und *Experte* führen.

Was Sie nicht finden, ist eine Beschreibung sämtlicher Vertiefungsstufen der Software, wohl aber alles Nötige darüber, wie Sie sie aufrufen und damit experimentieren. Das ist eine weitere große Stärke von HDR projects: Die Bedienung ist einfach, intuitiv und beinahe ohne Vorkenntnisse möglich. Die Software kann fast alles, was Sie sich an Variationsmöglichkeiten nur denken können – sie bietet sozusagen die Kunst des Machbaren. Und was machbar sein soll, entscheiden nur Sie!

Falls Sie sich beim Kauf des Programms gefragt haben, ob es sinnvoll ist, es auch als Plug-in für Adobe Photoshop CC zu installieren, gebe ich gern eine eindeutige Antwort: Ja!

»In welcher Zeit und mit wie viel Aufwand sind die ersten hier gezeigten Ergebnisse erzielt worden?«

Die Antwort ist: in maximal drei Minuten und ganz einfach in fünf bis sechs Bearbeitungsschritten, die in den nächsten Abschnitten ausführlich erklärt werden.

▲ Nach der HDR-Bearbeitung: **HDR-Stil** Grunge, **Voreinstellung** Landschaft/Landschaft Frisch und **Effekt** Gradationskurve.

◀ Das Original.

EINFÜHRUNG IN HDR PROJECTS 2018 | 17

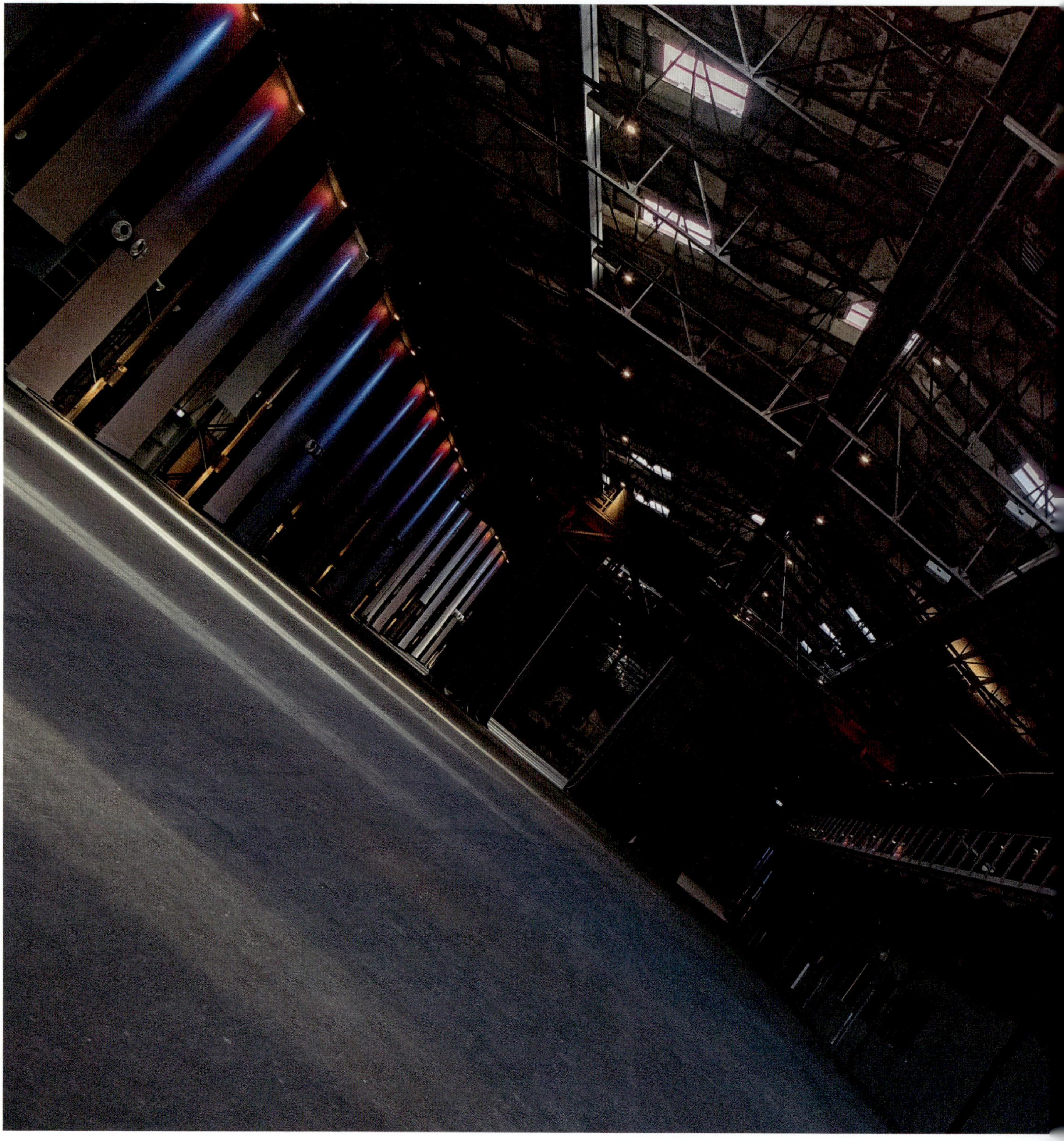

▲ Das Original.

28 mm :: f/8 :: 1/80 s :: ISO 12800

◀ **Nach der HDR-Bearbeitung: HDR-Stil** Ausgewogen, **Voreinstellung** Architektur/Tiefe, **selektives Zeichnen** Farbe reduzieren **und Boden über** Textur-Masken **ausgetauscht, Natürliches Korn** ISO 1000, **Effekt** Lichtschein.

Die Bilder zeigen beispielhaft die Möglichkeiten dieser Software:

▶ Mit der Kombination aus dem generellen HDR-Stil, einer gewählten Voreinstellung und einer Einstellung im Optimierungs-Assistenten erzielen Sie in der Regel blitzschnell Ihr Wunschergebnis – alles automatisch!

▶ Mit einer möglichen Bildvorbereitung in RAW, dem Hinzufügen eines oder mehrerer Effekte oder Masken aus der Palette der *Effekte/Filter* im Modus *Experte* oder weiteren selektiven Bearbeitungsschritten mit Effekt- oder Composing-Masken können Sie das unglaubliche Angebot an kreativen Möglichkeiten ganz individuell nutzen!

Die Workflows führen Sie schrittweise an diese und viele weitere Bildergebnisse heran und sollen Ihnen so Ihre eigenen Umsetzungsideen ermöglichen!

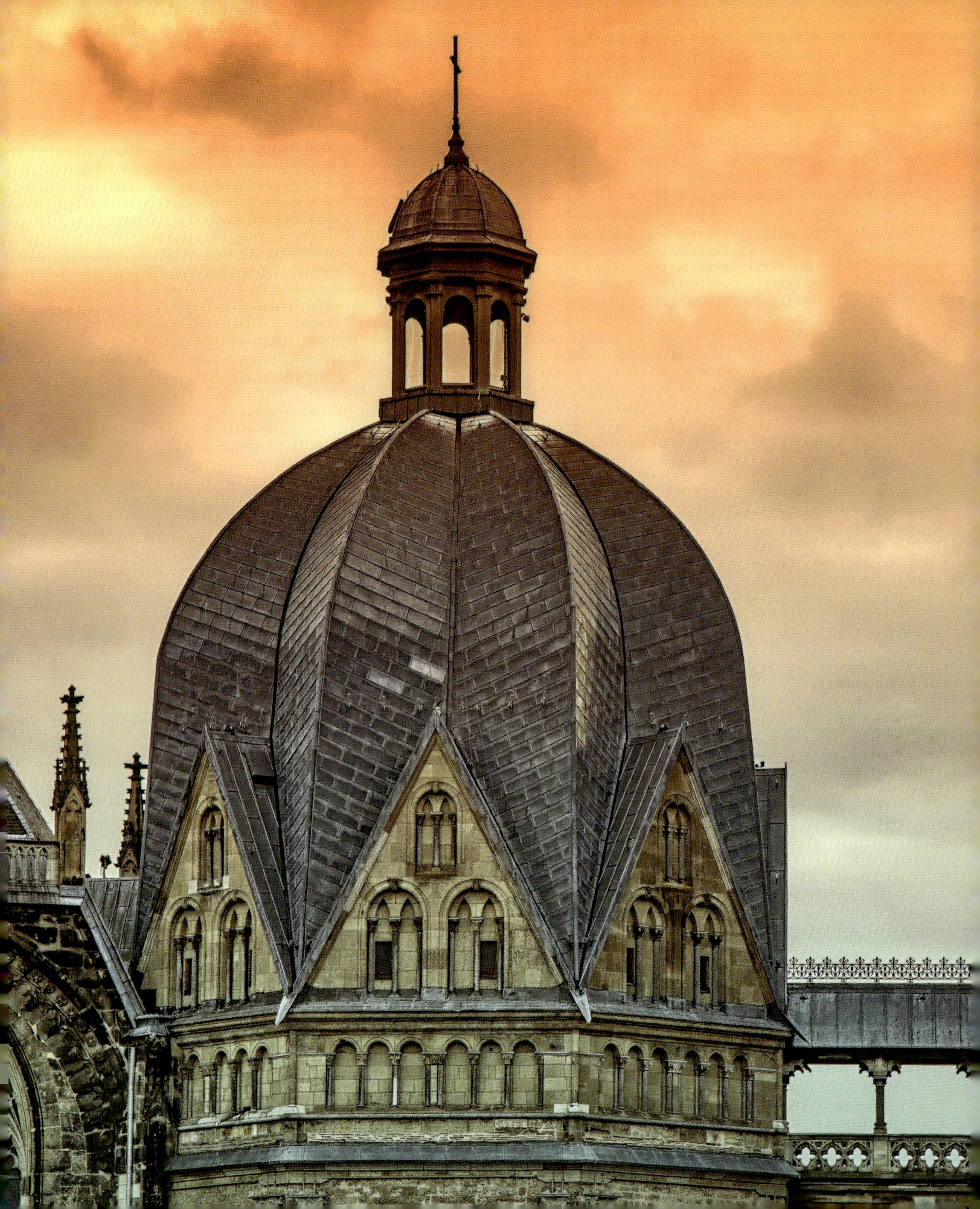

Kapitel 2

SCHNELLEN SCHRITTES ZUM ERFOLG

■ **Erster Blitzworkflow** 22
  Eine Bilddatei einladen 25
  Den generellen Bildlook über die HDR-Stile festlegen 28
  Eine passende Voreinstellung auswählen 30
  Optional den Optimierungs-Assistenten einstellen 32
  Das fertige Bild oder das ganze Projekt speichern 35

■ Das schnellste Ergebnis erzielen Sie, wenn Sie HDR projects 2018 für sich arbeiten lassen und erst einmal auf alle individuellen Korrekturen oder angebotenen Varianten verzichten.

ERSTER **BLITZWORKFLOW**

HDR projects 2018 unterscheidet sich unter anderem dadurch von anderen Programmen, dass es alle Bearbeitungsschritte – die automatischen genauso wie Ihre individuellen Eingriffe – transparent, für Sie sichtbar und dadurch nachvollziehbar macht! Sie können dem Programm quasi bei seiner Arbeit über die Schulter schauen und haben so die volle Kontrolle über alle Veränderungen des Bildlooks. Das Programm macht Ihnen mit seiner Fülle von Voreinstellungen beliebig viele Vorschläge zu einem optimalen HDR-Bild – aber Sie haben jederzeit die Wahl, diese Vorschläge zu übernehmen oder sie nach Ihren Vorstellungen abzuwandeln.

Die folgenden fünf Arbeitsschritte bilden die Basis für den ersten Blitzworkflow:

❶ Die gewünschte Bilddatei importieren.

❷ Einen generellen Bildlook über die HDR-Stile festlegen.

❸ Die passende Voreinstellung auswählen.

❹ Den Optimierungs-Assistenten einstellen (optional).

❺ Das Bild oder das ganze Projekt speichern.

Und deshalb ist die gewählte Reihenfolge der Bearbeitungsschritte im ersten Workflow kein Zufall: Sie folgt einfach den automatischen Voreinstellungen. Das Ergebnisbild, das Sie oben rechts sehen und das unmittelbar nach dem Import so aussieht, wird, etwas vereinfacht gesagt, durch vier Rechenprozesse beeinflusst:

▶ Die *HDR-Stile* bestimmen die grundlegende Ausrichtung des Bildlooks und wirken jeweils auf alle gewählten Fots – im Bildbeispiel ist es der »neutrale« Stil *Ausgewogen*. Daher steht die Bestätigung dieses HDR-Stils (dann brauchen Sie nichts zu machen) oder eine Neuwahl an erster Stelle.

▶ Die 155 *Voreinstellungen* verändern über *Tonwertkompression (Tonemapping)* und die verschiedenen eingesetzten *Effekte* in Kombination mit dem *HDR-Stil* das Aussehen des Bilds nach Ihren Wünschen – hier ist die Voreinstellung *Natürlich Ausgewogen* automatisch voreingestellt. Wenn Ihnen das gefällt, brauchen Sie auch hier nichts zu ändern.

▶ Der *Optimierungs-Assistent* ist automatisch zugeschaltet und schlägt Ihnen – in Abhängigkeit von der gewählten Voreinstellung – das optimierte Ergebnisbild vor (wenn es Ihnen zusagt, können Sie erneut alles so lassen).

▶ Die *synthetische Belichtungsreihe*, die aus einem importierten Einzelbild automatisch zwei weitere Bilder (eines niedriger, eines höher belichtet) hinzufügt, läuft beim Einladen der Bilddatei quasi im Hintergrund ab und kann als neues »Ausgangsbild« für die weiteren Rechenprozesse verstanden werden. Und wie Sie sicher bereits vermutet haben, müssen Sie auch hier nicht eingreifen!

▲ **Alles in Normalstellung:** HDR-Stil, Voreinstellungen, Optimierungs-Assistent.

Sie haben jetzt viermal gelesen, dass Sie nichts ändern müssen, wenn Ihnen das Bildergebnis gefällt – und damit könnten Sie Ihren ersten Workflow geschafft haben! Tatsächlich könnte der erste Blitzworkflow auch in zwei Schritten und wenigen Sekunden ablaufen:

❶ Gewünschte Bilddatei importieren.

❷ Das angezeigte Ergebnisbild speichern oder drucken.

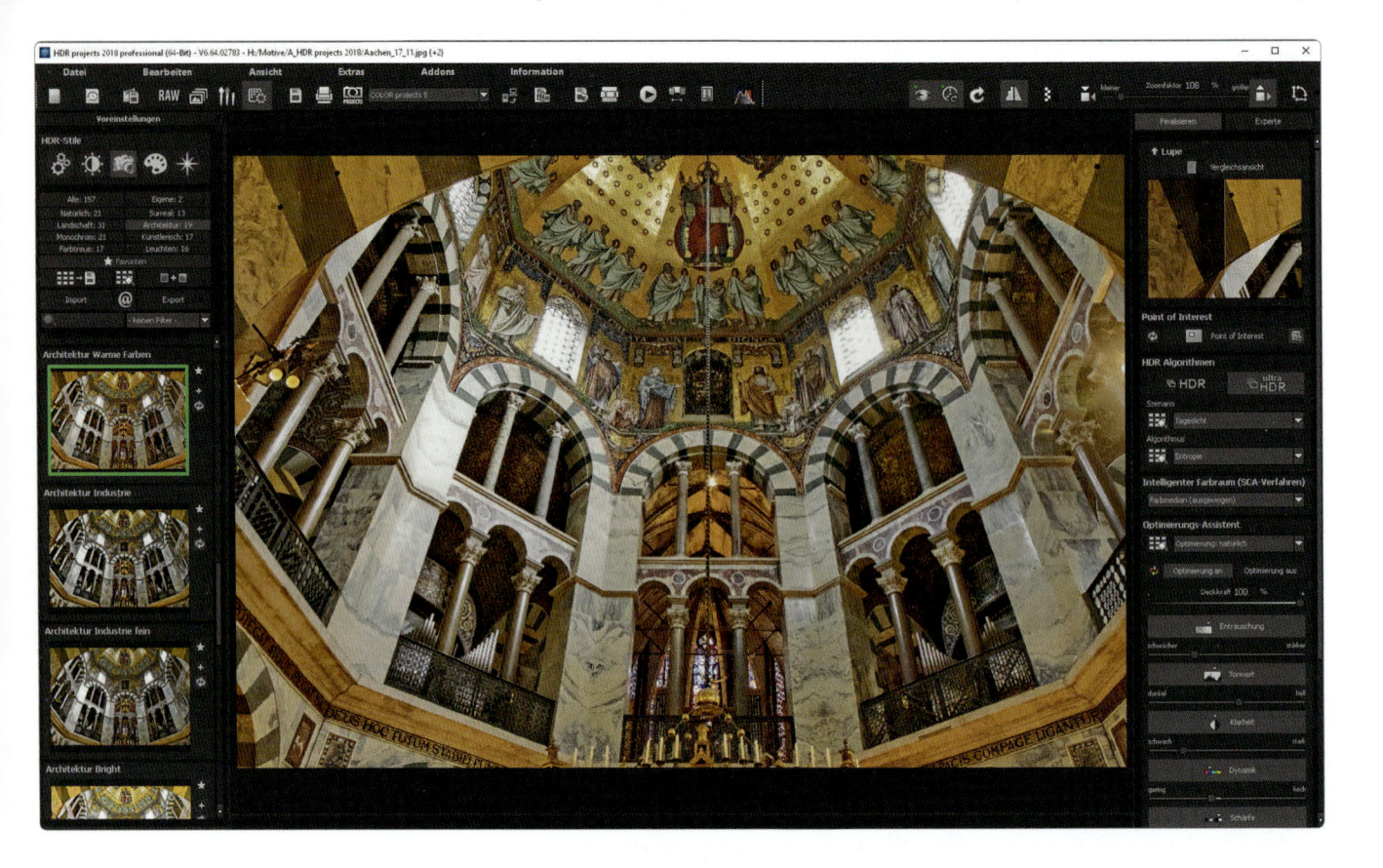

▲ Arbeitsbereich: Konzept der vier Funktionen.

Sie sehen, dass es nicht schneller gehen kann. In den folgenden Workflows lernen Sie, wie Sie diese Automatiken durch Ihr wachsendes Wissen um ihre Wirkungsweise schnell, einfach und gezielt in Richtung Ihres gewünschten Bildlooks beeinflussen können. Aber vor dem ersten richtigen Workflow lohnt noch einmal ein kurzer Blick auf den Arbeitsbereich:

Der Arbeitsbereich ist in vier Hauptbereiche unterteilt:

❶ **Oben** – Hauptmenü und Werkzeugleisten, wobei sich die Werkzeuge im linken Teil der Leiste auf die Steuerungsfunktionen des Programms beziehen, im rechten Teil auf die Steuerung der Bildansicht.

Mit einem Klick auf die einzelnen Menüpunkte (*Datei*, *Bearbeiten* etc.) oder die Werkzeuge darunter sehen Sie alle angeboten Optionen.

❷ **Links** – 5 HDR-Stile und 9 Voreinstellungskategorien mit 155 Voreinstellungen.

❸ **Mitte** – Bildbereich.

❹ **Rechts** – die Modi *Finalisieren* und *Experte*.

Nach diesem kurzen Überblick beginnt der erste Workflow mit der Funktion *HDR aus einem Bild*. Das gewählte Bildbeispiel, das im Original nur wenig von dem verrät, was in ihm steckt, könnte auch unter dem Motto stehen: Es werde Licht! Und das geht mit HDR projects blitzschnell.

ALLE SCHALTFLÄCHEN SIND INTERAKTIV

Wenn Sie mit der Maus über ein Werkzeugsymbol fahren, verrät es Ihnen, wie auch alle anderen Schaltflächen, welche Funktion sich dahinter verbirgt und was Sie mit dem jeweiligen Werkzeug, Effekt oder Filter machen können.

Eine Bilddatei einladen

Das Ausgangsbild, ein Close-up des Eiffelturms, zeigt ein typisches Problem bei dieser und vergleichbaren Aufnahmesituationen. Der linke obere Teil der Aufnahme ist richtig belichtet, der Himmel fast etwas zu dunkel und der Rest etwas oder viel zu dunkel. Eine längere Belichtungszeit würde die Stahlkonstruktion des Eiffelturms heller, detaillierter und damit besser sichtbar machen. In gleichem Maße würden aber der korrekt belichtete Teil des Turms und der Himmel zu hell werden, bis irgendwann die Lichter ausfressen. Die sehr starken Helligkeitsunterschiede sind mit einer normalen Aufnahme nicht überzeugend abbildbar.

◀ Das Ausgangsbild. Blick nach oben in ein nahezu dunkles Loch.

28 mm :: f/8.0 :: 1/80 s :: ISO 400

VOM BILDIMPORT ZUM POST-PROCESSING

Sobald Sie ein Bild importiert haben, befinden Sie sich automatisch im sogenannten Post-Processing bzw. in der Nachbearbeitung (*Bearbeiten/Post-Processing*). Das bedeutet, dass Sie dem Bild mithilfe der HDR-Stile und Voreinstellungen automatisch Ihren gewünschten Bildlook verleihen oder individuell in die Voreinstellungen eingreifen und das Bild weiter optimieren können.

❶ Starten Sie HDR projects, klicken Sie auf *Datei* und dann im geöffneten Menü auf den Befehl *HDR aus einem Bild*. Arbeiten Sie unter Windows, erscheint jetzt der Explorer, in dem Sie die für die Bearbeitung infrage kommende Bilddatei auswählen. Arbeiten Sie mit macOS, suchen Sie das Bild im Finder.

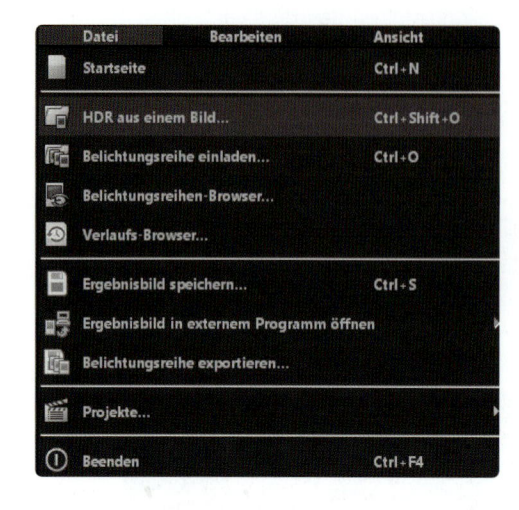

◀ Datei/HDR aus einem Bild öffnet den Dialog zum Import Ihres Bilds aus einem Ordner.

❷ Wählen Sie den Ordner, in dem das Ausgangsbild gespeichert ist, und importieren Sie die Bilddatei per Doppelklick in das Programmfenster oder mit einem Klick auf die Datei und einem weiteren auf *Öffnen*.

❸ Wenn Sie das Bild lieber per Drag-and-drop in HDR projects ziehen möchten, markieren Sie es mit der linken Maustaste und ziehen es einfach in das Programmfenster.

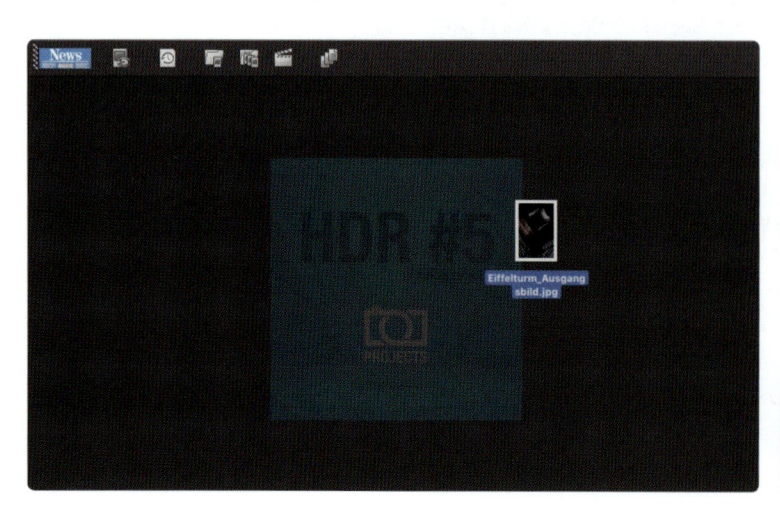

◀ Das Ausgangsbild wird von seiner Quelle auf der Festplatte per Drag-and-drop in das HDR-projects-Fenster gezogen.

▼ Bildimport aus der *Bridge* über das Symbol in der Taskleiste.

❹ Eine weitere schnelle Drag-and-drop-Alternative führt z. B. über die Adobe Bridge (Teil von Photoshop CC) und das geöffnete Projekt: Klicken Sie mit der linken Maustaste auf das gewünschte Bild und ziehen Sie es auf das Projektsymbol in der Taskleiste. Im gleichen Moment wird das Projektfenster auf dem Bildschirm sichtbar, und Sie schieben das Bild nach oben ins Projektfenster – fertig!

▲ **Standardvoreinstellung nach jedem Bildimport:** Natürlich Ausgewogen.

Die wundersame Wandlung vom Aschenputtel zur Prinzessin als Ergebnis des Prozesses vollzieht sich in wenigen Sekunden und wird belohnt mit einem ersten Wow-Erlebnis beim Betrachten des Bilds, das in vielen Fällen auch schon das Bild Ihrer Wahl sein könnte. Die Standardvoreinstellung, die immer den ersten Eindruck prägt, ist *Natürlich Ausgewogen* aus der Kategorie *Alle* oder spezieller *Natürlich* in Verbindung mit dem HDR-Stil *Ausgewogen*.

Den generellen Bildlook über die HDR-Stile festlegen

HDR projects bietet Ihnen jetzt eine weitere einzigartige Vorwahl von fünf HDR-Stilen an, die mit einem Klick die Grundstimmung eines Bildlooks beeinflussen, weil die jeweils angewählten HDR-Stile danach auf alle 155 Voreinstellungen wirken. Die interaktiven Schaltflächen zeigen wie gewohnt die dahinterstehende Wirkung.

◀ Fünf HDR-Stile für eine Grundstimmung Ihrer Bildlooks.

▼ Jeder HDR-Stil wirkt auf alle Voreinstellungen der angewählten Kategorie.

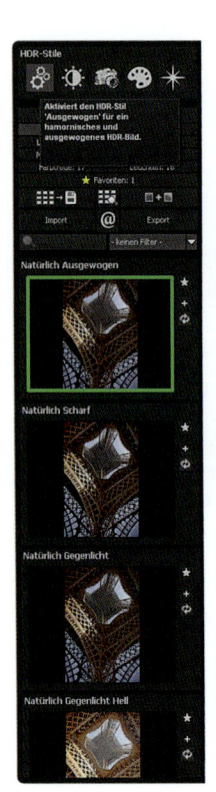

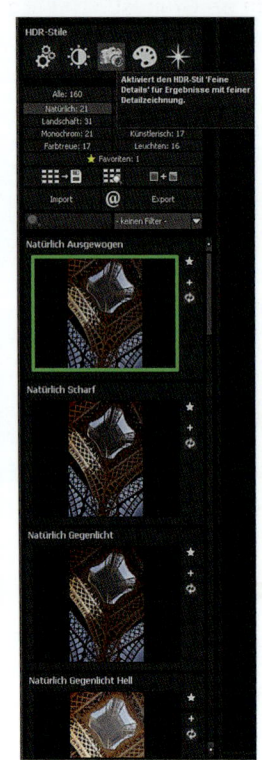

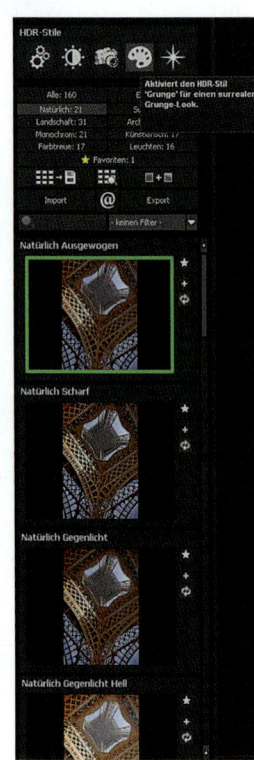

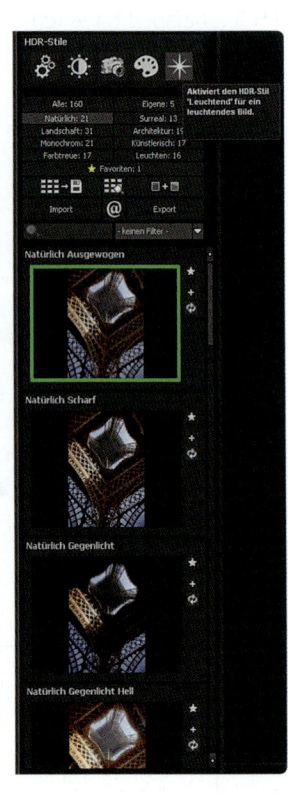

Wenn Sie die fünf HDR-Stile

- ▶ *Ausgewogen* – für eine harmonisches und ausgewogenes HDR-Bild,
- ▶ *Schatten und Licht* – für eine tiefe und brillante Bildwirkung,
- ▶ *Feine Details* – für feine Detailzeichnungen,
- ▶ *Grunge* – für einen surrealen Grunge-Look sowie
- ▶ *Leuchten* – für ein leuchtendes Bild

nacheinander durchklicken, sehen Sie in der Bildschirmmitte und links bei den sichtbaren Voreinstellungen sofort die veränderte Bildwirkung, weil wie bei allen Voreinstellungen die Änderungen in Echtzeit umgerechnet und sofort angezeigt werden. Natürlich können Sie jederzeit bei jeder anderen gewählten Voreinstellung auch im Nachhinein den HDR-Stil ändern.

Im Bildbeispiel habe ich den HDR-Stil *Schatten und Licht* als Grundstimmung gewählt.

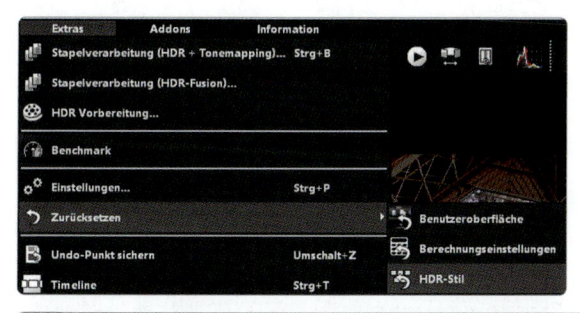

▲ Über Extras/Zurücksetzen/HDR-Stil **können Sie die** HDR-Stil-Auswahl **aufrufen und visualisieren.**

SCHNELLEN SCHRITTES ZUM ERFOLG | **29**

VORSCHAU EIN- UND AUSZOOMEN

Nach einem Klick ins Programmfenster können Sie mit dem Mausrad das Vorschaubild im Programmfenster beliebig vergrößern oder verkleinern, um das Ergebnis besser beurteilen zu können:

- **Mausrad nach oben scrollen vergrößert die Ansicht.**
- **Mausrad nach unten scrollen verkleinert die Ansicht.**

In diesem Fenster wählen Sie – etwa wenn Sie sicher sind, dass Sie für das aktuelle und die nächsten zu bearbeitenden Bilder durchgehend einen bestimmten HDR-Stil beibehalten möchten – einen Bildlook aus, der dann bei jedem Bildimport automatisch voreingestellt ist (und den Sie natürlich durch Klick auf ein Symbol wieder ändern können).

Eine passende Voreinstellung auswählen

HDR projects verwöhnt Sie mit 155 mitgelieferten Voreinstellungen, die Sie durch persönliche Kombinationen oder Eingriffe im *Experte*-Modus beliebig ergänzen können. Ihre individuellen Voreinstellungen finden Sie nach dem Speichern unter *Voreinstellungen/Eigene*.

◀ **Die** Voreinstellungen: Auswahl unter zehn Kategorien.

Da der Eiffelturm in der Kategorie *Architektur* angesiedelt ist, ist eine Beschränkung auf die Voreinstellung *Architektur: 19* sinnvoll. Einfach anklicken – schon können Sie sich schnell durch die angebotenen Filter klicken und sehen das Ergebnis sofort in der Vorschau.

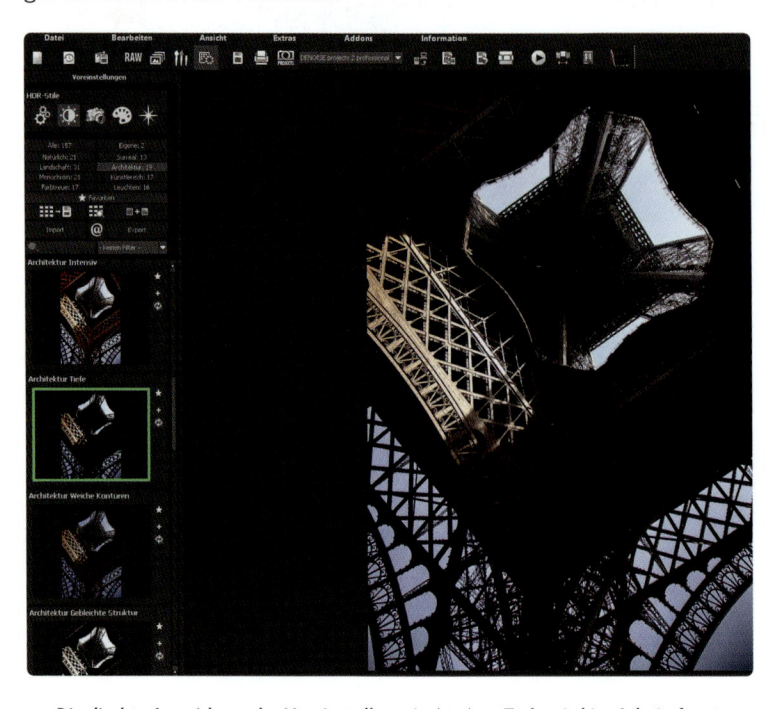

▲ **Die direkte Auswirkung der Voreinstellung** Architektur Tiefe **wird im Arbeitsfenster angezeigt.**

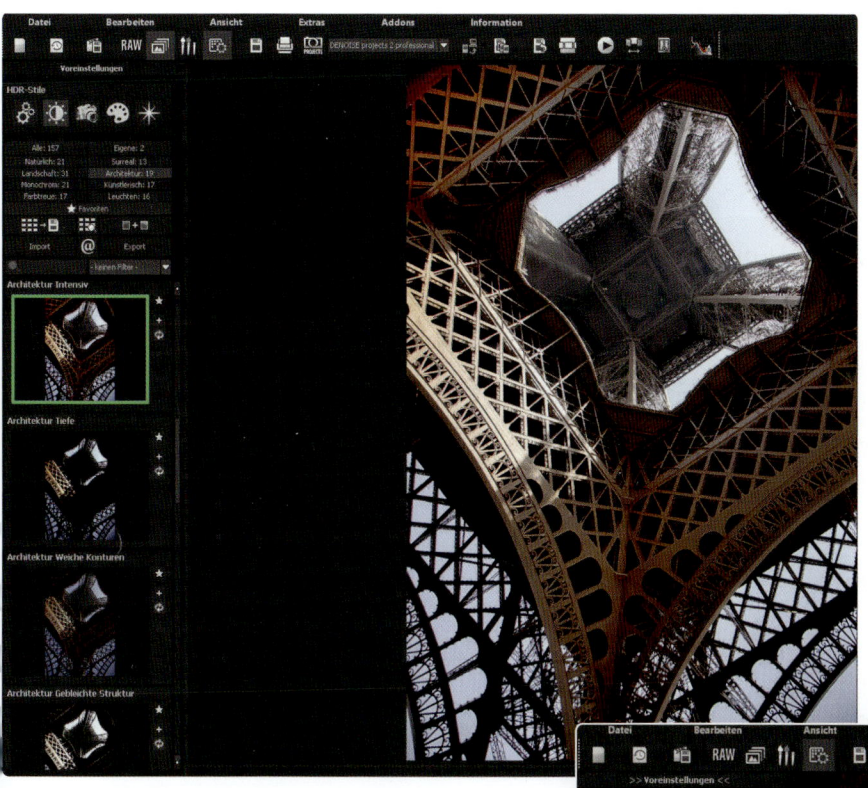

Bei diesem Ausgangsbild kommen zwei Voreinstellungsvarianten in die engere Auswahl: *Architektur Tiefe* (oben) und *Architektur Intensiv* (unten). Der Unterschied ist deutlich. In beiden Varianten sieht man alles, was das Auge sehen konnte, als es sich an den Helligkeitsunterschied bzw. Kontrast gewöhnt hatte. Im nächsten Kapitel erfahren Sie, wie Sie einen Mittelweg zwischen beiden angebotenen Möglichkeiten wählen und die Voreinstellungen kombinieren.

▲ **Auswirkung von** Architektur Intensiv.

▶ **Die Ansichtsgröße verändern Sie mit dem Mausrad.**

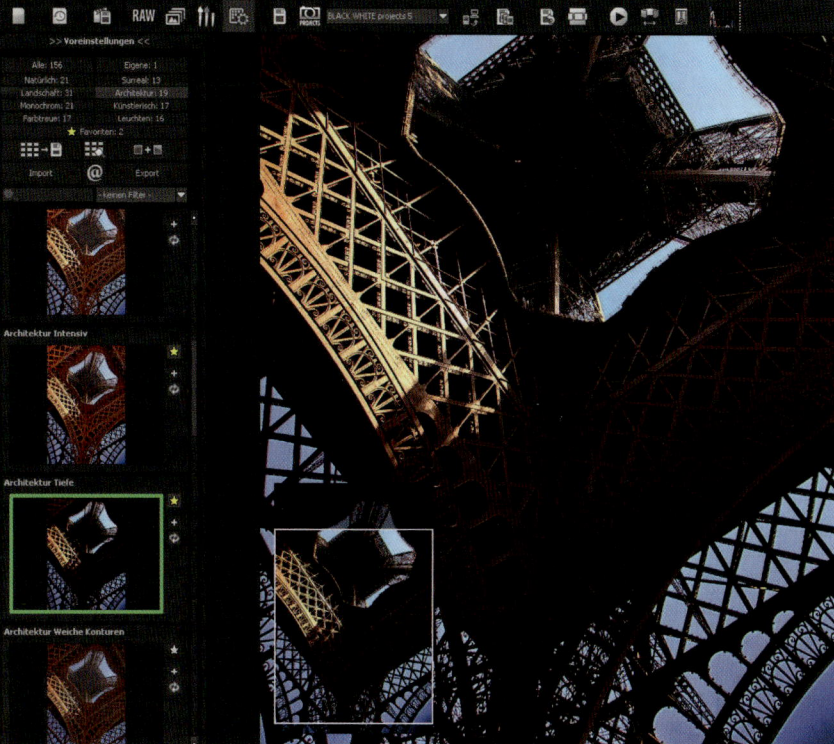

SCHNELLEN SCHRITTES ZUM ERFOLG | **31**

Optional den Optimierungs-Assistenten einstellen

Der *Optimierungs-Assistent* auf der rechten Seite im *Finalisieren*-Modus wird im großen Workflow in Kapitel 7 ausführlicher gewürdigt. In diesem Blitzworkflow hat er seine Berechtigung, weil seine automatische Aktivierung einem Bild in vielen Fällen den letzten Kick gibt.

▲ **Voreinstellung** Landschaft Bi-color 2 (**HDR-Stil** Schatten und Licht) **bei aktivem Optimierungs-Assistenten.**

Diese automatische Voreinstellung können Sie aber bei Bedarf überstimmen, die Automatik komplett abschalten, nur ausgewählte Parameter wie z. B. den Tonwert ändern oder bei aktivem Assistenten zu bunte Farben über den *Dynamik*-Regler dezent zurücknehmen etc. Außergewöhnlich ist, dass sich der Assistent Ihre Eingaben merkt und diese Korrekturen beim nächsten Bild auf das neue Motiv abstimmt, wenn Sie das Bild gespeichert haben.

▶ *Bild links* – Hier können Sie bei Bedarf mithilfe der Regler die Bildwirkung über einzelne Parameter ändern. Der Regler *Deckkraft* reduziert alle gewählten Einstellungen bis zum Wert 0 zurück – das hätte die gleiche Wirkung wie der ausgeschaltete Assistent.

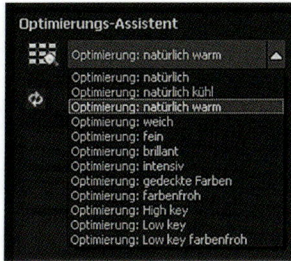

▲ Der Optimierungs-Assistent führt Sie durch die Einflussmöglichkeiten.

OPTIMIERUNGS-ASSISTENT

Mit diesem »mitdenkenden« Optimierungs-Assistenten können Sie bei Bedarf die abschließenden individuellen Optimierungen für faszinierende Bilder vornehmen. Bei aktivem Assistenten (*Optimierung an*) können Sie sehr wirkungsvoll die grundsätzliche Bildstimmung beeinflussen oder gezielt Parameter wie die Dynamik oder die Tonwerte ändern, indem Sie die Regler nach links oder rechts verschieben. Die Wirkung auf Ihr Bild können Sie wie immer live verfolgen.

▶ *Bild Mitte* – Die Grundstimmung können Sie – abweichend von der Voreinstellung *Natürlich* – bei Bedarf variieren. Hier sind gegenüber der Vorgängerversion vier weitere »Stimmungen« hinzugekommen: *natürlich kühl*, *natürlich warm*, *farbenfroh* und *Low Key farbenfroh*.

▶ *Bild rechts* – Wenn Sie auf die Schaltfläche *Optimierung aus* klicken, sind die automatischen Einstellungen des Assistenten abgeschaltet, und Sie können – wenn gewünscht – einzelne Parameter wie die Dynamik oder den Tonwert durch Klick auf das Symbol zuschalten. Wenn Sie alle anklicken, hat das die gleiche Wirkung wie die eingeschaltete Automatik.

Klicken Sie bei eingeschalteter Automatik verschiedene Voreinstellungen auf der linken Seite durch, sehen Sie rechts sofort, dass die einzelnen Schieberegler ihre Stellung bei jedem Voreinstellungswechsel verändern. Klicken Sie insbesondere die Varianten der Grundstimmung bei einem Bild nacheinander durch und beobachten Sie, wie sich der Bildlook, den Sie durch die Vorwahl des HDR-Stils und einer Voreinstellung bestimmt haben, ändert! Das kann sehr hilfreich für spätere Entscheidungen bei ähnlichen Bildmotiven sein.

Um die Wirkung des Optimierungs-Assistenten zu verdeutlichen, habe ich bewusst ein anderes Motiv mit einer etwas verfremdenden Voreinstellung gewählt. Die Wandlung vom Original über das Zwischenergebnis mit ausgeschaltetem Optimierungs-Assistenten bis zum Ergebnisbild zeigt, wie sinn- und wirkungsvoll diese Automatik in der Regel arbeitet und wie Sie mit einem Klick die Bildstimmung noch einmal entscheidend beeinflussen können.

105 mm :: f/5.6 :: 1/200 s :: ISO 100

▼ **Voreinstellung** Landschaft Bi-color 2, Optimierungs-Assistent **ausgeschaltet.**

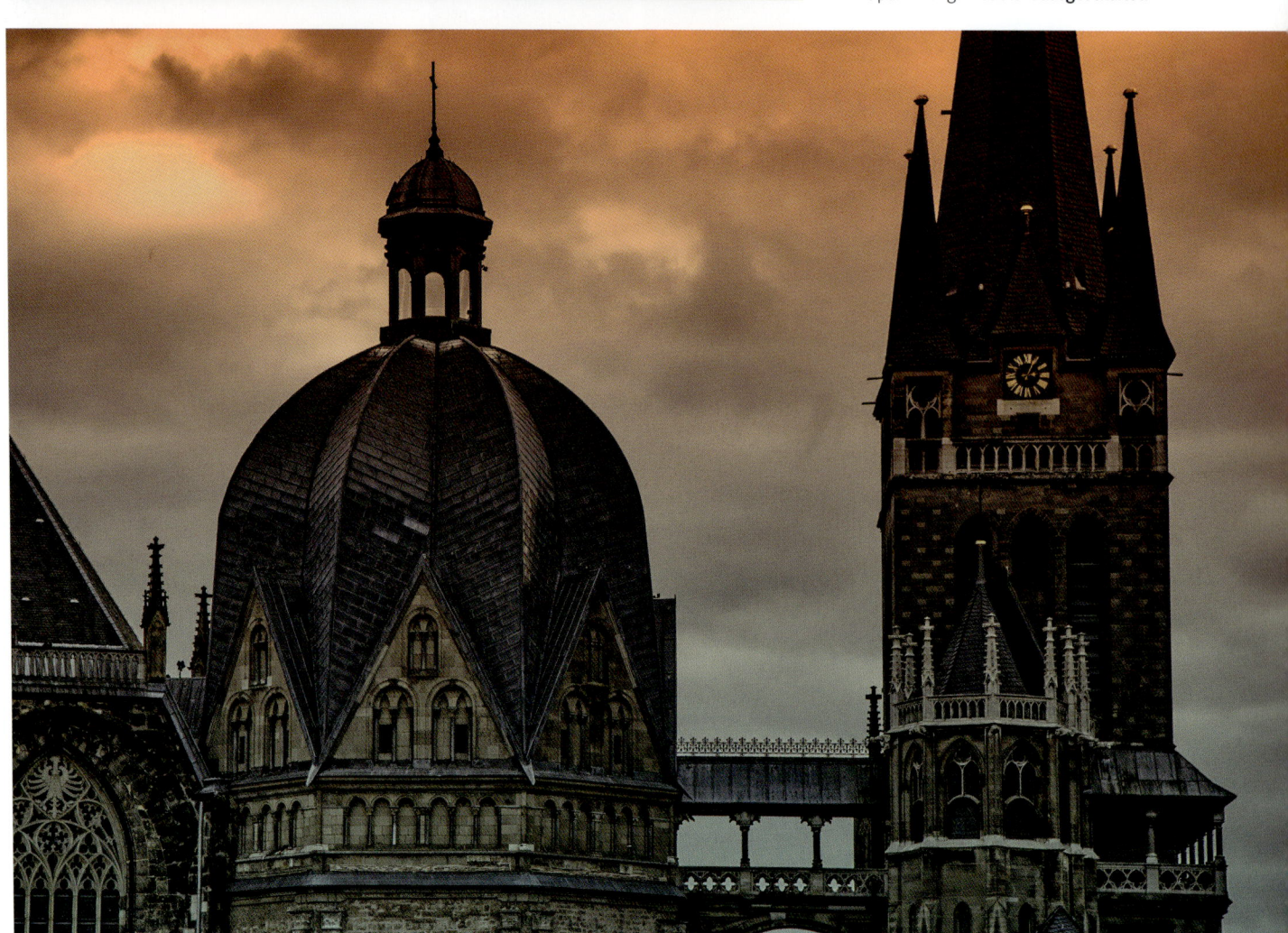

Das fertige Bild oder das ganze Projekt speichern

Wenn Sie sich für eine Voreinstellung, z. B. *Architektur Intensiv*, entschieden haben, folgt der letzte Schritt zum fertigen Ergebnis – das Speichern der vorgenommenen Einstellungen.

◄ **Gleiche Voreinstellung**, Optimierungs-Assistent **(automatisch)** eingeschaltet, **Optimierung** Natürlich warm.

◄ **Ein Klick auf** Ergebnisbild speichern führt zum nächsten Fenster.

SCHNELLEN SCHRITTES ZUM ERFOLG

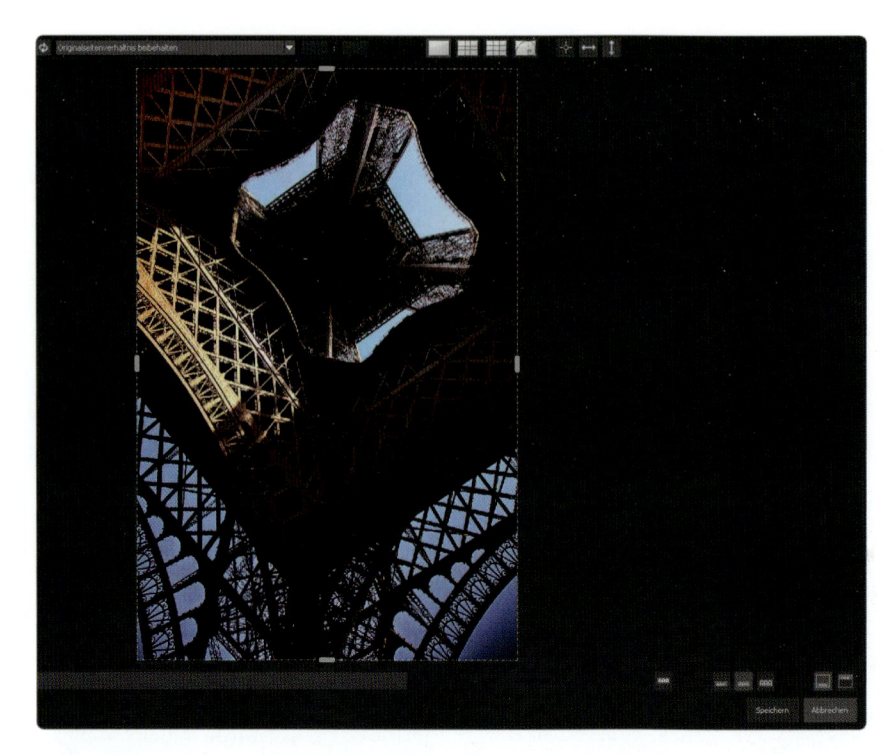

▲ Ein Klick auf Speichern öffnet die Speicheroptionen.

Die Möglichkeit, das Bild in diesem Fenster zu beschneiden, heben wir uns für später auf und unterstellen erst mal, dass der gewählte Bildausschnitt der richtige ist.

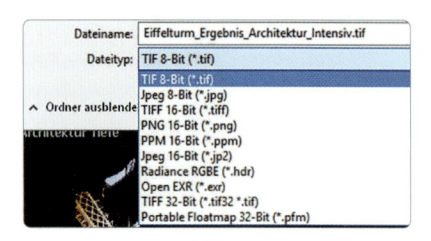

◀ Mögliche Dateiformate zum Speichern der Bilddatei.

Wählen Sie nun den Speicherort aus, vergeben Sie einen sprechenden Dateinamen, bestätigen Sie das voreingestellte Dateiformat (*TIF 8-Bit*) oder aktivieren Sie ein anderes aus der Liste und bestätigen Sie mit *Speichern*. Fertig. Zumindest fast, denn ein letztes Mal müssen Sie noch klicken, und zwar auf den Button *Ja*.

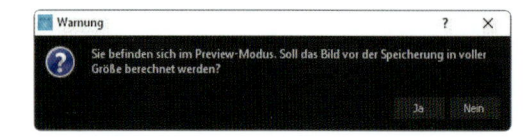

◀ Letzte Aufforderung zum Ja-Sagen.

Klicken Sie auf *Ja* und überlassen Sie HDR projects die Konvertierung Ihres Ausgangsbilds in ein erstes zu Freude Anlass gebendes Erlebnis.

▲ Nachbearbeitung in wenigen Sekunden.

▲ Vom Ursprungsbild mit HDR projects in fünf Schritten und knapp zwei Minuten zu einem fertigen HDR-Bild.

So, der Einstieg ist geschafft! Und dieser Einstieg kann Ihre Lieblingsvorgehensweise für viele Bilder werden, weil sie unschlagbar schnell und mit wenigen Klicks zu beeindruckenden Ergebnissen führt.

▲ Der Klick auf *Ja* führt zum Speicherort. Den aktuellen Projektstand speichern.

ERGEBNIS ALS PROJEKT SPEICHERN

Wenn Sie vorhaben, das Bild jetzt oder später noch weiter zu optimieren oder weitere Variationen auszuprobieren, speichern Sie das Projekt im unten stehenden Dialogfenster. Sie können so jederzeit auf den aktuellen Bearbeitungsstand zurückgreifen.

SCHNELLEN SCHRITTES ZUM ERFOLG | **37**

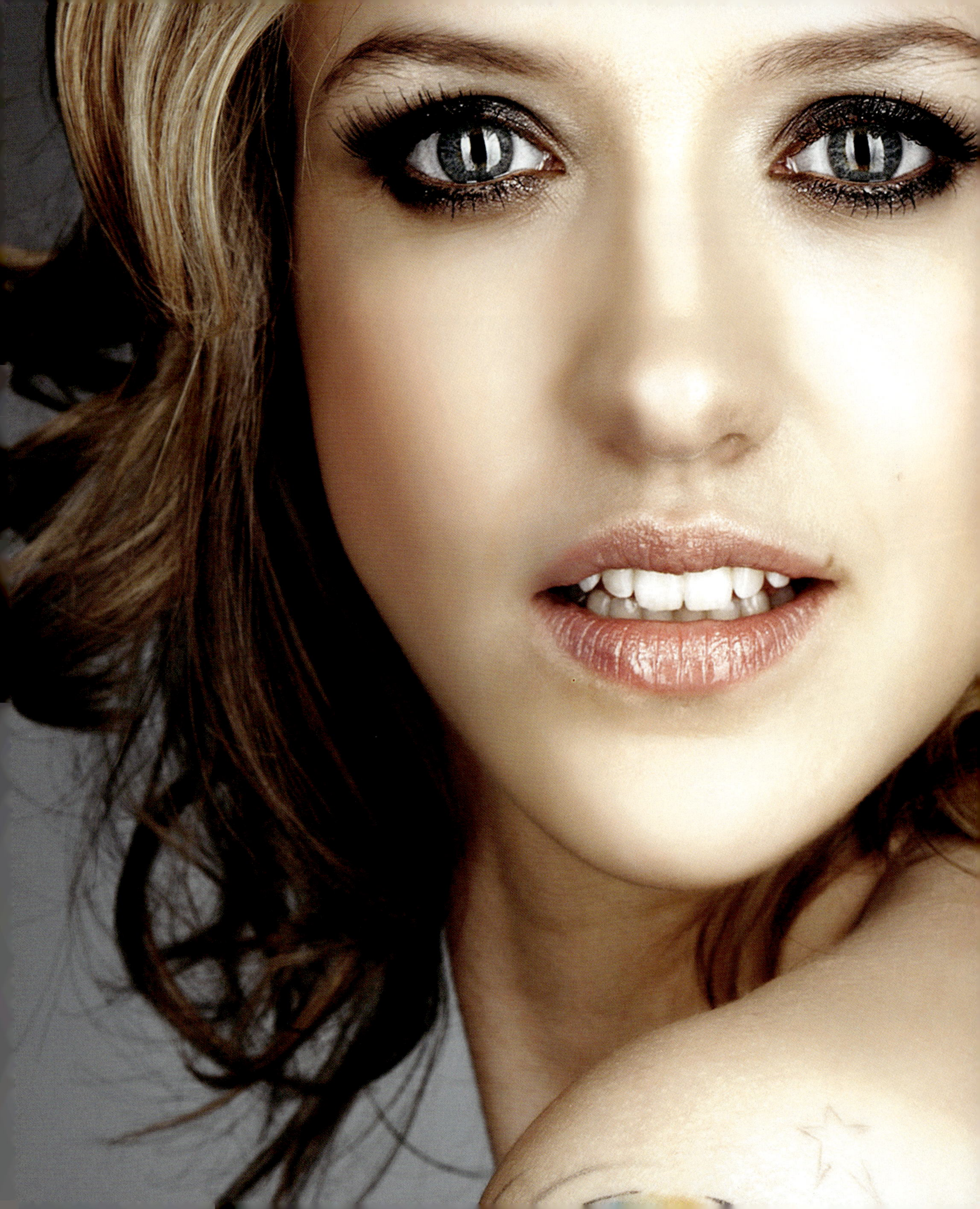

Kapitel 3

DAS GEHEIMNIS DER SYNTHE- TISCHEN BELICHTUNGS- REIHE

▪ **Aus einem werden drei** 40
Eine synthetische Belichtungsreihe erzeugen 40

▶ (Model: Julia)

■ Die Überschrift dieses Kapitels könnte auch lauten: »Wie aus Ihrem Bild ein HDR-Bild entsteht« oder »Ein kompletter Workflow ohne HDR-Stile und ohne Voreinstellungen«. Wie die HDR-Stile in Kombination mit den Voreinstellungen aus Ihrem Einzelbild blitzschnell und automatisch einen Hingucker machen, haben Sie schon erfahren. Das erzielte Ergebnis basiert aber auch – wie erwähnt – auf einer weiteren Überraschung: Das Einzelbild ist unmittelbar nach dem Import gar kein Einzelbild mehr.

AUS **EINEM** WERDEN **DREI**

Die verblüffend guten HDR-Ergebnisse aus Einzelbildern beruhen auf einem Alleinstellungsmerkmal, das nur HDR projects bietet. Und so verblüffend ist die Lösung: Die App erzeugt beim Importieren eines Einzelbilds, egal ob RAW oder JPEG automatisch, eine sogenannte *synthetische Belichtungsreihe* mit drei Einzelbildern. Ausnahmen bilden 32-Bit-Bilder, die von Haus aus bereits einen hohen Dynamikumfang besitzen.

Bei dieser einzigartigen Technik werden zusätzlich zum Original, dem Masterbild, zwei weitere Einzelbilder erzeugt – ein Bild höher und ein Bild geringer belichtet. Wenn Sie eine Minibelichtungsreihe von zwei Bildern einladen, wird automatisch ein drittes Bild erzeugt. Das Ergebnis sind ein deutlich größerer Dynamikumfang und wesentlich mehr Detailreichtum. Sind Sie mit dem Ergebnis der Konvertierung nicht zufrieden, können Sie weitere synthetische Bilder hinzufügen, was aber in den seltensten Fällen nötig ist.

Eine synthetische Belichtungsreihe erzeugen

❶ Importieren Sie auf einem der beschriebenen Wege ein einzelnes RAW- oder JPEG-Bild.

❷ Danach klicken Sie auf die Schaltfläche *Belichtungsreihe bearbeiten* rechts neben dem *RAW*-Button.

❸ Auf der linken Seite im Arbeitsfenster befinden sich jetzt die Bilder der Belichtungsreihe mit dem Masterbild in der Mitte. Darüber sehen Sie das heller belichtete und darunter das dunkler belichtete Bild.

◢ Synthetische Belichtungsreihe
aus einem RAW- oder JPEG-Bild. (Model: Julia)

85 mm :: f/10 :: 1/125 s :: ISO 100

▶ Ein rechter Mausklick ins Bild zeigt das Original –
etwas heller und flacher.

DAS GEHEIMNIS DER SYNTHETISCHEN BELICHTUNGSREIHE | 41

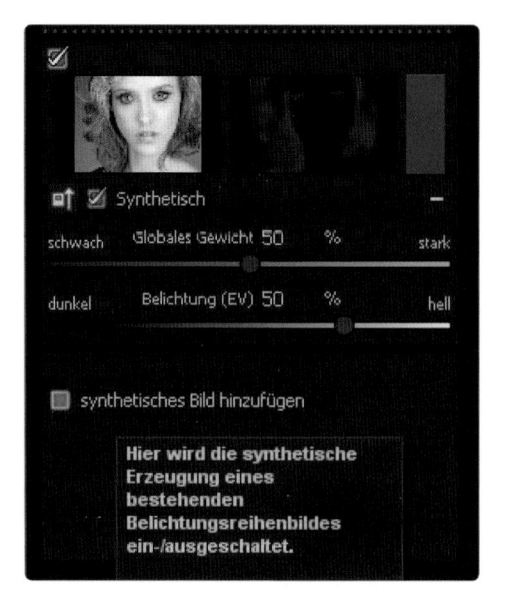

◀ Zusätzliche Einstellungen für die synthetische Belichtungsreihe.

❹ Die Schieberegler für *Globales Gewicht* und *Belichtung (EV, Exposure Value)* haben für dieses Einführungsbeispiel keine Relevanz und werden im Workflow nach dem Theoriekapitel ausführlich beschrieben. Aber natürlich können Sie an dieser Stelle gern mit den Reglern experimentieren und die Wirkung auf das Bild beobachten. Das Gleiche gilt für die Algorithmen auf der rechten Seite mit der Voreinstellung *Entropie*. Auch hier können Sie die unterschiedliche Bildwirkung bei den einzelnen Voreinstellungen testen.

Möchten Sie die Belichtungsreihe um ein weiteres Einzelbild erweitern, können Sie bei Bedarf einen Haken in die Checkbox *synthetisches Bild hinzufügen* setzen. Das können Sie bei Bedarf auch mehrmals wiederholen.

Das erzeugte HDR-Bild aus dem Master und den hinzugefügten synthetischen Bildern ist eine Idee kontrastreicher, hat etwas mehr Tiefe und mehr Details in der Hautstruktur – es wirkt lebendiger. Daher könnte dieser Miniworkflow – Bilddatei einladen, Belichtungsreihe aufrufen, Bild speichern – in Fällen wie diesen, bei denen Sie bewusst auf weitere Kontraststeigerungen oder andere Bildlooks verzichten möchten, eine gute Wahl sein.

Im nächsten Kapitel lernen Sie, eine eigene »leere« Voreinstellung ohne Effekte anzulegen. Die Bildwirkung ist die gleiche wie hier mit dem Vorteil, dass Sie sich dann im Post-Processing befinden und z. B. das Körnungsmodul oder andere Bearbeitungsschritte anwenden können.

▲ **Rückkehr zum gewohnten** Post-Processing **mit** Voreinstellungen.

Über das Menü *Bearbeiten/Post-Processing* oder Drücken der Taste [F7] kehren Sie zum gewohnten Dialog zurück. Wählen Sie hier den gewünschten HDR-Stil sowie die passende Voreinstellung und erfreuen Sie sich beispielsweise an folgender Bildmetamorphose. Die in wenigen Sekunden automatisch erzielten Ergebnisse aus einem importierten Einzelbild mit den vier Erfolgsgaranten *synthetische Belichtungsreihe*, *HDR-Stil*, einer passenden *Voreinstellung* und dem *Optimierungs-Assistenten* zeigen eindrucksvoll, wie wirkungsvoll und effizient die einzelnen Module zusammenarbeiten.

▲ Das Original: etwas flau, detail- und kontrastarm.

55 mm :: f/11 :: 1/400 s :: ISO 100

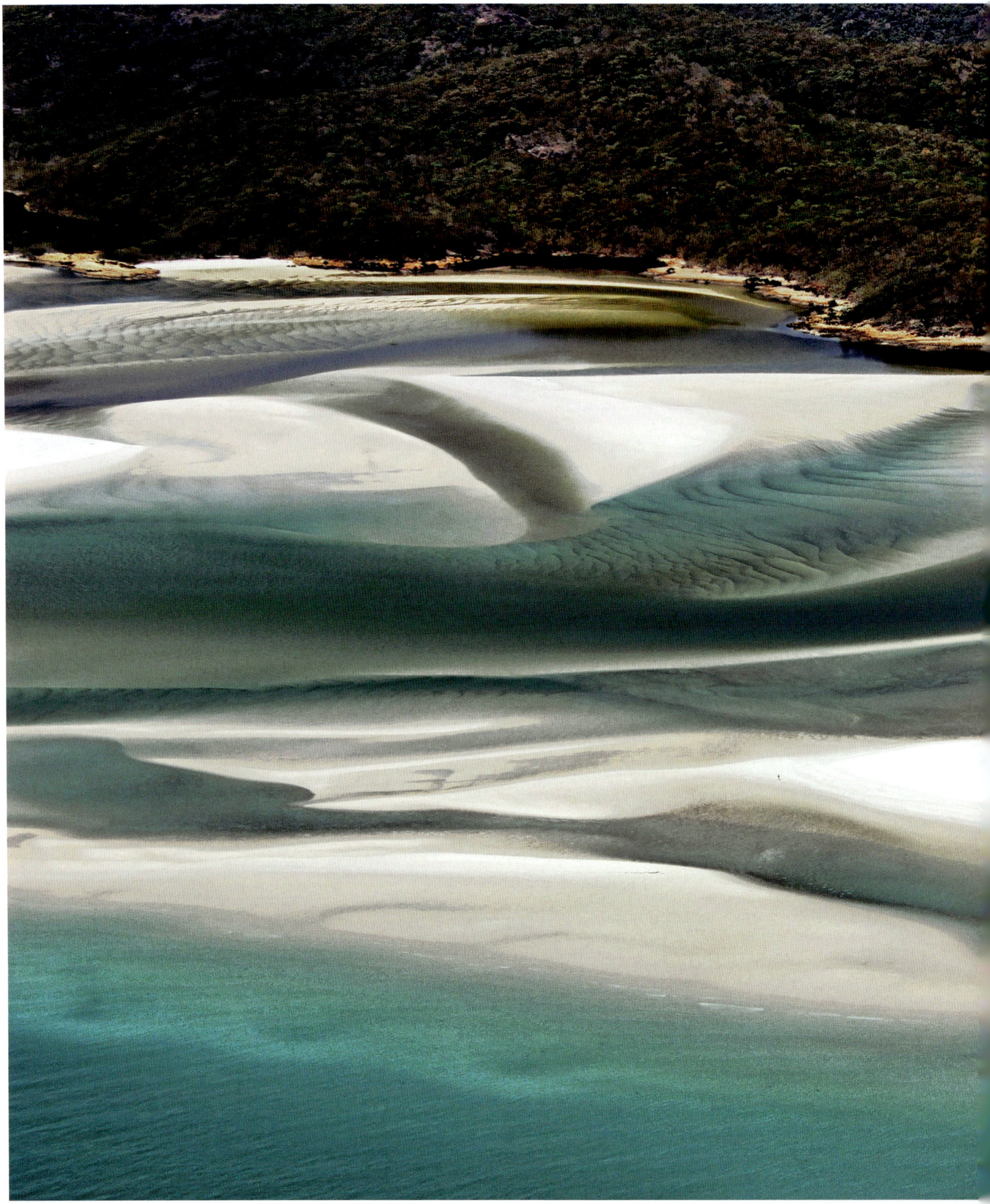

◀ HDR-Konvertierung in Sekunden – mit Farben und einem Detailreichtum, den das Original nur erahnen lassen konnte.

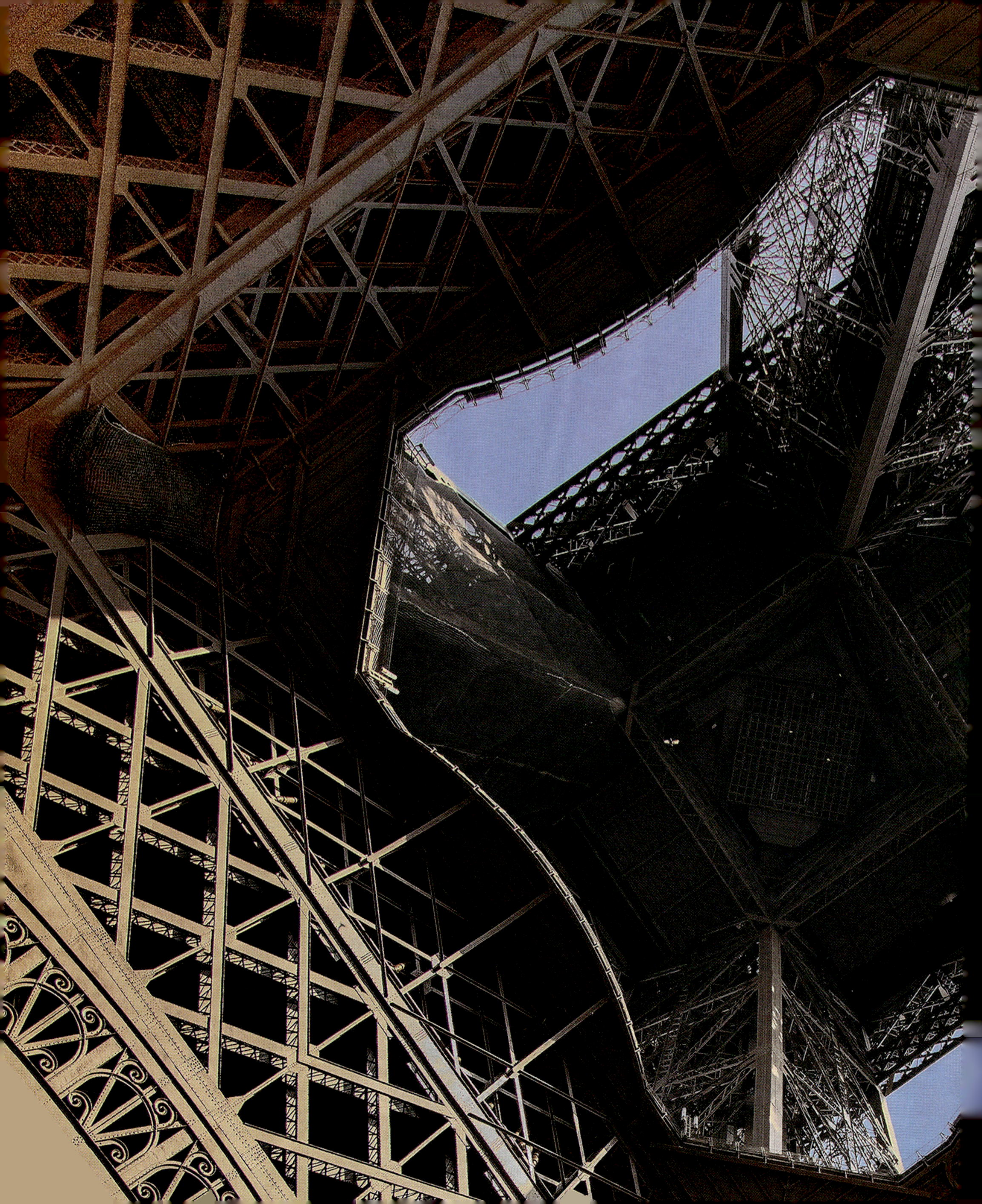

Kapitel 4

ERSTE ERGÄNZUNGEN UND VARIATIONEN

- **Bildzuschnitt nach Maß**   48
  - Ohne Umweg zum Beschneiden   48
  - Hilfslinien optimieren den Beschnitt   50
- **Ergebnisbild direkt ausdrucken**   50
- **Voreinstellungen kombinieren**   52
- **Favoriten erstellen**   56
- **Vergleichsansicht aufrufen**   56
- **Blick auf den Modus Experte**   57
- **Leere Voreinstellung ohne Effekte**   58

■ Wenn Sie sich mit dem grundlegenden Ablauf vertraut gemacht haben, können Sie bei Bedarf das konvertierte HDR-Bild zuschneiden. Das Beschneiden des Bilds geht genauso schnell und einfach, wie Sie es aus anderen Programmen kennen.

BILDZUSCHNITT NACH MASS

Sie haben das erste Bildergebnis als Projekt gespeichert und möchten gleich oder später ohne Umwege zum Beschneiden kommen.

Ohne Umweg zum Beschneiden

❶ Klicken Sie auf *Datei*, dann auf *Projekte/Projekt öffnen*, wählen Sie die gewünschte Datei aus und importieren Sie sie mit Klick auf *Öffnen*.

Wenn Sie sich noch im aktuellen Projekt befinden, überspringen Sie diesen Schritt und klicken direkt auf *Ergebnisbild speichern*.

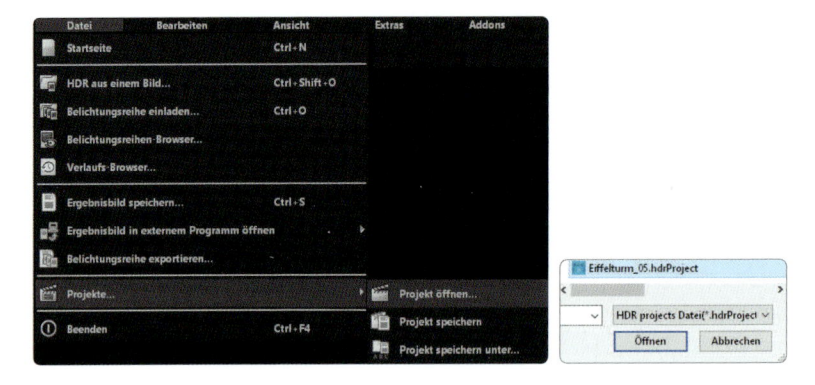

▲ **Über** Datei/Projekte/Projekt öffnen **importieren Sie Ihre gespeicherten Projekte, um darin weiterzuarbeiten.**

❷ Im nächsten Schritt landen Sie schon bei den Beschnittoptionen: Ein Klick auf *Datei/Ergebnisbild speichern* öffnet wieder das Dialogfenster zum Speichern, hier ist das aber nur eine mögliche Option. Im oberen Bereich befinden sich ganz viele Beschnittvoreinstellungen, aus denen Sie die gewünschten Seitenverhältnisse im Quer- oder Hochformat aussuchen können. Wenn trotz des großen Angebots Ihr gewünschtes Format nicht dabei ist, haben Sie natürlich die Möglichkeit, das Bild individuell zu beschneiden.

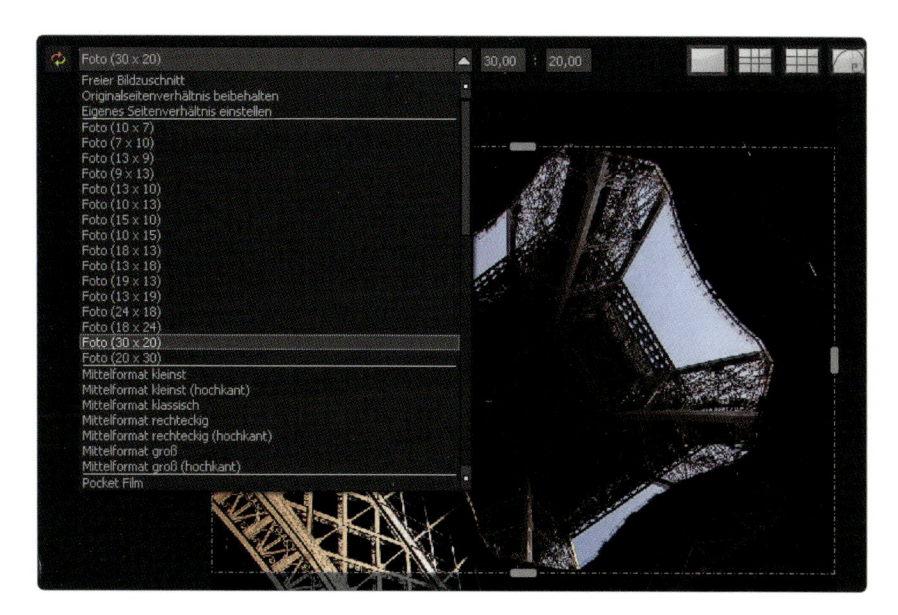

▲ Die Auswahl an Beschnittverhältnissen ist groß.

WISSENSWERTES ZUM SEITENVERHÄLTNIS

Die Angaben bei den Voreinstellungen, zum Beispiel *30 × 20*, sind maßeinheitsfrei und bedeuten nicht, dass das Bildformat eine Länge von 30 cm und eine Breite von 20 cm hat. Gemeint ist nur das Verhältnis Länge zu Breite. Übertragen auf ein selbst gewähltes Verhältnis von beispielsweise 4 zu 3, bedeutet das für das Bildbeispiel, dass die Seitenmaße beim gewählten Bildausschnitt 31,57 cm zu 23,68 cm betragen und nicht 40 zu 30 cm.

Ich möchte Sie nicht mit der Erklärung der einzelnen Vorwahlmöglichkeiten langweilen, sie erklären sich von selbst. Nur so viel zum Verständnis der oberen Optionen:

▶ *Freier Bildzuschnitt* – Sie können den gewünschten Bildausschnitt ohne Einschränkungen durch die Vorgaben wählen, indem Sie an einem der vier Anfasser ziehen – das ist die einzige Option mit variablem Seitenverhältnis ohne irgendwelche Vorgaben.

▶ Zusätzlich zu den vier Anfassern können Sie das gewählte Bild durch Klick in den Beschnittrahmen und Ziehen mit festgehaltener Maustaste in alle Richtungen verschieben. Das gilt natürlich auch für alle fest eingestellten Seitenverhältnisse.

▶ *Originalseitenverhältnis beibehalten* – Wenn Sie an einem der vier Anfasser ziehen, bleibt der neue Bildausschnitt immer der, in dem das Originalbild importiert wurde.

▶ *Eigenes Seitenverhältnis einstellen* – Im Beispiel ist das Verhältnis *30 × 20* (ein Querformat) gewählt worden. Jede Veränderung des Bildausschnitts über die Anfasser führt zu einem Bildausschnitt in genau diesem Verhältnis.

ERSTE ERGÄNZUNGEN UND VARIATIONEN | 49

Hilfslinien optimieren den Beschnitt

Wenn Sie sich in der Abbildung über die Schaltflächen mit den Linien oben rechts wundern, die Sie hier zum ersten Mal sehen: Das ist kein Zufall, sondern im wahrsten Sinne des Wortes ein Angebot an Hilfslinien: Sie helfen, den Beschnitt zu optimieren, indem z. B. Hilfslinien eingeblendet werden, die den Goldenen Schnitt oder rechts daneben eine oft angewandte Bildaufteilung nach der Drittelregel veranschaulichen. Ganz rechts kann die Goldene Spirale aufgerufen werden, und wenn Sie das alles nicht brauchen, können Sie die Hilfslinien über den linken Button jederzeit abwählen.

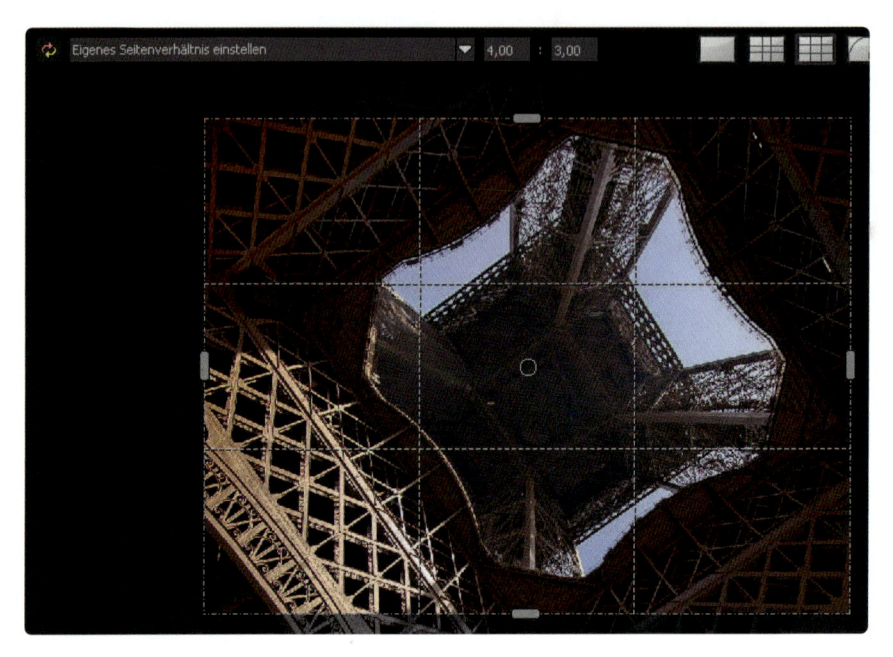

▲ Individuelle Beschneidungsverhältnisse vorgeben.

Sind Sie mit dem gewählten Bildausschnitt zufrieden, können Sie das Bild im selben Dialogfenster unten rechts unter einem sprechenden Namen wie vorher beschrieben speichern – fertig.

ERGEBNISBILD DIREKT AUSDRUCKEN

Mit der neuen integrierten Druckfunktion können Sie jetzt Ihr gewünschtes Ergebnisbild direkt aus HDR projects auf einem angewählten Drucker ausdrucken. Diese neue Druckfunktion zentriert Ihr Bild automatisch und skaliert es auf das jeweilige Druckmedium (Papier).

▲ Eigenes Seitenverhältnis 4 zu 3.

ERSTE ERGÄNZUNGEN UND VARIATIONEN

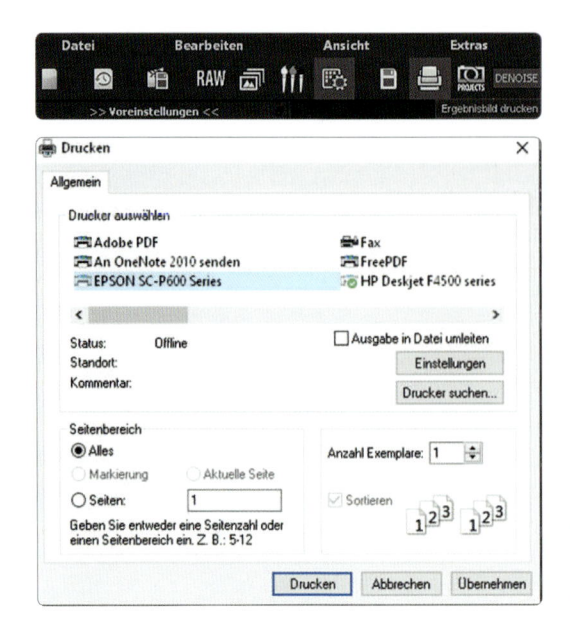

◀ Ein Klick auf das Druckersymbol führt zum Dialog Drucken.

VOREINSTELLUNGEN KOMBINIEREN

Die Möglichkeit des Kombinierens ist sehr praktisch und hilfreich in allen Fällen, in denen Sie mit dem Ergebnis einer Voreinstellung nicht ganz zufrieden sind. Die erzielten Bildergebnisse aus dem ersten Beispiel mit den Voreinstellungen *Architektur Tiefe* und *Architektur Intensiv* sind so ein Fall, bei dem man sich wünschen könnte, dass das Ergebnis irgendwo in der Mitte zwischen beiden Angeboten liegt. Auch das geht wieder ganz schnell und einfach:

❶ Öffnen Sie das Projekt erneut über *Datei/Projekte/Projekt öffnen* und aktivieren Sie eine der beiden Voreinstellungen, im Bildbeispiel ist das *Architektur/Architektur Tiefe*.

▶ Architektur Tiefe aktivieren.

❷ Ein Klick auf den Button *Kombination von Voreinstellungen* direkt über *Export* öffnet den Dialog, in dem Sie ganz einfach Ihre Wunschkombinationen zusammenstellen und so schnell neue Bildlooks kreieren können.

◀ Den Dialog zur Kombination von Voreinstellungen öffnen.

❸ Nach Klick auf den Button öffnet sich eine Welt unglaublicher Variationsmöglichkeiten. Im folgenden Beispiel kombinieren wir die Voreinstellungen *Architektur Tiefe* mit *Architektur Intensiv* über den Button *Kombinieren*.

❹ Im Dialogfenster *Voreinstellungen kombinieren* können Sie die beiden vorher ausprobierten Voreinstellungen miteinander verrechnen. Auf der linken Seite im Fenster erscheint immer die zuletzt aktivierte Voreinstellung – hier *Architektur Tiefe*. Auf der rechten Seite bestimmen Sie, welche Voreinstellung damit gemischt bzw. hinzuaddiert werden soll. Im Bildbeispiel ist das *Architektur Intensiv*. Ein Klick auf den Pfeil rechts neben der Beschreibung der gerade aktivierten Voreinstellung zeigt sämtliche Voreinstellungen an.

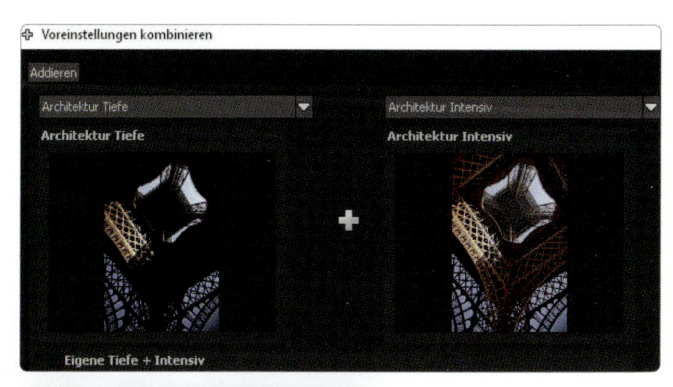

▶ Durch Klick auf das Pluszeichen sehen Sie alle Voreinstellungen der Kategorie Architektur, mit denen Sie Ihre erste Vorauswahl kombinieren können.

ERSTE ERGÄNZUNGEN UND VARIATIONEN | **53**

❺ Mit einem Klick auf *Voreinstellungen kombinieren* stoßen Sie zwei Prozesse gleichzeitig an. Zuerst öffnet sich ein Dialog, in dem Sie den vorgeschlagenen Namen durch Klick auf *OK* übernehmen können, oder Sie vergeben einen neuen Namen. Mit Ihrer Bestätigung wird sofort die Vorschau der Kombination errechnet und im unteren Fenster angezeigt.

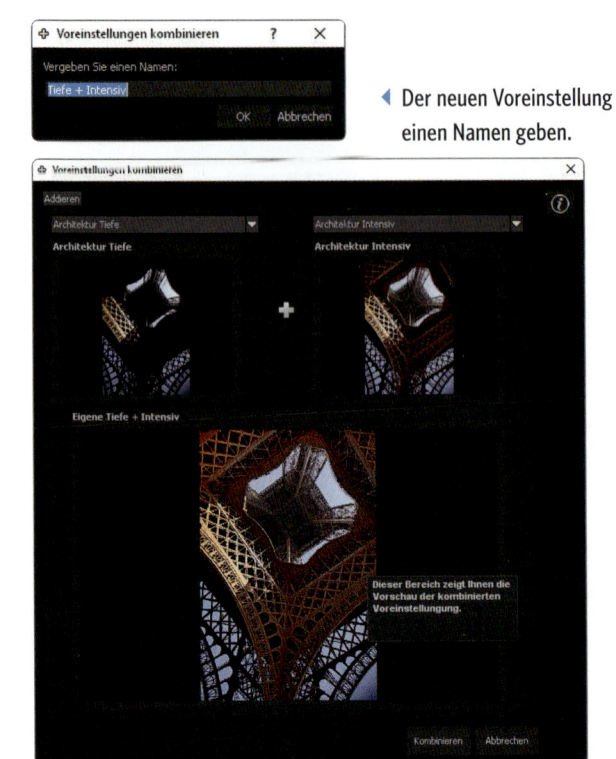

◀ Der neuen Voreinstellung einen Namen geben.

▲ Anzeige des Ergebnisbilds der Kombination der gewählten Voreinstellungen.

❻ Gleichzeitig wird die neu kreierte Voreinstellung unter *Eigene* gespeichert. Sie kann zukünftig immer wie alle anderen Voreinstellungen aufgerufen werden.

Wenn Ihnen das reichhaltige Angebot an Voreinstellungen für Ihre besonderen Bildlook-Ideen nicht ausreicht – kein Problem. Sie können sich aus dem vorhandenen Angebot durch Kombination, Löschen oder Erweitern der voreingestellten Effekte beliebig viele eigene Voreinstellungen zusammenstellen.

◀ Erste Eigenkreation: die neue Voreinstellung Architektur/Tiefe + Intensiv.

▶ Das Ergebnisbild mit der neuen Voreinstellung Architektur/Tiefe + Intensiv.

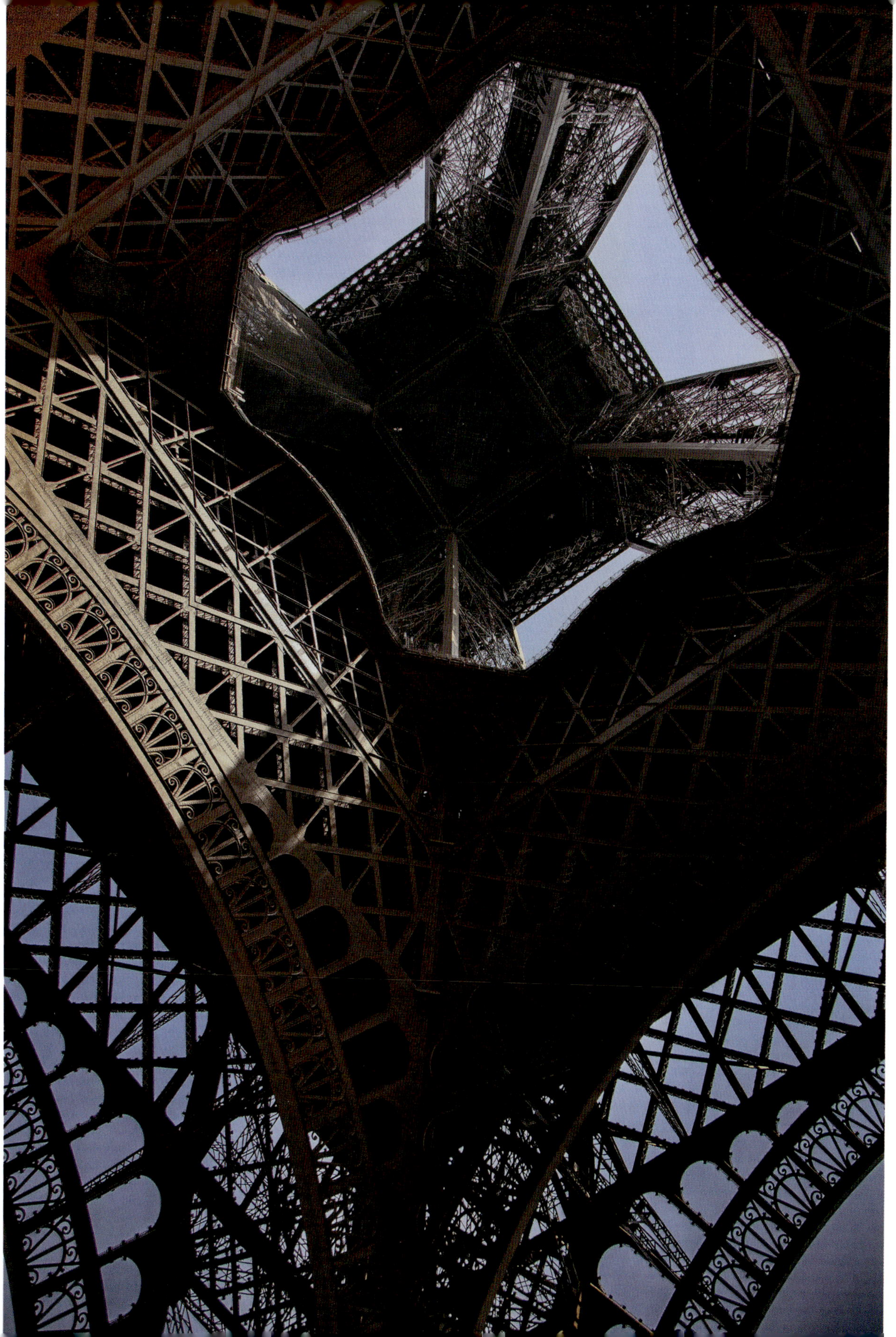

VERGLEICHSANSICHT AKTIVIEREN

Per Klick auf *Vergleichsansicht* aktivieren Sie die Vergleichsansicht, die Sie auch noch variieren können. Über die Buttons oberhalb des Bilds entscheiden Sie über die Art des Vergleichs.

FAVORITEN ERSTELLEN

Sie haben einen noch schnelleren Zugriff auf Ihre Lieblingsvoreinstellung, wenn Sie sie als Favoriten speichern. Dazu klicken Sie in der aktivierten Voreinstellung einfach auf den gelben Stern und fügen diese Voreinstellung den Favoriten hinzu, die Sie ab jetzt jederzeit mit einem Klick aufrufen können.

◀ Favoriten erleichtern die Vorauswahl.

VERGLEICHSANSICHT AUFRUFEN

Neben der weiter unten erläuterten Vergleichsansicht über die Lupe haben Sie hier eine schnelle und variable Vergleichsmöglichkeit:

◀ **Die** Vergleichsansicht **können Sie horizontal, vertikal oder diagonal wählen.**

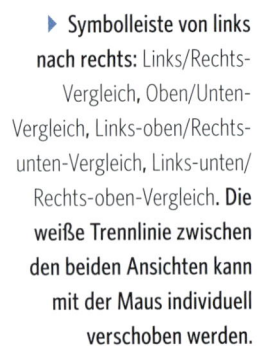

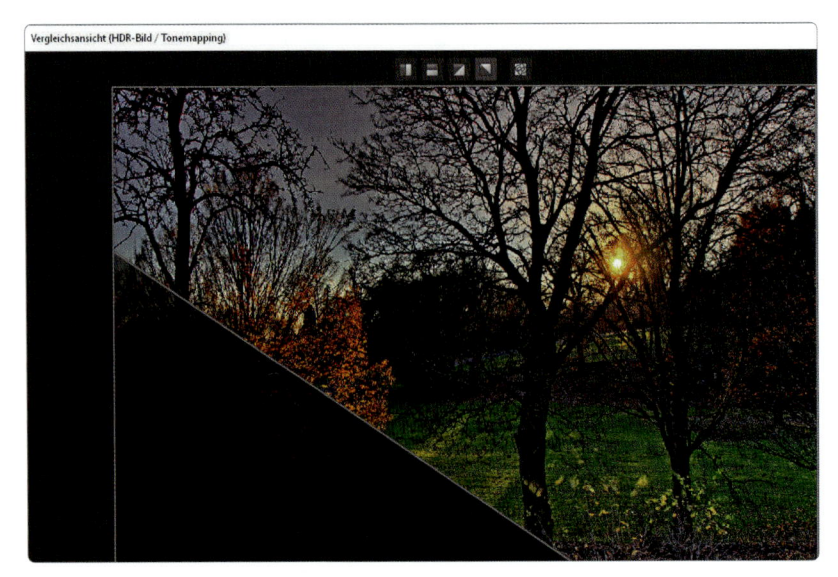

▶ **Symbolleiste von links nach rechts:** Links/Rechts-Vergleich**,** Oben/Unten-Vergleich, Links-oben/Rechts-unten-Vergleich, Links-unten/Rechts-oben-Vergleich**. Die weiße Trennlinie zwischen den beiden Ansichten kann mit der Maus individuell verschoben werden.**

BLICK AUF DEN **MODUS EXPERTE**

Nachdem Sie die HDR-Stile und die ersten Voreinstellungen ausprobiert haben und nun wissen, wie sie miteinander kombiniert werden können, lohnt ein erster Blick über den *Finalisieren*-Zaun zum Modus *Experte*, weil Sie darin bei jeder Voreinstellung ganz schnell erkennen können, welche Effekte auf die jeweilige Voreinstellung wirken und was sich in der Bildwirkung ändert, wenn Sie sie ab- und einschalten.

Gleichzeitig möchte ich Sie ermuntern, diesen Quervergleich so oft wie möglich zu machen, weil Sie den Wechsel zum Modus *Experte* nach kurzer Zeit als selbstverständlich erleben werden. Dadurch wächst die Lust am Ausprobieren der angebotenen Effekte mit ihren Auswirkungen auf den Bildlook und damit der Appetit auf das Kapitel, das sich ausführlich mit diesem Modus beschäftigt.

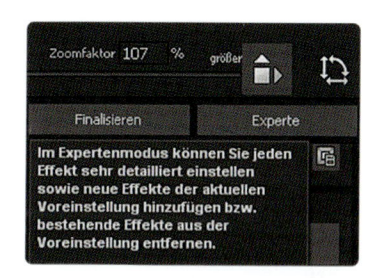

◀ Ein Klick auf Experte wechselt in den Experte-Modus.

▼ Links: **HDR-Stil** Feine Details, **Voreinstellung** Natürlich ausgewogen, **rechts**: gewählte Effekte 3.

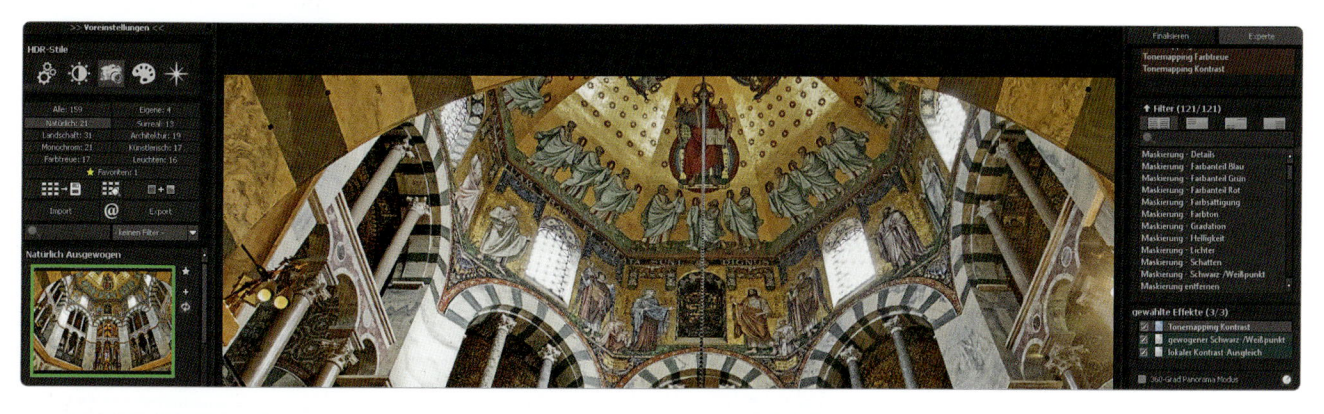

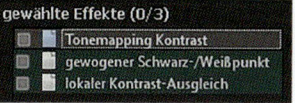

◀ Diese drei Effekte bestimmen den Bildlook, können abgewählt und einzeln zugeschaltet werden.

Wenn Sie durch Klick auf die *Experte*-Schaltfläche in den *Experte*-Modus wechseln, sehen Sie auf der rechten Seite unter anderem die angebotenen 121 Filter/Effekte und darunter die Liste der gewählten Effekte, die aktuell für den Look des importierten Bilds sorgen.

Mit Klick auf die Haken vor den Effektbezeichnungen, die beim Überfahren wie immer interaktiv anzeigen, was sie bewirken, können Sie die Effekte alle oder einzeln abwählen. Wenn alle Effekte ausgeschaltet sind, sehen Sie praktisch Ihr unbearbeitetes Originalbild – eine leere Voreinstellung, die z. B. bei Porträtaufnahmen sinnvoll ist und später beschrieben wird.

Jetzt können Sie nach und nach Effekte wieder zuschalten und die live umgerechnete Wirkung auf das Bild beobachten – in diesem Beispiel werden Sie merken, dass der oberste Effekte – *Tonemapping Kontrast* – den neuen Look maßgeblich prägt.

▲ **Sechs Effekte bei Voreinstellung** Architektur Intensiv, **sieben Effekte bei Voreinstellung** Architektur Tiefe.

So können Sie bei jeder Voreinstellung – z. B. bei den beiden aus dem Blitzworkflow genutzten – sehen, welche Effekte wie stark auf das Bild einwirken, und – wenn gewünscht – durch die Abwahl einzelner Filter erste Veränderungen vornehmen.

Bei diesen ersten Experimenten mit den Effekten schauen Sie dem Programm quasi über die Schulter und erleben immer live die jeweiligen Rechenprozesse, die hinter den einzelnen Filtern stecken. Mit Klick auf die Schaltfläche *Finalisieren* kehren Sie zum normalen Modus zurück.

LEERE VOREINSTELLUNG OHNE EFFEKTE

Sie haben in diesem Workflow durch die Kombination von Voreinstellungen bereits eigene Voreinstellungen erstellt. Im vorherigen Punkt haben Sie gesehen, wie unkompliziert das Hin- und Herschalten zwischen den einzelnen Modi ist und wie einfach das Zu- und Abschalten der auf eine Voreinstellung wirkenden Effekte.

Und genau der letzte Fall – Erzeugen einer eigenen Voreinstellung ohne irgendwelche Effekte – bildet den Abschluss dieses Workflows, weil es eine Ihrer Lieblingsvoreinstellungen werden könnte:

Es gibt Situationen, in denen Sie sich eine Voreinstellung wünschen, die »leer« ist. Das bedeutet, dass mit Ausnahme der immer durchgeführten HDR-Fusion keine weiteren Veränderungen am Ausgangsbild vorgenommen werden – es könnte dann schon ein Ergebnisbild werden oder die Grundlage für einen besonderen Effekt, z.B. das Körnungsmodul, bilden. Oder es könnte als Basis für Composings, das Übermalen einzelner Bildteile mit dem *Selektiven Zeichnen-Pinsel* oder das Hinzufügen ausgewählter Effekte dienen – was Sie wollen!

❶ In diesem Beispiel gehe ich davon aus, dass Sie sich noch nicht im *Experte*-Modus befinden, sondern »ganz von vorne« ein Bild Ihrer Wahl eingeladen haben und z.B. die Ausgangsvoreinstellung *Natürlich Ausgewogen* sehen.

❷ Sie duplizieren mit Klick auf das Pluszeichen eine Voreinstellung, geben der Voreinstellung im sich öffnenden Dialogfenster einen Namen und bestätigen die Aktion mit OK.

▲ Mit Klick auf das Pluszeichen duplizieren Sie eine Voreinstellung und vergeben den Namen Leer.

❸ Ihre neue leere Voreinstellung finden Sie sofort bei allen anderen eigenen Voreinstellungen an unterster Stelle wieder.

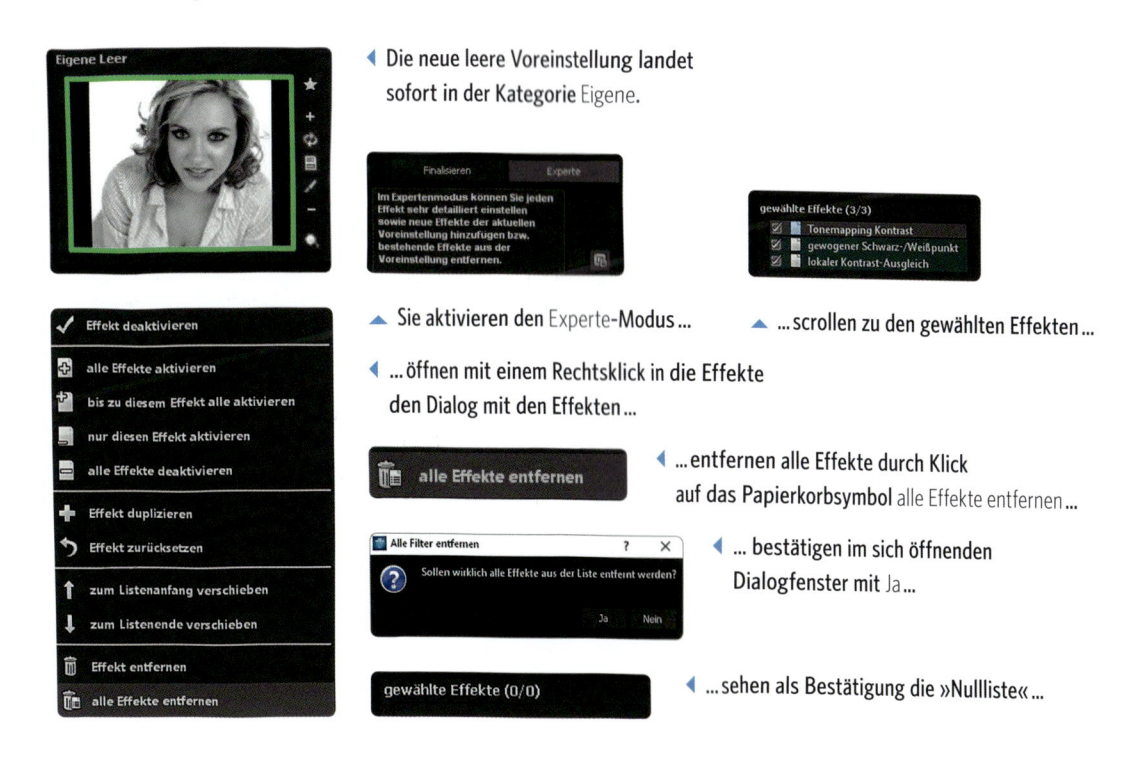

◀ Die neue leere Voreinstellung landet sofort in der Kategorie Eigene.

▲ Sie aktivieren den Experte-Modus ...

▲ ... scrollen zu den gewählten Effekten ...

◀ ... öffnen mit einem Rechtsklick in die Effekte den Dialog mit den Effekten ...

◀ ... entfernen alle Effekte durch Klick auf das Papierkorbsymbol alle Effekte entfernen ...

◀ ... bestätigen im sich öffnenden Dialogfenster mit Ja ...

◀ ... sehen als Bestätigung die »Nullliste« ...

ERSTE ERGÄNZUNGEN UND VARIATIONEN

BASIS FÜR EINE EIGENKREATION

Eine leere Voreinstellung in Verbindung mit dem abgeschalteten Optimierungs-Assistenten können Sie als Grundlage für eigene Experimente mit den verschiedensten Effekten und Reglereinstellungen nutzen und bei Bedarf daraus wieder weitere eigene Voreinstellungen kreieren.

KOMFORTABLE TASTENKÜRZEL

Viele Bearbeitungsschritte oder Befehle lassen sich mit Tastenkürzeln aufrufen und können den Workflow erheblich beschleunigen.

Schauen Sie bei den Befehlen, die Sie am häufigsten nutzen, ob ein Tastenkürzel angegeben ist, und verwenden Sie es beim nächsten Mal – z. B. *Post-Processing* F7 , *RAW-Entwicklung* F4 , *Belichtungsreihe einladen* Strg + O oder *Ergebnisbild speichern* Strg + S . Schon nach kurzer Zeit wird der Gebrauch dieser Tastenkürzel ganz selbstverständlich werden. Unter *Information/Tastaturbefehle anzeigen* sind sämtliche Tastenkürzel aufgeführt.

◀ ... und speichern (überschreiben) Ihre Eingaben mit Klick auf das Symbol in der Mitte.

❹ Anschließend wechseln Sie zum Modus *Experte*, scrollen ganz nach unten bis zu den gewählten Effekten, drücken die rechte Maustaste und entfernen im Dialogfenster mit Klick auf das Papierkorbsymbol *alle Effekte entfernen* sämtliche voreingestellten Effekte. Bestätigen Sie das im neuen Dialog mit OK und speichern Sie Ihre Änderungen.

❺ Überprüfen Sie hier besser noch einmal, ob der Optimierungs-Assistent deaktiviert ist. Das ist für diesen Fall besonders wichtig.

Als Ergebnis sehen Sie jetzt Ihr HDR-Bild in Reinkultur ohne weitere Bildveränderungen. Entweder sind Sie mit dem Ergebnis zufrieden und können es speichern oder drucken oder Sie experimentieren damit weiter.

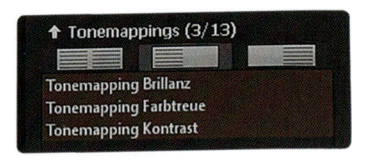

◀ Tonemappings prägen die HDR-Stile.

Anmerkung: In der leeren Voreinstellung mit deaktiviertem Tonemapping wirken HDR-Stile nicht mehr, weil sie quasi mit dem Tonemapping verknüpft sind. Auch die beiden Tonemappings *Brillanz* und *Kontrast* sind die Träger der HDR-Stile. Wenn Ihnen selbst die geringe Kontraststeigerung nach der HDR-Fusion noch zu stark ist, regeln Sie im ausgeschalteten Optimierungs-Assistenten die Klarheit herunter.

◀ Das Originalbild.

50 mm :: f/11 :: 1/125 s.:: ISO 100

▼ Das Originalbild plus leere Voreinstellung: reines HDR mit dezenter Kontraststeigerung. (Model: Julia)

ERSTE ERGÄNZUNGEN UND VARIATIONEN

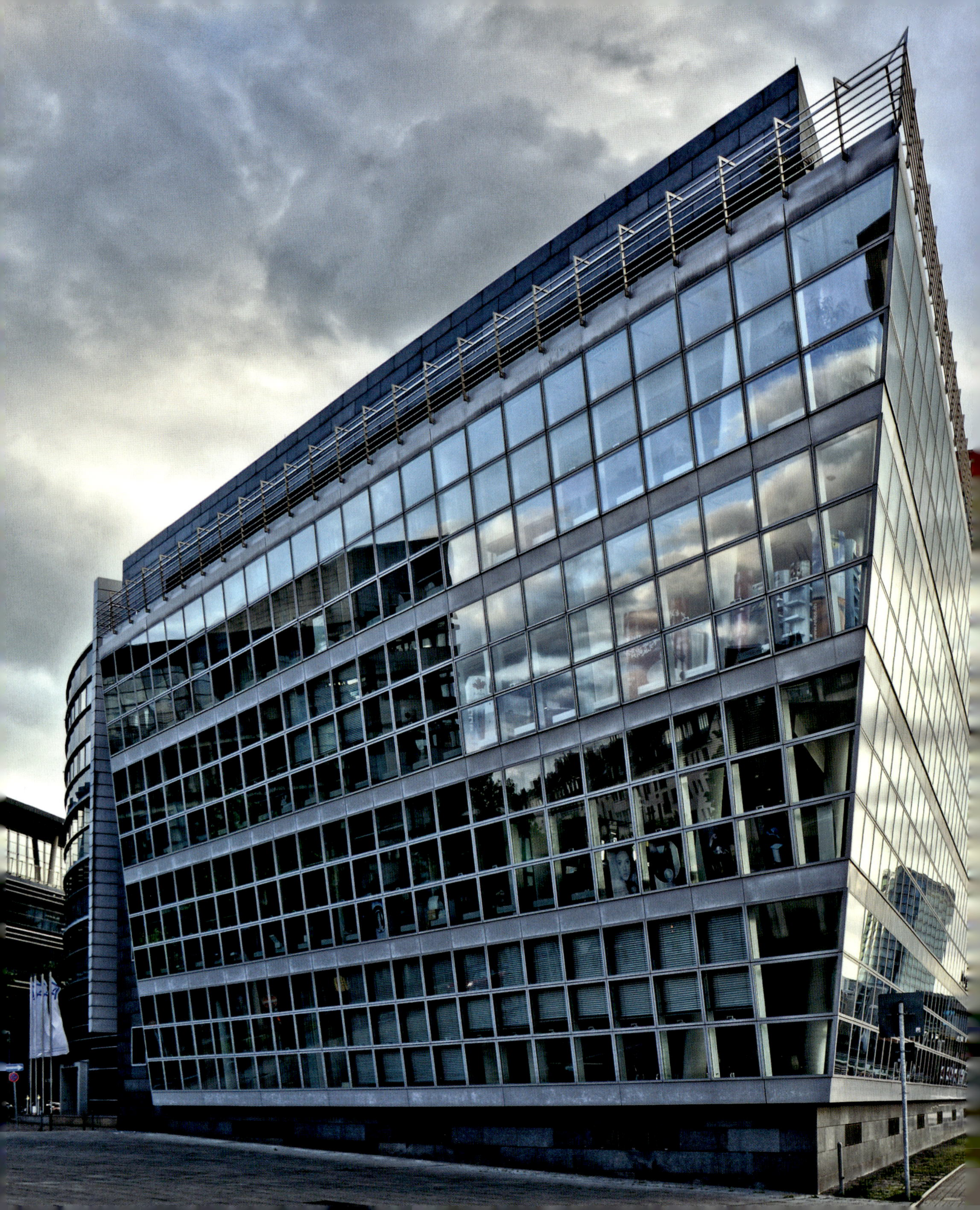

Kapitel 5

HDR PROJECTS UND PHOTOSHOP

- **Ein starkes Team** 64
  - Notwendige einmalige Vorkonfiguration 66
  - Eine separate Ebene anlegen 67
  - HDR projects eingebunden in Photoshop 68
  - Fliegender Wechsel zu einer anderen App 70

▲ Die Originalaufnahme im Ursprungszustand - entstanden auf einem Städtetrip nach Rom.

40 mm :: f/4 :: 1/30 s :: ISO 100

■ Wie schon in der Einleitung erwähnt, können Sie HDR projects auch als Filter-Plug-in direkt in Adobe Photoshop nutzen. Wenn Sie mit Photoshop arbeiten, wissen Sie, wie mächtig, hilfreich und effektvoll Filter sein können. Diese professionelle Verbindung ist deshalb besonders reizvoll, weil Sie blitzschnell und mit wenig Aufwand neue tolle Bildlooks und kontraststarke HDRs erzeugen und sie jederzeit mit dem Ursprungsbild oder der letzten Bearbeitungsstufe vergleichen können. Alles, was Sie bisher im Umgang mit den automatischen Voreinstellungen gelernt haben, können Sie hier anwenden und so das Leistungspotenzial beider Programme für sich und Ihre Kreativität nutzen.

EIN **STARKES** TEAM

Mit Adobe Photoshop und HDR projects haben sich zwei professionelle Partner mit einer unglaublichen Vielzahl von kreativen Umsetzungsideen gefunden. Der Filter auf einer separaten Ebene erlaubt weitere Differenzierungen und zusätzliche Effekte über die Ebenendeckkraft, die Ebenenmodi oder das Hervorheben einzelner Bildteile mit Masken.

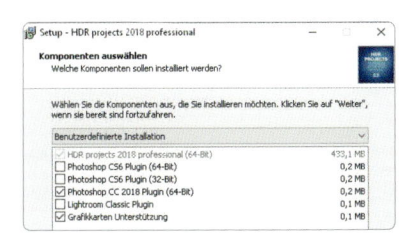

▲ Ganz anders die Bildwirkung nach einer HDR-Bearbeitung unter Einbeziehung der Photoshop-Funktionen im Ebenen-Bedienfeld.

▲ Setzen Sie die Haken an die gewünschten Komponenten.

Voraussetzung ist natürlich, dass Sie beim Installieren des Programms einen Haken an die Software gemacht haben, mit der Sie das Plug-in nutzen möchten, in diesem Fall bei Photoshop und der Grafikkartenunterstützung.

Notwendige einmalige Vorkonfiguration

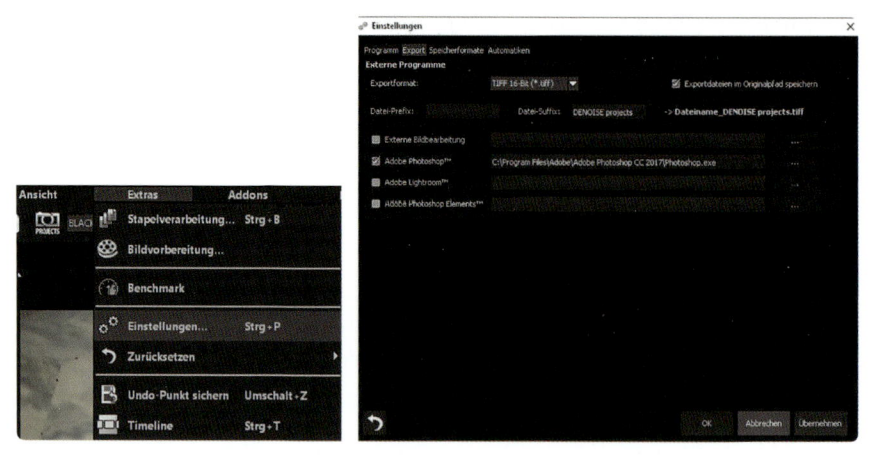

▲ Die allgemeine Schnittstelle zur Produktfamilie von Adobe muss einmalig konfiguriert werden.

Die einmalige Vorbereitung und Vorkonfiguration für diesen Schritt ist etwas tricky und nicht selbsterklärend:

❶ Über *Extras/Einstellungen* öffnet sich das Fenster *Einstellungen*. Mit Klick auf die Schaltfläche *Export* wechseln Sie zum nächsten Fenster mit der Auflistung der drei Adobe-Programme.

❷ Setzen Sie links in die Checkbox einen Haken bei dem Programm Ihrer Wahl (hier Adobe Photoshop) und klicken Sie dann ganz rechts auf die Schaltfläche mit den drei Punkten, um den Pfad dieses Programms auszuwählen. Meist liegt die *Photohop.exe*-Datei dort auf der Festplatte, wo alle Programme installiert sind, hier unter *Programme/Adobe/Adobe Photoshop CC 2018/ Photoshop.exe*.

▲ Klicken Sie in dem Ordner auf Photoshop.exe.

❸ Wenn Sie Pfad und Ordner gefunden haben, in denen die *Photohop.exe*-Datei liegt, klicken Sie auf diese Datei. Im gleichen Augenblick erscheint dieser Pfad in der Liste, und Sie können alles mit *Übernehmen* bestätigen – fertig!

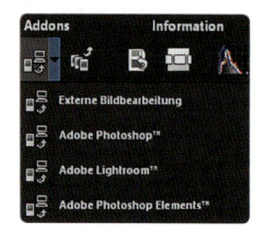

◀ Direkter Wechsel zu Adobe-Programmen über den Transfer-Button.

Nach dieser einmaligen Vorbereitung kommen Sie zukünftig mit zwei Klicks zu Photohop (oder einem der anderen aufgelisteten Adobe-Programme):

❶ Klick in der Werkzeugleiste auf den Pfeil neben dem *Transfer*-Button.

❷ Klick auf das vorkonfigurierte Programm, um sofort zu Photoshop, Lightroom oder Elements zu wechseln.

Wie können Sie für Ihre Arbeit den größtmöglichen Nutzen aus dieser Verbindung ziehen?

Zunächst ist es immer sinnvoll, die HDR-Filterwirkung auf einer separaten Ebene zu testen. Nur so haben Sie die Chance, die Wirkung des Filters im Nachhinein jederzeit zu beeinflussen, zu verstärken oder abzuschwächen. Die wichtigsten Stellschrauben sind dabei die Deckkraft und/oder die Anwendung verschiedener Ebenenmodi. Beides kann die erzielte Wirkung von dezent bis radikal verändern. Darüber hinaus können Sie mit Ebenenmasken einzelne Bildteile gezielt hervorheben oder abschwächen.

Eine separate Ebene anlegen

❶ Rufen Sie mit dem Tastenkürzel [Strg]+[J] den HDR-Filter auf einer duplizierten Hintergrund- oder Originalebene auf. Das ist dann sinnvoll, wenn Sie eine Bilddatei Ihrer Wahl aufgerufen haben und sofort die HDR-Wirkung beurteilen möchten.

❷ Die neue duplizierte Ebene erstellen Sie mit der Tastenkombination [Strg]+[J].

◀ Anlegen einer duplizierten Hintergrundebene.

Die neue *Ebene über alles* erstellen Sie mit der Tastenkombination [Strg]+[⇧]+[Alt]+[E]. Das ist immer dann nötig, wenn die letzte Bearbeitungsebene eine Einstellungsebene oder eine leere Ebene ist. Jetzt können Sie die Filter von HDR projects wie jeden anderen Photoshop-Filter direkt aus dem Menü *Filter/Franzis/HDR projects 2018 professional* aufrufen.

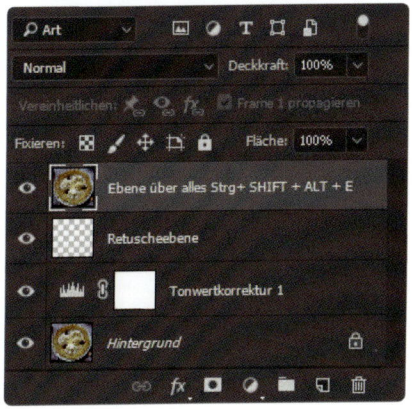

◀ HDR-Vorbereitung: Erstellen der Ebene über alles.

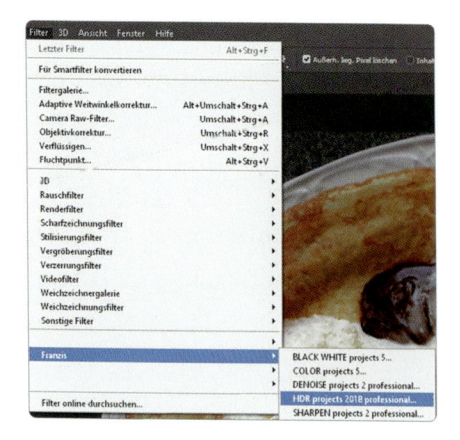

◀ HDR projects 2018 professional ist eingebunden in das Photoshop-Filter-Menü.

HDR projects eingebunden in Photoshop

Nach dem Start über das *Filter*-Menü erscheint wie bei der Stand-alone-Lösung das gewohnte Eröffnungsbild mit der HDR-Vorbereitung. Den einzigen Unterschied zur gewohnten Vorgehensweise bildet das Speichern. Wenn Sie sich für eine vorgegebene oder eine eigene Voreinstellung entschieden haben, klicken Sie im Arbeitsfenster oben rechts auf den grünen Button *Anwenden*.

▼ Das Filter-Plug-in arbeitet genauso wie die eigenständige Lösung. In diesem Bildbeispiel ist der HDR-Stil Schatten und Licht mit der Voreinstellung Natürlich/Kräftigere Farben gewählt worden.

68 | KAPITEL 5

Damit berechnet HDR projects das geladene Bild entsprechend Ihren Einstellungen neu und gibt dann das konvertierte Bild zurück an Photoshop, wo Sie das Ergebnis sofort beurteilen können.

Jetzt beginnt der reizvolle Teil. Wenn Ihnen die Wirkung der HDR-Vorgabe insgesamt zu stark erscheint, können Sie das Ergebnis über die Reduzierung der Ebenendeckkraft so weit abschwächen und mit dem Original mischen, bis es Ihren Vorstellungen entspricht.

Möchten Sie die Wirkung nur punktuell abschwächen oder einblenden, haben Sie zwei Möglichkeiten:

▶ *Effekt einblenden* – Legen Sie eine schwarze Ebenenmaske an und malen Sie dann mit einem weißen Pinsel den gewünschten Effekt genau dort hinein, wo Sie ihn sehen möchten. Die Stärke der Wirkung steuern Sie über die Pinseldeckkraft.

▶ *Effekt ausblenden* – Legen Sie eine weiße Ebenenmaske an und reduzieren Sie den Effekt mit einem schwarzen Pinsel da, wo er stört oder wo er zu stark ist.

▲ HDR-Effekt verstärken oder abschwächen.

▲ Das etwas flaue Originalbild dämpft den Appetit und verlangt nach einer Aufwertung.

HDR PROJECTS UND PHOTOSHOP | **69**

BEQUEMER WECHSEL ZUR PRODUKTFAMILIE

Möchten Sie die Bildwirkung anderer Programme aus dem gleichen Hause, die Sie installiert haben, ausprobieren, sind Sie nur zwei Klicks davon entfernt:

- **SHARPEN projects** – der Garant für gestochen scharfe Fotos.
- **DENOISE projects** – optimiertes Entrauschen Ihrer Bilder.
- **BLACK WHITE projects** – Schwarz-Weiß-Fotos präzise und kreativ entwickeln.
- **COLOR projects** – High-End-Bildqualität für Ihre Farbfotos.
- **NEAT projects** – entfernt automatisch und blitzschnell störende Objekte oder Personen aus Ihren Bildern.

Möchten Sie noch weitere Möglichkeiten der HDR-Ebene ausreizen, scrollen Sie durch die Ebenenmodi und entscheiden sich für den Modus, der Ihren Vorstellungen am ehesten entspricht. Versuchen Sie es auf jeden Fall mit den folgenden Ebenenmodi:

▶ *Ineinanderkopieren* – Verstärkt den Effekt noch mehr als *Weiches Licht*.

▶ *Multiplizieren* – Dunkelt das Bild sehr wirkungsvoll und kontrastreich ab.

▶ *Negativ multiplizieren* – Hellt das Bild effektvoll auf.

▶ Kombinieren Sie zwei oder mehrere Ebenenmodi.

Die letzte Variante zeigt noch einmal deutlich, dass dem kreativen Spielraum keine Grenzen gesetzt sind. Im Bildbeispiel von oben habe ich die Kombination von *Negativ multiplizieren* und *Multiplizieren* gewählt und über die Ebenendeckkraft die Gesamtwirkung gesteuert.

▲ **HDR mit Ebenenmodi** Negativ multiplizieren **und** Multiplizieren.

Fliegender Wechsel zu einer anderen App

Sie können aus Photoshop heraus nicht nur ganz bequem zu HDR projects wechseln, sondern haben natürlich auch die Möglichkeit, aus HDR projects sofort zu einem anderen Programm aus der Franzis-Produktfamilie zu wechseln.

◀ Mit Klick auf den Pfeil neben dem PROJECTS-Symbol können Sie per Klick ein Franzis-Programm Ihrer Wahl öffnen.

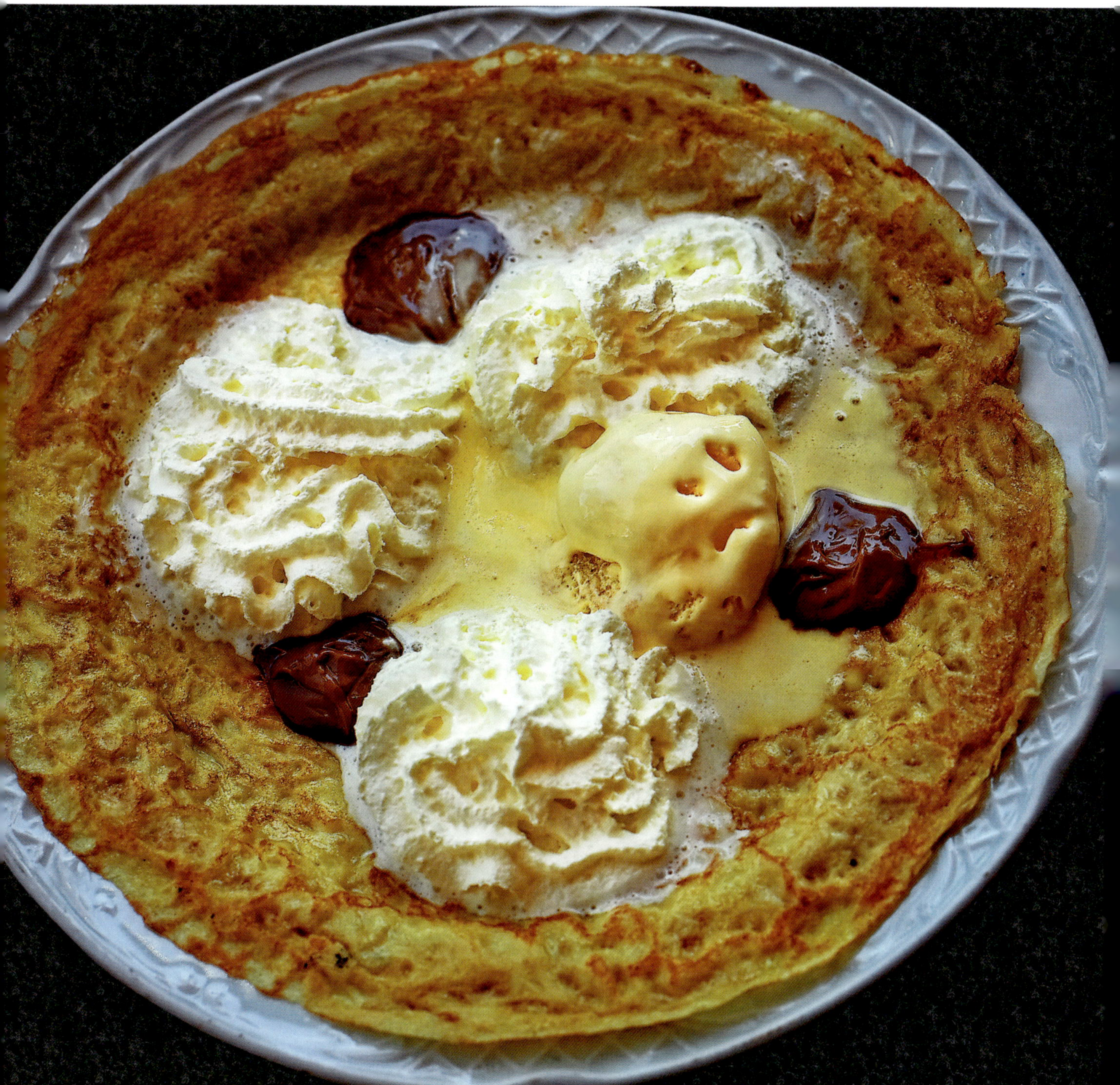

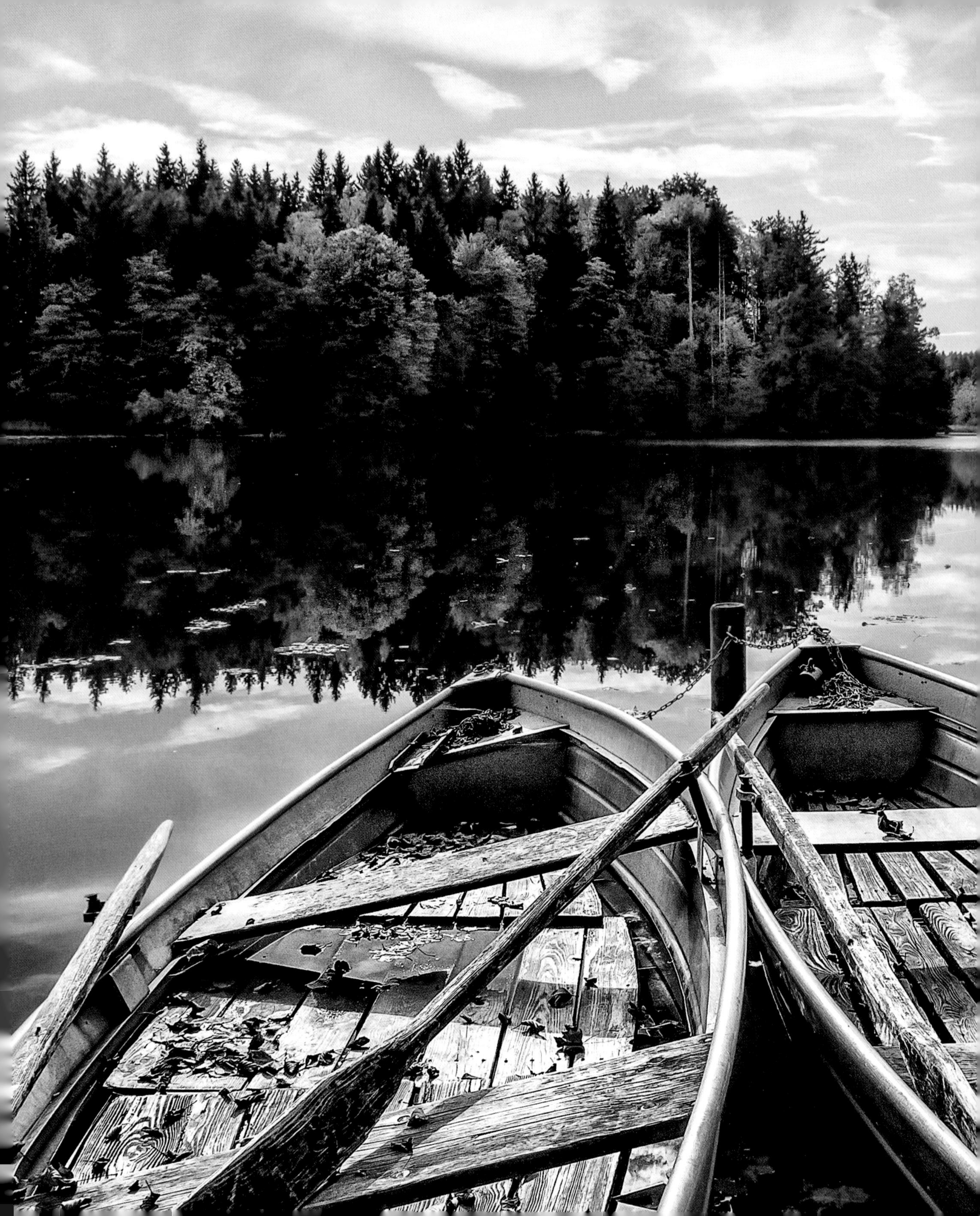

Kapitel 6

THEORIE UND AUSWIRKUNG AUF DEN WORKFLOW

- **Häufig gestellte Fragen und Antworten 75**
  1. Was sind die wichtigsten Neuerungen in HDR projects 2018 gegenüber der Vorgängerversion? 75
  2. Was sind die wichtigsten Alleinstellungsmerkmale von HDR projects? 76
  3. Was ist der Unterschied zwischen Finalisieren und Experte? 77
  4. Ist es sinnvoll, die automatischen Voreinstellungen zu ändern? 80
  5. Worin liegen die Unterschiede bei den Voreinstellungen in den einzelnen Kategorien? 81
  6. Was sind Algorithmen, und was können sie? 86
  7. Wie kann ich Bearbeitungen rückgängig machen oder gespeicherte Zwischenschritte abrufen? 88
  8. Kann ich alle gespeicherten Bilder und Projekte im Überblick sehen? 91
  9. Was bedeuten die beiden Begriffe ultra HDR und Supersampling? 92
  10. Kann ich ein HDR-Bild ohne Veränderungen im Post-Processing und ohne Effekte erzeugen? 95
  11. Brauche ich HDR projects, wenn ich mit Photoshop auch HDRs erzeugen kann? 95
  12. Warum sind HDR-Bilder oft quietschbunt und haben übersättigte Farben? 95
  13. Können die Bedienfelder verschoben werden? 98
  14. Wo genau liegt der Unterschied zwischen JPEG und RAW? 100
  15. Sind HDR-Bilder aus Belichtungsreihen immer besser als die durch die Umwandlung aus Einzelbildern entstandenen? 109
  16. Was sind die klassischen Motive als Basis für gute HDR-Bilder? 112

▲ Die HDR-Technologie hilft immer dann weiter, wenn man mit extremen Tonwertumfängen zu kämpfen hat. **HDR-Stil** Schatten und Licht, **Voreinstellung** Leuchten/Tiefe.

130 mm :: f/7.1 :: 1/320 s :: ISO 100

■ Vor dem nächsten beispielhaften Workflow geht dieses Kapitel noch einmal etwas vertiefender auf einige häufig gestellte Fragen im Zusammenhang mit HDR im Allgemeinen und HDR projects im Besonderen ein. Dazu sind einige Ausflüge in die Theorie unumgänglich – mit der Zielsetzung, dass ein tieferes Verständnis einiger Begriffe und Themen oder Fragen, die Sie schon immer beantwortet haben wollten, das Verstehen vieler Bearbeitungsschritte im Programm erleichtern oder den Wow-Effekt bei vielen Effekten erklären. Natürlich finden Sie die Antworten auf viele Fragen auch in den einzelnen Workflows wieder, da sind sie aber naturgemäß verstreut und nicht auf einen Blick zu finden.

HÄUFIG GESTELLTE **FRAGEN** UND **ANTWORTEN**

1. Was sind die wichtigsten Neuerungen in HDR projects 2018 gegenüber der Vorgängerversion?

Diese Frage ist schwer zu beantworten, weil zu den Innovationen und Programmänderungen noch zahllose Detailneuerungen hinzukommen. Und jeder Nutzer kann nur für sich selbst entscheiden, was für seinen individuellen Gebrauch entscheidend ist – Meilensteine oder eher weniger bedeutende Verbesserungen. Ich stelle Ihnen hier die Neuerungen vor, die aus meiner Sicht für Ihre Workflows von besonderer Bedeutung sein können:

- Fünf unterschiedliche HDR-Stile, die jederzeit gewechselt werden können und sich auf alle angewählten Voreinstellungen auswirken: *Ausgewogen*, *Schatten und Licht*, *Feine Details*, *Grunge*, *Leuchtend*.

- Neues Modul *Texturen & Materialien* im selektiven Zeichnen: Hier können alle 64 mitgelieferten Texturen mit dem *Selektiven Pinsel* auf Ihr Bild übertragen werden. Sie können eigene Texturen erzeugen und verwenden oder Texturdatenbanken importieren und exportieren.

- Der *Konturenschutz* ist eine Weiterentwicklung des *SCA-Supersampling* und beachtet besonders die Farbunterschiede an Kontrastkanten.

- *Farb-Normalisierung von Bilddateien* ist eine neue Funktion in der HDR-Vorbereitung, die beim Einladen von Bilddateien automatisch die typischen Farbstiche entfernt.

- Die integrierte Druckfunktion zentriert das geladene Bild automatisch und skaliert es auf das entsprechende Druckmedium.

- Das neue Vergleichsfenster mit Lupenfunktion ist überaus praktisch. In diesem Fenster aktivieren Sie mit Klick auf das Lupensymbol eine Vergleichsansicht.

- Neu ist auch die Bildskalierung beim Einladen von Belichtungsreihen von 25 bis 400 %.

- Vier neue Angebote im Optimierungs-Assistenten: *Natürlich kühl*, *Natürlich warm*, *Farbenfroh*, *Low Key farbenfroh*.

- Globale Reset-Funktion im Menü *Extras*: Hier können Sie auf der Benutzeroberfläche und in den Berechnungseinstellungen alle Einstellungen auf die Standardwerte zurücksetzen.

- Fünf neue Ebenenverrechnungsmethoden: *Addieren*, *Begrenzt Addieren*, *Differenz Addieren*, *Tiefe Schatten*, *Helle Lichter*.

- Neue Effekte und Funktionen unter *Selektives Zeichnen*: *Weiche Haut* für Porträtretuschen, *Rote Augen korrigieren*.

- Bild-Composing mit allen Verrechnungsmethoden.

- Expertenfunktion: Die Funktion *Ergebnisbild zu Originalbild* kopiert das aktuelle Ergebnisbild als neues Originalbild in das Programm!

- Neue Post-Processing-Filter, unter anderem *Chromatische Korrektur* (CA, Korrektur von Beugungsverzeichnungen), *Dilatation* (vergrößert helle Bereiche), *Erosion* (vergrößert dunkle Bereiche), *Farbkanäle mischen* (mischt oder vertauscht RGB-Kanäle), *Offset* (das Bild kann horizontal oder vertikal verschoben werden), *RGB-Transformation* (jeder Farbkanal kann einzeln transformiert werden).

- Neue Effektkategorie: Der *Smart-Mask-Filter* führt im Modus *Experte* die Liste der Effekte/Filter an und kann bei Bedarf automatisch für alle darunter aufgeführten Effekte gewünschte Maskierungen vornehmen, z. B. bei den Details, den Farbanteilen, der Farbsättigung, den verschiedenen Farbtönen sowie bei der Helligkeit oder den Lichtern.

- RAW-Modul mit eigenen User-Profilen: Hier können Sie selbst erstellte Benutzerprofile hinzufügen, Kameraprofile ändern oder löschen.

2. Was sind die wichtigsten Alleinstellungsmerkmale von HDR projects?

In den einzelnen Kapiteln werden die verschiedenen Alleinstellungsmerkmale im thematischen Zusammenhang herausgestellt. Hier sehen Sie die wichtigsten in einer kurzen Übersicht, deren Überschrift auch lauten könnte:

»HDR projects bietet Ihnen die Freiheit, jederzeit eigenständig in die Bearbeitungsprozesse des Programms einzugreifen.«

- Unbegrenzte und jederzeitige Einflussnahme auf den HDR-Prozess.

- Fünf HDR-Stile, die auf alle Voreinstellungen wirken – sie machen aus einem Programm praktisch fünf.

- HDR aus einem Bild: Die synthetische Belichtungsreihe simuliert Belichtungsreihen für Einzelbilder.

- Bild-Composing: Kreieren Sie »nie gesehene« neue Bilder und nutzen Sie die neuen Texturen zum blitzschnellen Austausch oder Übermalen gewünschter Bildteile.

- Selektives Zeichnen, selektive Effekte: Hier können Sie z. B. lokal einzelne Bildelemente bearbeiten, die Farben verstärken, entsättigen, Retuschearbeiten vornehmen etc.
- HDR projects ist eine All-in-one-Software, ein Alleskönner.
- Die automatische Brillanz-Optimierung nutzt das komplette Histogramm bereits in der HDR-Fusion.
- Das ultra HDR mit individueller Konfiguration für bestimmte Szenarien und 64-Bit-Genauigkeit beschert Ihren Bildern maximalen Detailreichtum.
- SCA/Intelligenter Farbraum wertet Ihre Bilder, besonders im Supersampling-Verfahren, mit maximalen Farbdetailabstufungen und 13 unterschiedlichen HDR-Algorithmen für Einzelbilder und Belichtungsreihen auf.
- Das integrierte RAW-Modul bearbeitet die Kamerarohdaten und bietet die sofortige Synchronisation aller Bilder einer Belichtungsreihe sowie die Möglichkeit, eigene User-Profile zu erstellen.
- Die intelligente Sensorfehlerkorrektur entfernt blitzschnell störende Bildelemente und kann auch für die kreative Bildgestaltung eingesetzt werden.
- Das Filter-Plug-in für Adobe Photoshop mit automatischer Erkennung (Windows) und Installation der aktuellen Version.
- Das Körnungsmodul mit natürlicher und fraktaler Körnung überrascht mit außerordentlich natürlichen oder ausgefallenen Bildlooks.
- Das Projekt kann zu jedem Zeitpunkt mit allen Einstellungen und Bearbeitungsschritten inklusive Zurücksetzen-Punkten gespeichert werden.
- Die individuelle Erstellung von eigenen Post-Processing-Voreinstellungen ist möglich.

3. Was ist der Unterschied zwischen Finalisieren und Experte?

Der *Finalisieren*-Modus macht genau das, was er verspricht: Er bietet die finalen Bearbeitungsschritte, um das Bild fertigzustellen, bevor es gespeichert und vielleicht gedruckt wird. Hier können Sie den letzten Feinschliff vornehmen, ein Szenario wie *Landschaft* oder *Blaue Stunde* wählen, die HDR-Algorithmen und den Farbraum bestimmen, den Optimierungs-Assistenten mit vielen Detailreglern nutzen, dem Bild eine Körnung hinzufügen oder Sensorfehler entfernen.

▶ Die Finalisierungsangebote nebeneinander angeordnet.

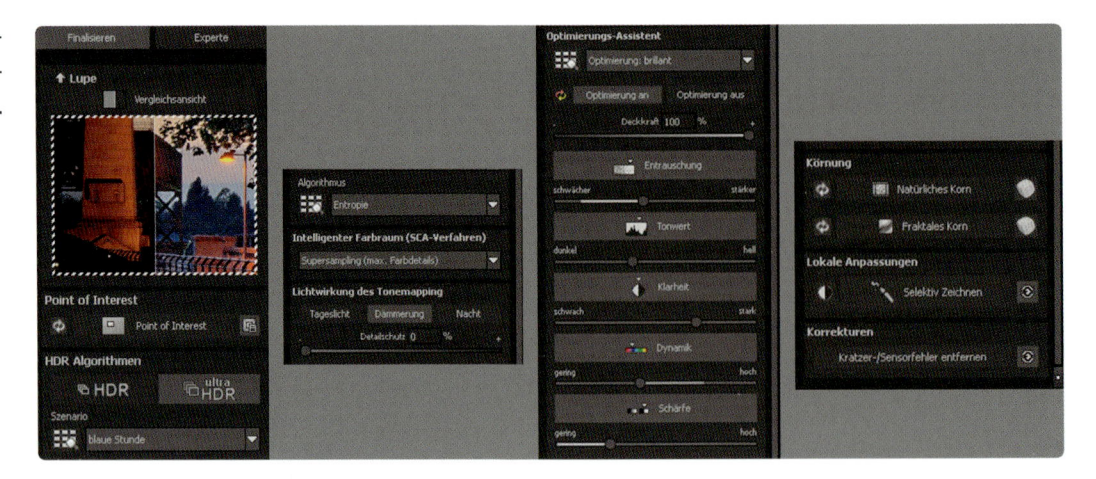

Wenn Sie noch mehr Kreativität einbringen möchten, können Sie das selektive Zeichnen aktivieren, mit den Effekten Retuschearbeiten vornehmen und z.B. die Haut weichzeichnen sowie im *Composing*-Modus Elemente aus anderen Bildern in das aktuelle Motiv einfügen. Mit dem neuen Texturmodul können Sie beliebige Bildmotive übermalen und so z.B. Hintergründe austauschen, den Goldfinger-Look über eine gewählte Textur nachahmen, eigene Texturen kreieren und Texturdatenbanken importieren/exportieren.

▶ Der Modus *Experte* ist etwas für Feinschmecker und ermöglicht die Hohe Schule der HDR-Finalisierung.

Der Modus *Experte* ist nicht nur ein Angebot für Anwender, die sich zeitintensiv und noch detaillierter mit der Materie beschäftigen möchten. Hier können Sie jederzeit die Effekte der gewählten Voreinstellungen nachempfinden, ihre Wirkung abschwächen oder verstärken sowie einzelne aus der Liste entfernen oder hinzufügen. In diesem Modus ist der Optimierungs-Assistent abgeschaltet.

Wenn Sie möchten, können Sie sich hier wirklich in einen »HDR-Rausch« begeben und die komplette Bildnachbearbeitung individuell konfigurieren.

Der Modus erlaubt feinste Änderungen oder auch spektakuläre Eingriffsmöglichkeiten wie etwa die Ebenenverrechnungen, mit denen Sie Effekte verstärken, abschwächen oder den Bildlook komplett verändern können! Weitere Angebote in diesem speziellen Modus, der quasi ein eigenständiges Bildbearbeitungsprogramm ist, sind die selektiven Bearbeitungen. Hier können Sie ausgewählte Bildbereiche speziell behandeln, Voreinstellungen individuell zusammenstellen oder eigene Voreinstellungen bauen und vieles mehr.

»Vieles mehr« bedeutet zum Beispiel, dass Sie zwischen 121 Post-Processing-Filtern/-Effekten und Masken wählen können. Sie möchten vielleicht Voreinstellungen im Tonemapping verändern bzw. verstellen und die Lichtkompression etwas herunterregeln oder erhöhen – dann wird das Bild sehr viel dunkler oder flacher. Oder Sie möchten bei den Effekten z. B. die dynamische Helligkeit hinzufügen, damit die Helligkeit des Bilds deutlich flexibler wird, weil Sie dann noch detaillierte Einstellungsmöglichkeiten von Dunkel nach Hell zur Verfügung haben. Der Clou bei diesem Effekt ist, dass Sie zusätzlich über eine Maskenfunktion z. B. einen Helligkeitsverlauf von Dunkel (Himmel) nach Hell (Motiv oder Vordergrund) herstellen können.

Dazu können Sie mithilfe von elf angebotenen Masken auch Bereiche schützen, die Sie bei allen oder bestimmten Effekten ausgrenzen bzw. reduzieren möchten – z. B. die Lichter oder Schatten. Da diese Masken auch umkehrbar sind, verdoppeln sich die Möglichkeiten der Einflussnahme.

Da kann man wirklich ins Schwärmen geraten – aber an dieser Stelle noch einmal zu Ihrer Beruhigung: Der *Finalisieren*-Modus optimiert Ihr Bild bereits auf einem außerordentlich hohen Level, und auch wenn Sie sich nie oder selten mit dem *Experte*-Modus beschäftigen, können Sie trotzdem hochzufrieden sein, denn Sie halten immer fantastische Ergebnisse oder gar Kunstwerke in den Händen.

Der *Experte*-Modus bietet darüber hinaus eine Vielzahl von professionellen Vertiefungen, Varianten, Bildlooks und Lösungsvorschlägen. Damit sind Ihrem Fantasiereichtum und Ihren kreativen Umsetzungsideen keine Grenzen mehr gesetzt, und Sie können z. B. Ihren persönlichen Bildstil durch Experimentieren finden oder vertiefen. Entdecken Sie die Möglichkeiten. Aber in beiden Fällen nutzen Sie ein einzigartiges Produkt!

4. Ist es sinnvoll, die automatischen Voreinstellungen zu ändern?

In allen Normalfällen nicht!

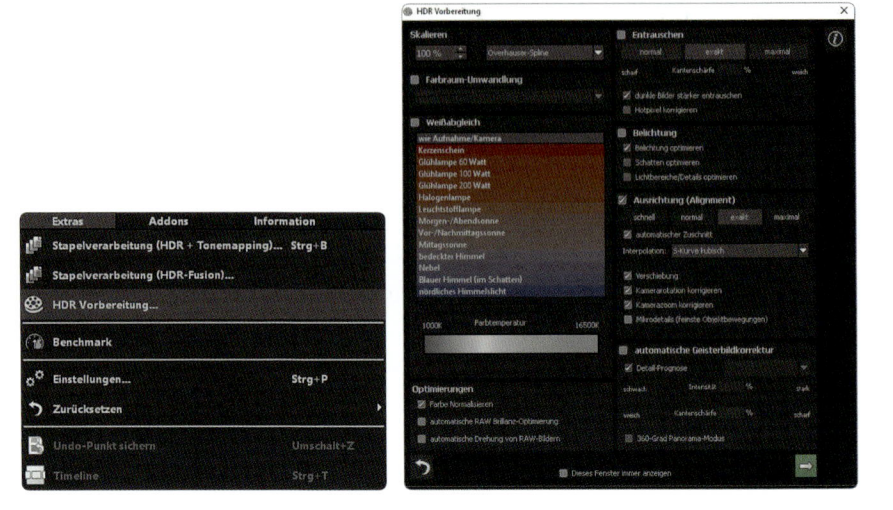

▸ **Über** Extras/HDR Vorbereitung **gelangen Sie in das Dialogfenster** HDR Vorbereitung.

In diesem Dialog zur HDR-Vorbereitung mit seinen vielen Entscheidungsmöglichkeiten können Sie eine große Auswahl von Funktionen steuern und beeinflussen. Sie werden in den vorangegangenen Bildbeispielen und Arbeitsabläufen gesehen haben, dass Sie mit den automatischen Voreinstellungen schon so viele Wunschbilder und tolle Bildlooks kreieren können, dass die automatischen Voreinstellungen wahrscheinlich Ihr Favorit bleiben, wenn es schnell und trotzdem verblüffend gut gehen soll.

Betrachten Sie sich die einzelnen Optionen einmal genauer. Möchten Sie beim Setzen oder Entfernen eines Hakens die Wirkung testen (z. B. beim Farbraum) und haben später vergessen, was Sie alles geändert haben, können Sie unten links mit Klick auf den Rückwärtspfeil alle Änderungen wieder zurücksetzen!

Vier Optionen möchte ich hervorheben, weil sie für bestimmte Bearbeitungen hilfreich und sinnvoll sein können:

▸ *Farbe Normalisieren* – Diese neue Funktion entfernt automatisch die typischen Farbstiche beim Importieren von Bilddateien.

▸ *Automatische RAW Brillanz-Optimierung* – Wenn bei importierten RAW-Dateien nicht alle Tonwerte ausgenutzt werden, bewirkt die mit einem Häkchen aktivierte Option, dass die Tonwerte so erweitert werden, dass ein sinnvoll ausgenutztes Histogramm für jedes RAW-Bild entsteht.

- *Ausrichtung* – Hier könnten Sie Einfluss darauf nehmen, wie die einzelnen Bilder einer Belichtungsreihe deckungsgleich übereinandergelegt werden. Die Automatik führt in den meisten Fällen zum besten Ergebnis und beschneidet die Bilder so, dass störende Ränder entfernt werden.
- *automatische Geisterbildkorrektur* – Die hochpräzise Geisterbildkorrektur filtert mit aktivierter *Detail-Prognose* bewegte Personen oder Gegenstände heraus. Die *Detail-Prognose* versucht dabei, Bewegungen innerhalb der Belichtungsreihe vorauszusagen und damit die Geisterbilder gezielter zu entfernen.

5. Worin liegen die Unterschiede bei den Voreinstellungen in den einzelnen Kategorien?

Was Voreinstellungen sind und was sie leisten können, wissen Sie. Und dass Sie zwischen 155 verschiedenen Voreinstellungen wählen können, kann auch eine Qual der Wahl bedeuten, die durch die vorgeschalteten HDR-Stile noch größer geworden ist.

Zwischen den einzelnen Voreinstellungen bei gleichem HDR-Stil liegen oft nur Nuancen der Veränderung. Die Wirkung der Voreinstellungen auf das zusammengerechnete Bild hängt neben dem vorgewählten HDR-Stil auch ganz stark von der Belichtungsreihe oder den gewählten Einzelbildern ab. Das heißt, die Wirkung von z. B. *Architektur/Scharfe Konturen* ist keineswegs bei jeder Belichtungsreihe oder jedem Bild die gleiche. Um die Auswahl etwas zu reduzieren, ist es daher sinnvoll, wenn Sie sich Ihre Lieblingsvoreinstellungen als Favoriten speichern.

Bildbeispiele
Im nun folgenden ersten Bildbeispiel ist das Motiv gleichmäßig belichtet, und die Aufgabe besteht darin, knackigere Farben sowie mehr Detailreichtum und Dynamik ins Bild zu bringen.

VOREINSTELLUNG UND WIRKUNG

Hinter jeder Voreinstellung verbergen sich Problemlösungen in Form von mathematischen Formeln (Algorithmen), die verständlicherweise nicht immer zu gleichen Ergebnissen kommen können, da die Ausgangssituation bezogen auf Helligkeit, Licht und Schatten bei jedem Bild eine andere ist.

◀ **Die Original-RAW-Datei** zeigt die Uhr an einer Hausfassade in Florenz.

105 mm :: f/8 :: 1/60 s :: ISO 160

▼ **Mit der Voreinstellung** Architektur/Scharfe Konturen **sieht das Ganze schon anders aus.**

Beim nachfolgenden Motiv ist die Herausforderung eine ganz andere: Der Himmel ist zu hell und ohne Zeichnung, die dunklen Stellen versinken tatsächlich in der Finsternis, und die Beleuchtung hinter den Fenstern ist gerade noch zu erahnen. Der Himmel sollte also etwas von seiner blauen Farbe wiederbekommen, die dunklen Stellen müssen kräftig aufgehellt werden, und die Beleuchtung hinter den Fenstern soll in warmen Farben strahlen. Hier macht die gleiche Voreinstellung zwar auch einen guten Job, aber es geht noch deutlich besser in Zusammenarbeit mit einer weiteren neuen Voreinstellung – *Natürlich/Spitzlichter*. Sie könnte eine Ihrer Lieblingsvoreinstellungen werden, weil sie gerade bei ausgebrannten, hellen Stellen aus meiner Sicht noch sensationell viel zurückgewinnen kann.

◀ Das RAW-Originalbild – ein Innenhof irgendwo in Florenz: unten zu dunkel, oben zu hell, die Farben zu schwach.

24 mm :: f/8 :: 1/80 s :: ISO 400

Bei einer sehr dunklen Belichtungsreihe muss die Voreinstellung viel mehr »arbeiten« als bei einer hellen, und dort sieht man auch die Unterschiede zwischen den einzelnen Voreinstellungen deutlicher als bei Tageslichtbelichtungsreihen.

Dazu gilt ein weiterer Grundsatz: Je »intensiver« eine Belichtungsreihe ist (z. B. eine Nachtaufnahme mit neun Bildern) – also je mehr Schatten und Licht vorhanden sind –, desto stärker ist die Wirkung der Voreinstellung. Das heißt im Umkehrschluss: Bei einer Tageslichtaufnahme mit bedecktem Himmel und einem Einzelbild sind die Unterschiede zwischen den Voreinstellungen geringer.

Wenn Ihnen das Durchklicken durch die einzelnen Voreinstellungen einer Kategorie zu mühselig ist, gibt es eine schnelle Übersichtsvariante – den Varianten-Browser, der Ihnen alle Voreinstellungen der aktuell gewählten Kategorie in einer Übersicht anzeigt – mit dem Mausrad können Sie die Übersicht vergrößern.

▲ Hier können Sie den Varianten-Browser für die Übersicht über alle Voreinstellungen einer Kategorie laden.

THEORIE UND AUSWIRKUNG AUF DEN WORKFLOW

◀ **Voreinstellung** Architektur/ Scharfe Konturen: gutes Ergebnis, gerade beim Aufhellen.

▶ **Zusätzliche Voreinstellung** Natürlich/Spitzlichter: blauer Himmel, warme Farben, Detailreichtum – sehr gut!

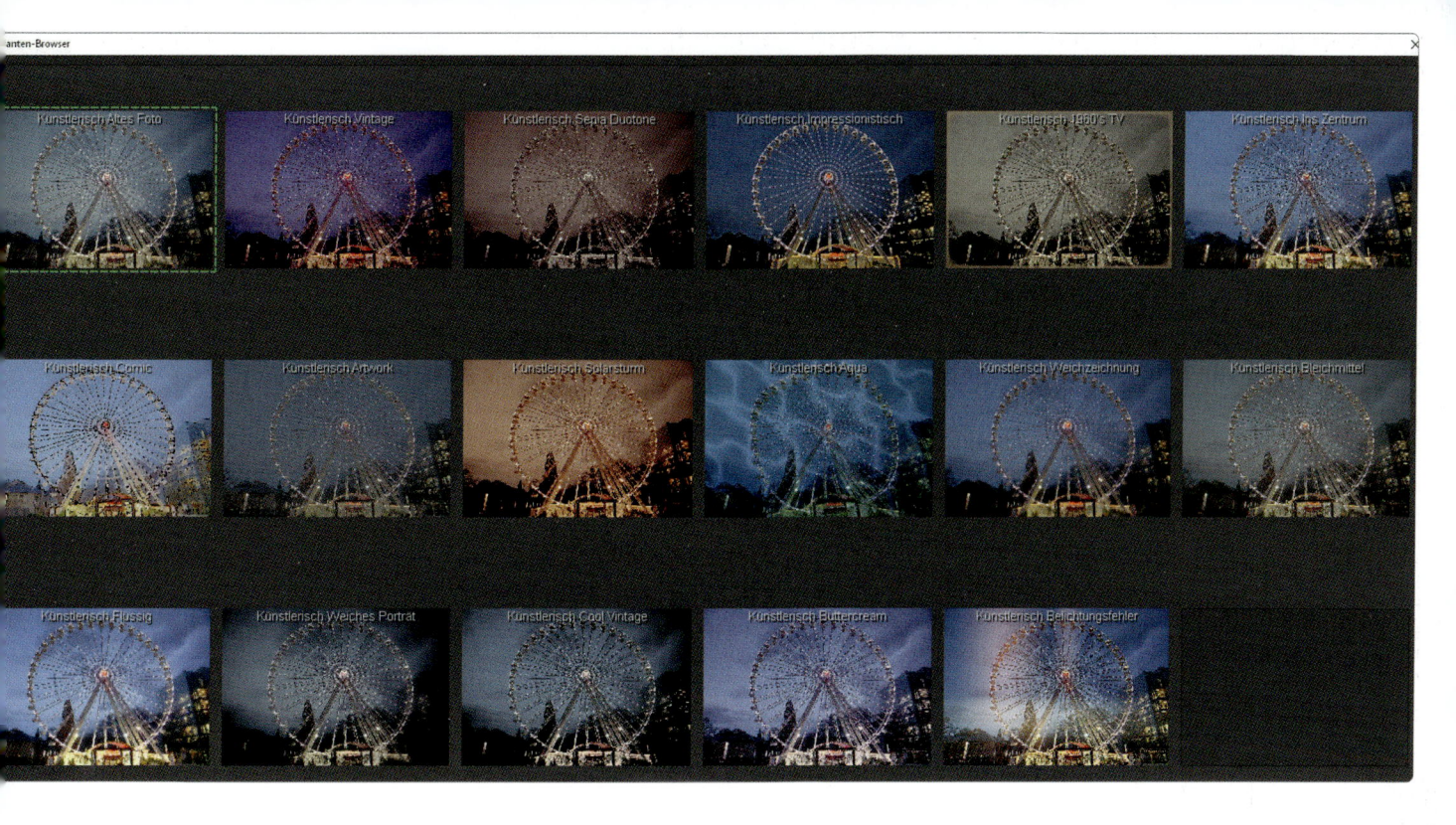

Sie können in dem Browser auch Bilder vergleichen: Im Bild links oben sehen Sie eine grüne Umrandung. Mit einem Linksklick darauf wird ein Referenzbild erzeugt – und wenn Sie dann auf ein anderes Bild gehen und die rechte Maustaste festhalten, wird das Referenzbild dort eingeblendet. So können Sie durch Drücken und Loslassen der rechten Maustaste sofort den Vergleich zu dem Referenzbild ziehen.

◂ Die Unterschiede zwischen den Voreinstellungen der Kategorie Künstlerisch sind auf einen Blick erkennbar.

Eine weitere Möglichkeit bei den Voreinstellungen ist erwähnenswert: der *Suchfilter*.

◂ Durch mehrmaliges Klicken mit der rechten Maustaste können Sie zwischen den Voreinstellungen switchen.

◂ Der Suchfilter zeigt Ihnen z. B. alle Voreinstellungen mit dem Stichwort Detail an.

THEORIE UND AUSWIRKUNG AUF DEN WORKFLOW | 85

Bei der Suche nach *Detail* werden Ihnen sämtliche Voreinstellungen angezeigt, in denen *Detail* vorkommt, z. B. *Natürlich/Feine Details, Landschaft/Farbe und Details* etc. – und auch diese können Sie im Browser vergleichen.

6. Was sind Algorithmen, und was können sie?

Algorithmen, automatisierte mathematische Berechnungen, bestimmen immer mehr unseren Alltag und sind ein nicht mehr wegzudenkender Bestandteil unseres Lebens geworden. In Navigationssystemen sorgen sie dafür, dass der kürzeste Weg vorgeschlagen wird, sie kontrollieren in der Textverarbeitung unseren Satzbau oder empfehlen im Onlinedating einen geeigneten Partner, wobei die jeweiligen Vorlieben in die Berechnung einfließen. Suchalgorithmen bei Google oder Facebook schlagen je nach Nutzer unterschiedliche Ergebnisse bei gleichen Eingaben vor, weil unterschiedliche Nutzerprofile andere Vorlieben als Ausgangsberechnung bedingen.

Die gleichen Algorithmen können uns in der Konsequenz also gleichermaßen nutzen und nerven. Algorithmen, die für ein Unternehmen oder eine Software spezielle Probleme lösen – und in HDR projects professional sind das unter vielen anderen die HDR-Gewichtungsalgorithmen mit ganz speziellen Problemlösungen –, stellen einen sehr hohen Wert dar und können Wettbewerbsvorteile oder gar Alleinstellungsmerkmale sichern.

ALGORITHMEN FÜR DAS BESTE HDR

Die HDR-Algorithmen bieten Ihnen ein einzigartiges Angebot an Bildvariationen, abgestimmt auf die jeweilige Voreinstellung, um auch ganz feine Nuancen eines Bilds sichtbar werden zu lassen.

◀ **Die** HDR Algorithmen schlagen verschiedenste Bildvariationen vor.

Die HDR-Algorithmen im Post-Processing sind dieselben, die Sie auch bei der Belichtungsreihe oder der synthetischen Belichtungsreihe mit den HDR-Gewichte-Voreinstellungen auf der rechten Seite beeinflussen können. Im Post-Processing können Sie die HDR-Algorithmen noch einmal im Nachhinein auswählen, sie bieten ganz viele auswählbare HDR-Berechnungen für individuelle Resultate.

Wie immer wird beim Darüberfahren mit der Maus die Wirkung des jeweiligen Algorithmus beschrieben. Ich stelle hier drei Angebote vor, die für viele Bildmotive sehr gut geeignet sind:

- *Entropie* (mittlere Helligkeit/globale Eigenschaften) ist voreingestellt und liefert bei den verschiedensten Motiven immer gute Ergebnisse.
- *Farbmix* eignet sich gut für matte Motive (mit Nebel und Wolken) und geringem Kontrast.
- Die *logarithmische Luminanz* kommt unserer Helligkeits-(Luminanz-)Wahrnehmung über das Auge am nächsten und kann daher für viele Motive die erste Wahl sein.

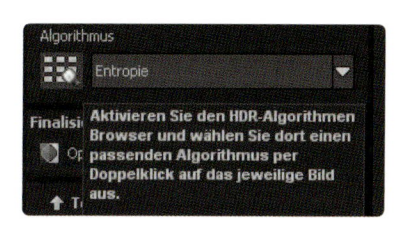

▲ Aktivieren des HDR-Algorithmen-Browsers.

Um sich zwischen den einzelnen Vorauswahlen schnell zu entscheiden oder von der Vielzahl der Angebote einfach inspirieren zu lassen, gibt es den Varianten-Browser im Post-Processing. Er enthält eine grafische Übersicht, in der Sie sofort vergleichen können, wie sich die angewählten Algorithmen bei einer Voreinstellung Ihrer Wahl auf ein Bild auswirken.

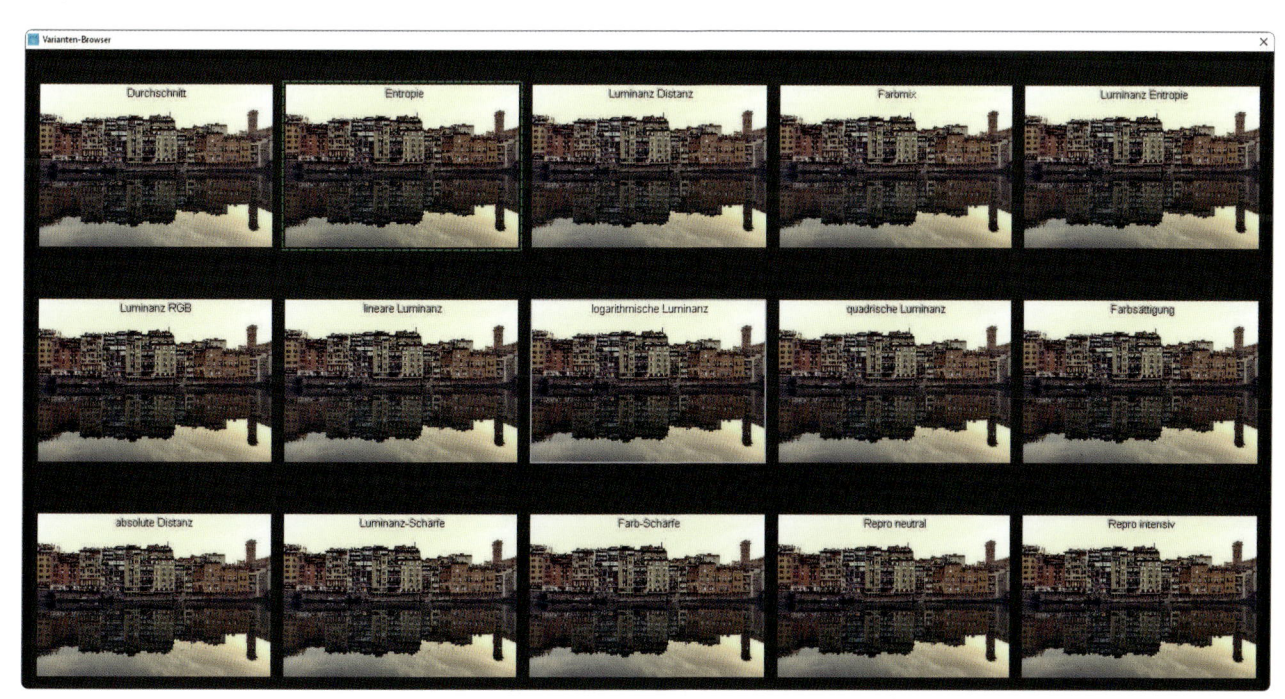

Wie im Varianten-Browser für die Voreinstellungen können Sie per Linksklick ein Referenzbild bestimmen und dann zum Vergleich zwischen Referenzbild und Vergleichsbild per Rechtsklick switchen.

▲ Der Varianten-Browser bietet Ihnen einen unschlagbar schnellen Überblick. Hier haben Sie alle HDR-Algorithmen auf einen Blick, ein Doppelklick auf eine Miniatur öffnet das Bild.

THEORIE UND AUSWIRKUNG AUF DEN WORKFLOW

7. Wie kann ich Bearbeitungen rückgängig machen oder gespeicherte Zwischenschritte abrufen?

Die schlechte Nachricht lautet: Sie können nicht durch einen Klick den letzten Bearbeitungsschritt rückgängig machen. Anders als in vielen anderen Bildbearbeitungsprogrammen bedeuten vorgenommene Änderungen, andere Voreinstellungen, Belichtungskorrekturen etc. in HDR projects immer, dass ein sehr rechenintensiver Prozess angestoßen wird, weil z. B. jedes Mal die komplette Belichtungsreihe neu berechnet werden muss. Dadurch wird jede Berechnung quasi zu einem eigenen Projekt, das zu jedem gewünschten Zeitpunkt gespeichert werden kann.

Anmerkung: Überall da, wo Sie den Begriff *Zurücksetzen* sehen, z. B. unter *Extras/Zurücksetzen*, können Sie keine Bearbeitungsschritte, sondern »nur« z. B. die Benutzeroberfläche oder Berechnungseinstellungen zurücksetzen.

Die gute Nachricht lautet: Natürlich können Sie zum letzten Schritt oder vielen Bearbeitungsschritten davor zurückgehen und von da aus weiterarbeiten!

Und das ist der Punkt, der den Unterschied macht: Weil das automatische Speichern jeder Änderung eine Arbeitsspeicherkapazität erfordert, die irgendwann jeden Rechner überfordern würde, müssen Sie dem Programm ganz bewusst sagen, an welcher Stelle es einen Bearbeitungsschritt, den Sie später gern zurückverfolgen möchten, zwischenspeichern soll. Das geschieht über *Undo-Punkte*. Diese Punkte (undo = rückgängig machen, zurücksetzen) erzeugen bei jedem Speichern einen Bearbeitungsschritt auf einer Timeline, den Sie später wie einen Schnappschuss immer wieder aufrufen können, um entweder Vergleiche zu anderen Bearbeitungsschritten zu ziehen oder ab diesem Punkt bzw. Projektfortschritt weiterzuarbeiten.

UNDO-PUNKTE MIT SPEICHERN

Wenn Sie das Projekt speichern, gehen Ihnen keine Zwischenspeicherungen verloren, weil der gesamte Workflow mit allen Undo-Punkten und der Timeline immer komplett mit gespeichert wird.

◀ **Ein Klick auf das Symbol** Undo-Punkt sichern **speichert den aktuellen Bearbeitungsschritt.**

◀ **Das Gleiche erreichen Sie über** Extras/Undo-Punkt sichern **oder mit dem Tastenkürzel** ⇧ + Z .

88 | KAPITEL 6

▲ In der Timeline (⇧ + T) sehen Sie alle Zwischenspeicherungen in chronologischer Reihenfolge.

▲ Wenn Sie mit der Maus über ein Bild in der Timeline fahren, wird es in der Vergrößerung angezeigt.

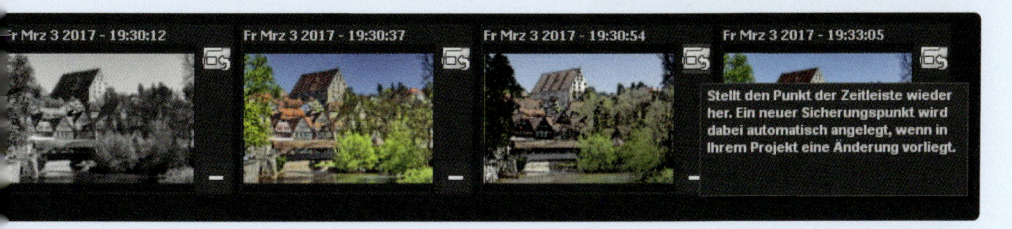

▲ Ein Klick auf das Symbol oben rechts öffnet den Projektstand, den Sie zu diesem Zeitpunkt gespeichert haben.

▲ Hier sehen Sie die Voreinstellung und rechts alle Einstellungen, die Sie bis zum Zeitpunkt der Zwischenspeicherung vorgenommen haben.

Mit ⇧+T schalten Sie die Timeline wieder aus und kehren zum normalen Modus zurück. Jetzt können Sie an diesem Bild weiterarbeiten, es speichern oder im schlimmsten Fall verwerfen.

Es gibt noch eine weitere Möglichkeit, automatisch einen Undo-Punkt vor der RAW-Entwicklung zu setzen, um dann alle Änderungen, die Sie in RAW vornehmen, vergleichen zu können:

Sie rufen *Extras/Einstellungen/Automatiken* auf und setzen bei dem Punkt *automatische Undo-Punkte* einen Haken bei *automatischer Undo-Punkt vor der RAW-Entwicklung*.

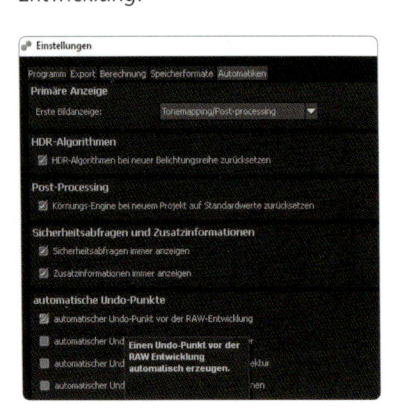

◀ **Der** automatische Undo-Punkt vor der RAW-Entwicklung **sichert** den Vergleich zum Ursprungsbild.

8. Kann ich alle gespeicherten Bilder und Projekte im Überblick sehen?

Ja, das geht ganz schnell und übersichtlich mit dem Verlaufs-Browser: Wünschen Sie sich eine schnelle Übersicht über all Ihre über HDR projects gespeicherten Bilder und Projekte, rufen Sie den Verlaufs-Browser auf, in dem Sie eine optisch sehr gut aufbereitete Anzeige aller Bilder und Projekte sehen können – einfach nach links oder rechts scrollen!

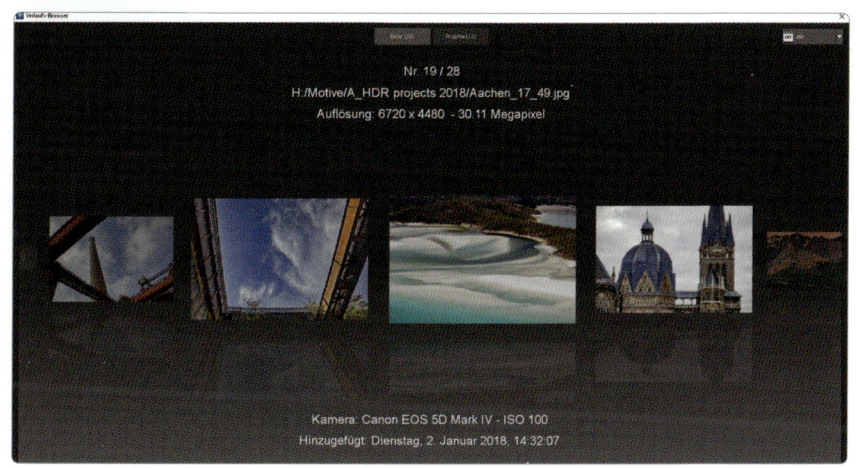

▲ Ein Klick auf die Schaltfläche Verlaufs-Browser öffnet das entsprechende Fenster. Hier sehen Sie alle gespeicherten Bilder oder Projekte.

Wenn Sie mit der Maus über ein Bild oder Projekt fahren, werden Ihnen Metadaten und Speicherort angezeigt. Per Doppelklick auf das gewünschte Bild oder Projekt können Sie es sofort öffnen.

▶ *Verlauf löschen* – Bei Bedarf können Sie die Einträge im Browser auch löschen (links unten: *Verlauf löschen*).

▶ *Präsentation* – Wenn Sie auf diese Schaltfläche unten in der Mitte klicken, werden Ihnen wie in einer Fotoshow alle Präsentationen oder Bilder »fortlaufend« angezeigt!

ULTRA HDR UND DETAILREICHTUM

Selbst wenn die Unterschiede zum normalen HDR auf dem Bildschirm mit seiner begrenzten Auflösung nicht immer sofort ins Auge springen – *ultra HDR* holt aus Ihren Bildern ein Vielfaches an Details und feinen Nuancen heraus. Die automatische Voreinstellung müssen Sie also nur in Ausnahmefällen ändern.

SUPERSAMPLING UND FARBDETAILS

Sie können *Supersampling* immer als Voreinstellung wählen – die einzigen Nachteile sind eine erhöhte Rechnerleistung und damit verbunden eine etwas langsamere Bearbeitung.

9. Was bedeuten die beiden Begriffe ultra HDR und Supersampling?

Im rechten oberen Bereich des Arbeitsfensters können Sie zwischen *HDR* und *ultra HDR* wählen, wobei *ultra HDR* voreingestellt ist. Stellen Sie sich eine aus drei Bildern bestehende Belichtungsreihe vor: *ultra HDR* legt intern während der Zusammenführung zu einem HDR-Bild zwischen jeweils zwei Belichtungen bis zu 30 synthetische Bilder mit einer Genauigkeit von 64 Bit an. Das gilt auch für Einzelbilder mit zwei hinzugefügten synthetischen Bildern.

Die Stärke von *ultra HDR* zeigt sich besonders in extremen Situationen wie Gegenlicht, in denen die Überstrahlungen stark reduziert werden und das Bild viel detailreicher wirkt, oder bei speziellen Motivszenarien – Architektur, Fotografie in Innenräumen, Nachtaufnahmen, Fotos bei Mischlichtverhältnissen oder zur blauen Stunde.

Das bedeutet bei einer 3er-Belichtungsreihe, dass *ultra HDR* das Ergebnis nicht nur aus drei Bildern, sondern aus etwa 60 Bildern zusammenrechnet! Hieraus ergeben sich deutlich mehr sichtbare Details im Vergleich zum normalen HDR-Bild.

Ist *ultra HDR* also immer zu empfehlen? Fast immer, und die wenigen Ausnahmen sind flache Bilder oder Bildreihen, weil die Ergänzung von je 30 weiteren flachen Bildern das Ergebnis tendenziell noch flacher macht, weil zwar auf der einen Seite kontrastreiche Bilder noch detailreicher wirken, kontrastarme aber eben noch kontrastärmer bzw. flacher.

Das *Supersampling* ist Bestandteil des intelligenten Farbraums (SCA-Verfahren oder *Smart Colorspace Adaption*). Hier gibt es die Modi *Helligkeitsbasiert (SCA inaktiv)*, *Farbmedian (ausgewogen)*, *Supersampling (max. Farbdetails)* und *Supersampling (Konturenschutz)*. Der letzte Modus ist neu, stellt eine Weiterentwicklung des SCA-Supersamplings dar und beachtet besonders die Farbunterschiede an Kontrastkanten.

Supersampling bedeutet, dass während der Post-Processing-Berechnung für jedes einzelne Pixel des Bilds der optimale Farbraum errechnet wird, in dem die Berechnungen stattfinden. Das kann bei einem 18-Megapixel-Bild bedeuten, dass mit bis zu 18 Millionen verschiedenen Farbräumen gerechnet wird, um satte Farben mit maximal möglichen Details aus dem Bild herauszuholen! Dieses einzigartige Verfahren soll Farbdetails, gerade bei reinen Farben wie Rot, Grün und Blau, tatsächlich zu 100 % berechnen. Andere HDR-Programme bieten diese Lösung so nicht.

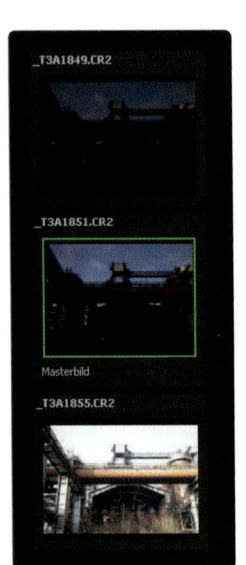

▸ Die Einzelbilder einer 3er-Belichtungsreihe.

▸ Die Einstellung *Supersampling* garantiert maximale Farbdetails.

▸ Dieser Bildausschnitt zeigt deutlich, dass *ultra HDR* und *Supersampling* auch extreme Situationen meistern: bestmöglicher Detailreichtum in den Farben und Strukturen bis in die feinsten Bildbereiche.

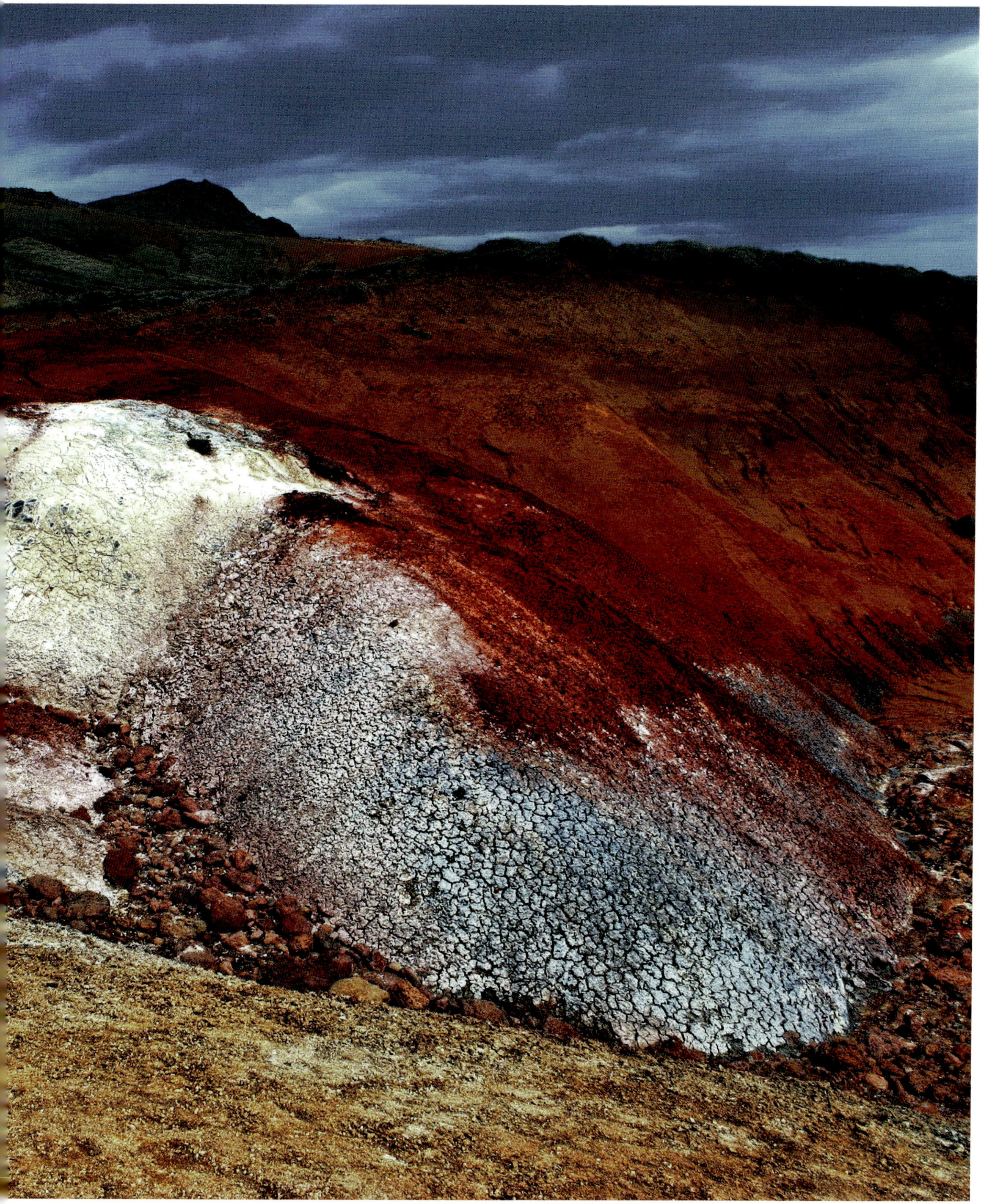

▲ Bildbeispiel 2 zeigt ein normales HDR im Standardfarbraum. (Bildausschnitt »Vitality II« von Christiane Middendorf)

▲ ultra HDR und Supersampling: maximaler Detailreichtum der Farben, Strukturen und Farbabgrenzungen.

10. Kann ich ein HDR-Bild ohne Veränderungen im Post-Processing und ohne Effekte erzeugen?

Ja! Und zwar über eine leere Voreinstellung. Das ist beispielsweise dann der Fall, wenn Sie ein Bild importieren, das Sie nach der HDR-Fusion nicht weiter automatisch optimieren möchten und im Post-Processing, z. B. als Bestandteil eines Composings, für selektives Zeichnen oder bei Porträts für das Körnungsmodul nutzen wollen.

11. Brauche ich HDR projects, wenn ich mit Photoshop auch HDRs erzeugen kann?

Natürlich können Sie mit Photoshop gute HDR-Ergebnisse erzielen. Die Möglichkeiten der Einflussnahme, die einzigartige Variationsbandbreite und viele andere Qualitäts- und Alleinstellungsmerkmale machen den großen Unterschied zu anderen Programmen aus.

Die Einzigartigkeit von HDR projects besteht darin, dass Sie während des Prozesses, in dem die Einzelbilder zu einem HDR-Bild zusammengeführt werden, jederzeit Einfluss auf die Ergebnisse nehmen können. Jeder Bearbeitungsschritt kann zurückgenommen werden, um ein anderes Anwendungsverfahren auszuprobieren oder die Belichtungsreihe durch weitere synthetische Belichtung zu perfektionieren.

Oder ganz extrem: Sie sind schon im Post-Processing und möchten z. B. im Composing einen neuen Himmel einsetzen. Sie entscheiden sich dann spontan dazu, noch einmal eine geänderte RAW-Entwicklung bei der Belichtungsreihe zu machen. In dem Fall wird alles erneut geändert und automatisch angepasst.

12. Warum sind HDR-Bilder oft quietschbunt und haben übersättigte Farben?

Die übersättigten, teilweise quietschbunten Farben sind eine direkte Folge des Tonemappings. Warum ist das so? Ein viel zitierter Vorteil der HDR-Rohbilddaten ist der schier unbegrenzte Farbumfang. Da sollte man meinen, dass die Anzeige eines 32-Bit-Bilds wahre Begeisterungsstürme hervorriefe. Der erste Eindruck eines HDR-Bilds aus einer Belichtungsreihe ist aber im Gegenteil sehr ernüchternd, weil ein 32-Bit-Bild weder auf dem Monitor noch von einem Drucker entsprechend dargestellt werden kann – unter anderem wegen deren eingeschränkter Kontrastfähigkeit.

Ein 32-Bit-Bild mit seinem ungeheuren Dynamikumfang muss daher in einen Darstellungsbereich umgewandelt werden, der die Vorzüge des HDR-Bilds auch sichtbar werden lässt. Die Herausforderung besteht also in einer intelligenten Umwandlung in eine 16-Bit- oder 8-Bit-Datei – das berühmt-berüchtigte Tonemapping.

HDR PROJECTS – DIE BESTE WAHL!

HDR projects bietet Ihnen so viele Alleinstellungsmerkmale und spezielle Problemlösungen, so viele Experimentierfelder und fantastische Ergebnisse, was zeigt, dass sich die Wahl einer Software, die sich ausschließlich auf diese Thematik spezialisiert hat, auszahlt gegenüber Generalisten, bei denen HDR nicht so stark im Fokus liegt.

TONEMAPPING-ALGORITHMEN

HDR projects bietet Ihnen 13 unterschiedliche Tonemapping-Algorithmen zur Auswahl, um unterschiedliche Ausgangsbilder optimal anpassen zu können oder auf verschiedene Zielsetzungen bei der Bearbeitung einzugehen. Diese 13 Tonemapping-Algorithmen komprimieren den Dynamikumfang Ihrer HDR-Bilder so wirkungsvoll, dass die Ergebnisse staunen lassen. Die Tonemapping-Varianten können einzeln oder in Kombination angewandt werden. Wenn Sie mit der Maus über die Überschriften fahren, werden Ihnen die Wirkung und die Einsatzmöglichkeiten angezeigt.

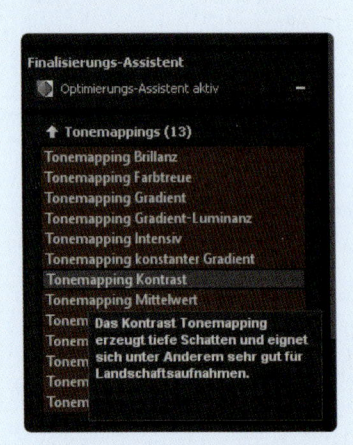

▲ Ohne Tonemapping kein HDR-Bild: Hier haben Sie die Wahl.

Das bedingt eine Tonwertkompression, damit das Farb- und Helligkeitsspektrum auf dem Bildschirm sichtbar wird. Die Helligkeit der Lichter wird reduziert. Und hier steckt das Problem der zu bunten Farben: Alle hellen Farben, die dunkler gemacht werden, werden farbiger, weil das Licht weggenommen wird, die Farbe aber in Gänze erhalten bleibt und dadurch stärker sichtbar wird.

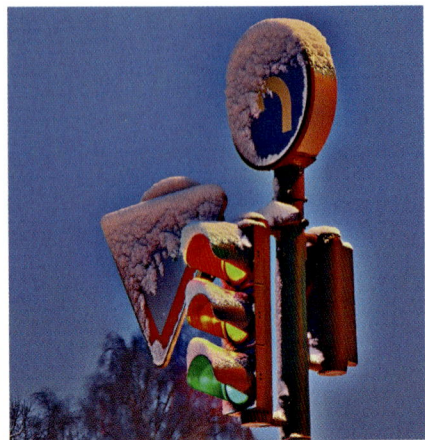

▲ Eine unentschlossene Ampel im Schnee – ohne HDR.
105 mm :: f/20 :: 8 s :: ISO 200

◣ Das Tonemapping macht alle Farben intensiver und dadurch bunter.

▶ Gewollt übertriebenes Tonemapping schafft einen Verfremdungseffekt.

Wenn das notwendige und sinnvolle Tonemapping übertrieben und weiter gesteigert wird, kommen entweder unnatürlich wirkende Bilder heraus oder in seltenen Fällen gewollte Verfremdungen.

Im aktivierten Modus *Experte* erhalten Sie 13 Variationen des Tonemappings, wobei Sie (neu) die Kategorien – z. B. *Moderne Tonemappings* – eingrenzen können. Hier sehen Sie einige Einsatzmöglichkeiten:

- *Kontrast* – Tiefe Schatten, gut gezeichnete Lichter und damit gut für Landschaft und Architektur.
- *Brillanz* – Die weiche Brillanz eignet sich für viele normale Motive.
- *Farbtreue* – Eignet sich besonders für farbintensive Aufnahmen.

Es wurde bereits gesagt, dass diese HDR-Software Bilder erzeugen kann, die den mangelnden Dynamikumfang einer Kamera ausgleicht und das Ergebnis ganz in die Nähe des Bilds rückt, das wir in der Realität gesehen haben.

▲ Die Farben sind nach dem Tonemapping zu intensiv.

Was also tun, wenn uns die Charakteristik einer Voreinstellung zwar gut gefällt, die Farben aber zu bunt sind und schon von Weitem signalisieren: Achtung – ich bin ein HDR-Bild?

Die einfachste Möglichkeit haben Sie schon beim Optimierungs-Assistenten kennengelernt: über den *Dynamik*-Regler die Farbdynamik leicht reduzieren.

◀ *Dynamik*-Regler: übertriebene Farben vermeiden.

▼ Wenn der *Dynamik*-Regler nach links geschoben wird, werden die Farben blasser bzw. natürlicher.

Alle Tonemapping-Verfahren haben eines gemeinsam: Sie greifen in die Pixelwerte des Ursprungsbilds ein und ändern es – und zwar immer! Diese Herausforderung meistert die Software hervorragend. Egal ob die Aufgabe darin besteht, die Tiefen aufzuhellen oder zu betonen, die Lichter brillanter wirken zu lassen, alle Feinheiten und Nuancen aus einem Bild herauszuholen – Tonemapping bedeutet fast immer die Umwandlung in ein Vollkontrastbild.

An dieser Stelle können Sie immer entscheiden, welches Voreinstellungsangebot Sie bevorzugen: Die Bandbreite reicht von *Natürlich Ausgewogen* über *Surreal* bis zu individuellen künstlerischen Variationen. Das heißt, dass Sie bei Ihren Bildern selbst entscheiden: Soll das Ergebnisbild zwar detail-, nuancen- und kontrastreicher als ein Einzelbild wirken, aber trotzdem die natürlichen Farben behalten? Oder wollen Sie das Bild über die Voreinstellungen oder individuelle Regler in eine ganz andere Richtung beeinflussen, z. B. mit extrem gesättigten Farben, die dann eben auch quietschbunt sein können?

13. Können die Bedienfelder verschoben werden?

Ja, und zwar die linken und die rechten Bedienfelder sowie Toolbars, Exif-Informationen und das Histogramm – ein sehr intelligentes Docking-System. Wenn Sie bei Ihren Bearbeitungsschritten feststellen, dass eines der Bedienfelder links oder rechts im Weg ist, weil z. B. ein Bearbeitungsschritt in der vergrößerten Ansicht verdeckt wird, docken oder ordnen Sie es einfach da an, wo es für Ihren aktuellen Bearbeitungsschritt sinnvoll ist.

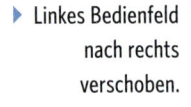

▸ Linkes Bedienfeld nach rechts verschoben.

Das linke Bedienfeld fassen Sie mit gehaltener linker Maustaste oben im weißen
Feld *Voreinstellungen* an und ziehen es an eine beliebige Stelle.

▲ Rechtes Bedienfeld nach links verschoben, Histogramm nach unten.

Das rechte Bedienfeld fassen Sie oben zwischen *Finalisieren* und *Experte* an und
ziehen es an eine Stelle Ihrer Wahl.

◀ Alle Fenster wieder an ihrem Platz.

Wenn Sie die verschobenen Fenster wieder an die ursprüngliche Stelle zurücksetzen möchten, aktivieren Sie im Menü *Ansicht* den Punkt *Fenster zurücksetzen*.

THEORIE UND AUSWIRKUNG AUF DEN WORKFLOW | **99**

HDR UND RAW

Eine RAW-Datei punktet gegenüber einem JPEG-Bild mit überzeugenden Fakten:

- Viel mehr und deutlich feinere Helligkeitsabstufungen – bis zu 64-mal mehr.
- Viel höherer Kontrastumfang.
- Verlustfreie Korrekturmöglichkeiten.
- Höherer Dynamikumfang.
- Viel mehr Bildinformationen.
- Größerer Spielraum für kreative Ideen.

14. Wo genau liegt der Unterschied zwischen JPEG und RAW?

Zu Beginn des Buchs wurde gesagt, dass man sehr wohl hervorragende HDR-Bilder aus einzelnen JPEG-Dateien oder JPEG-Belichtungsreihen machen könne. Warum wird dann in den meisten Beiträgen zur HDR-Konvertierung gefordert, die Ursprungsdatei solle unbedingt eine RAW-Datei sein? Schließlich ist die Anzahl der Pixel bei JPEG- und RAW-Bildern identisch. Tatsächlich liegt der große Unterschied im viel höheren Dynamikumfang sowie in der deutlich höheren Anzahl von Bildinformationen eines RAW-Bilds und damit in dem Spielraum, der Ihnen für alle weiteren kreativen Veränderungen zur Verfügung steht.

An dieser Stelle kommen wir um einen kurzen Ausflug in die Theorie nicht herum und damit auch nicht um ein Schlüsselwort in der Fotografie: das Bit. Die Anzahl der Bildinformationen, die Anzahl der Farbtöne pro Farbe, die Graustufungen, die Helligkeitsunterschiede, der Kontrastumfang – also so ziemlich alles, was man auch unter dem Dynamikumfang versteht – wird in Bit angegeben. Ein JPEG-Bild kann nur in einer Tiefe von 8 Bit bearbeitet und gespeichert werden. Das entspricht 256 Helligkeitsabstufungen oder Graustufen pro Kanal (8 Bit entspricht 2^8 = 256 Möglichkeiten).

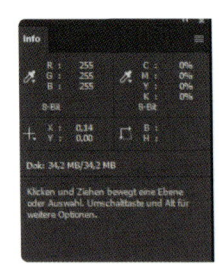

▲ Bei reinem Weiß zeigen alle drei RGB-Kanäle den Maximalwert von 255 an, reines Schwarz zeigt 0.

Solange die JPEG-Bilder nicht weiterbearbeitet werden, ist alles in Ordnung. Aber schon ein kleiner Eingriff, z. B. eine Kontraststeigerung, die die jeweils hellen und dunklen Stellen stärker betont, zeigt den Unterschied: Das Histogramm des Ausgangsbilds ist homogen und sieht prima gleichmäßig aus.

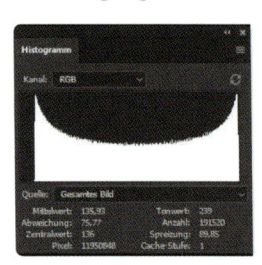

▲ Das Histogramm, das den Helligkeitsverlauf abbildet, ist gleichmäßig und ohne erkennbare Lücken.

Wenn wir dasselbe 8-Bit-Bild mit einer mittleren Kontraststeigerung bearbeiten, führt das beim Histogramm schon zu erheblichen Irritationen:

◀ Dieses Histogramm macht einen sehr ungesunden Eindruck, weil die Tonwerte überall abreißen.

◀ Wandlung in 16 Bit: Das Histogramm zeigt, was wir auch sehen – einen gleichmäßigen Verlauf.

Da diese Graustufenverläufe das Problem und seine Lösung sehr gut veranschaulichen können, aber in der Praxis entsprechende Fotos eher selten vorkommen, wird Ihnen nun das gleiche Thema anhand realer Bilder illustriert – kommentarlos.

◀ Das Ausgangsbild als JPEG in 8 Bit – gleichmäßiger Graustufenverlauf, gleichmäßiges Histogramm. (Model: Julia)

50 mm :: f/6.3 :: 1/100 s :: ISO 100

THEORIE UND AUSWIRKUNG AUF DEN WORKFLOW | 101

▲ Eine mäßige Kontraststeigerung tut weder dem Bild noch dem Histogramm gut.

▲ Starke Kontraststeigerung mit HDR projects: starkes Porträt mit ganz gleichmäßigem Tonwertverlauf.

Alles geht, nur nicht in 8 Bit! Und genau hier schlägt die Stunde der RAW-Datei. Die Bit-Tiefe können Sie mit der Anzahl der Blendenstufen gleichsetzen. In Abhängigkeit vom Leistungsvermögen Ihrer Kamera schafft eine RAW-Datei eine Bit-Tiefe zwischen 12 und 16. Warum ist das so unglaublich viel besser? Weil jede Erhöhung oder Reduzierung der Bit-Zahl, oder jede weitere Blendenstufe herauf oder herunter, einer Verdopplung oder Halbierung entspricht. Das bedeutet: Wenn Ihre Kamera eine Bit-Tiefe von 14 beherrscht, entspricht das einem Tonwertumfang von 14 Blenden oder 16.384 unterschiedlichen Helligkeiten (2^{14}).

Und dann gibt es noch die 16-Bit-Bilder mit 65.536 Helligkeitsabstufungen und die 32-Bit-Bilder mit ca. 4,2 Milliarden Helligkeiten pro Farbkanal! Warum das?

Bei HDR-Bildern, die aus mehreren Belichtungsreihen zusammengesetzt sind, entsteht eine Datei mit einem ungeheuer großen Dynamikumfang. Um diese Farbunterschiede in einer Datei unterzubringen, sind nicht selten 32 Bit erforderlich, um auch ganz extreme Einstellungen zu ermöglichen, ohne dass irgendwelche Tonwerte abreißen. Das kann bisher keine Kamera leisten, diese HDR-Software aber schon.

Auf dem Monitor können Sie diese Unterschiede in der Regel nicht gut erkennen, weil die meisten Monitore nur 8 Bit pro Farbkanal anzeigen können. Das heißt, der Monitor kann genau das anzeigen, was ein JPEG-Bild kann – und deshalb sehen Sie auf dem Monitor die Qualitätsunterschiede zu einem RAW-Bild nicht so deutlich, wie Sie es gern hätten.

Wo liegt der praktische Vorteil dieser Aufrüstung? In jedem Fall in der Weiterverarbeitung, im Druck oder in den starken Vergrößerungen. Die nächsten farbigen Bildbeispiele verdeutlichen noch einmal die Möglichkeiten und Grenzen von JPEG-Bildern. Wenn Sie bei dem unten stehenden JPEG-Bild (8 Bit) das Histogramm einblenden, sehen Sie beim Graustufenbild eine homogene Helligkeitsverteilung ohne irgendwelche Abrisse oder Lücken.

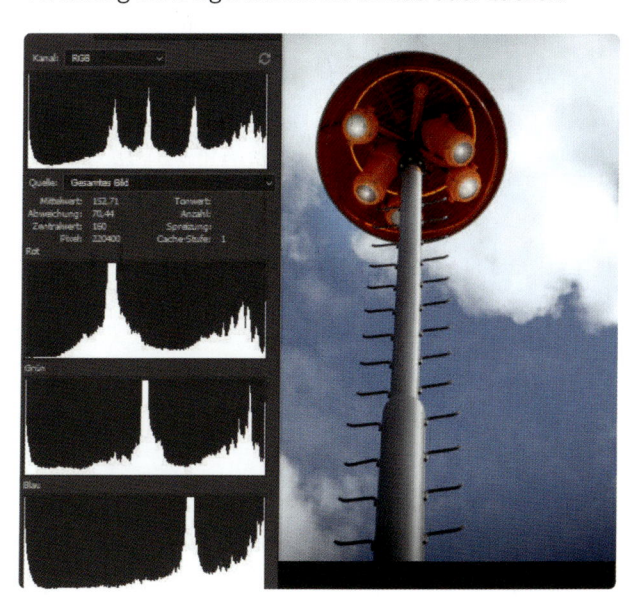

◀ Das unbearbeitete JPEG-Bild mit dem dazugehörigen Histogramm.

8 BIT – ALLE KATZEN GLEICH GRAU

Etwas übertrieben könnte man sagen: Der Unterschied beim Graustufenverlauf zwischen einem 8-Bit-Bild und einem 14-, 16- oder 32-Bit-Bild besteht darin, dass bei 8 Bit alle grauen Katzen gleich grau sind, in den anderen Fällen aber sehr wohl unterschiedliche Zeichnungen zu erkennen sind.

HELLIGKEITSUNTERSCHIEDE

Die Helligkeitsauflösung eines 14-Bit-RAW-Bilds ist etwa 64-mal höher oder präziser als die eines JPEG-Bilds. Das RAW-Bild kann also von Haus aus viel feinere Helligkeitsunterschiede verarbeiten und ist somit der ideale Partner für diese HDR-Software, die beim Bildimport alle Bilder in 16-Bit-Dateien umwandelt, bevor sie weiterbearbeitet werden.

Im zweiten Beispiel wurde der Kontrast über eine Einstellungsebene *Gradationskurve* mäßig erhöht, und das Ergebnis ist verblüffend. Zwischen den einzelnen Tonwerten sind Lücken oder Löcher entstanden.

Beispiel: Im Originalhistogramm gibt es die Tonwerte 49 und 50, dazwischen ist also keine Lücke. Nach der Kontraststeigerung ist der Tonwert 49 durch den Tonwert 48 ersetzt worden – zwischen 48 und 50 klafft eine Lücke.

▶ Leichte Kontrasterhöhung: Das Histogramm reißt ab und hat keine weichen Übergänge mehr.

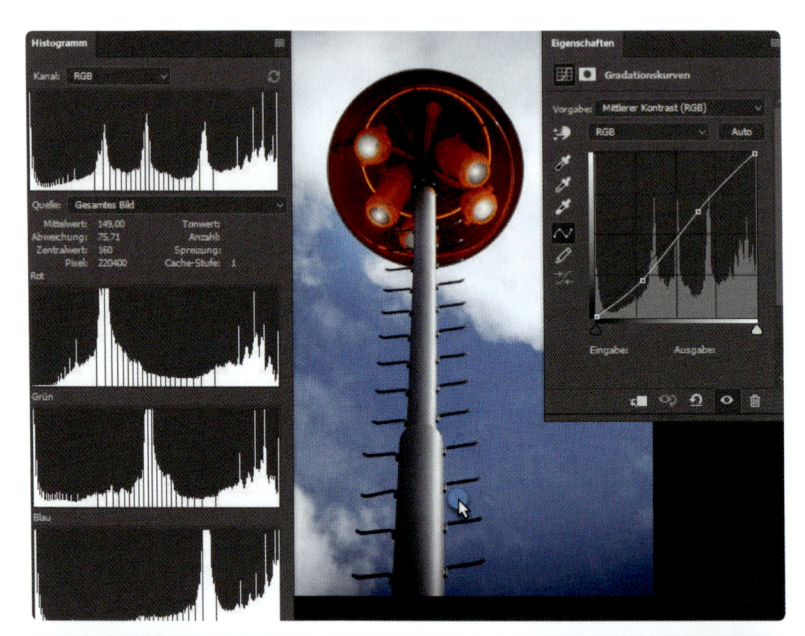

▶ Das gleiche Bild zeigt sich bei der Kontraststeigerung mit einer Tonwertkorrektur, in der der linke und der rechte Regler etwas zur Mitte gezogen wurden.

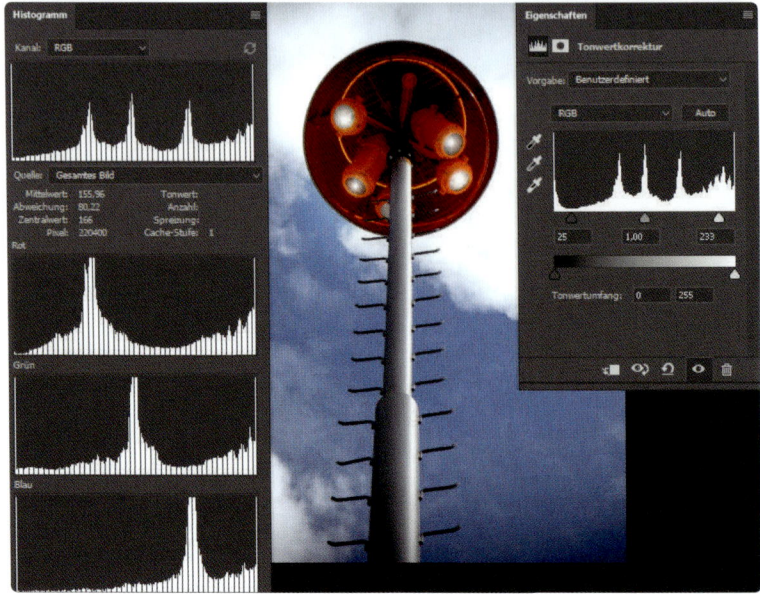

Zum Schluss kommt die Überraschung: Wenn Sie das Bild mit der HDR-Software bearbeiten, sind die groben Abrisse plötzlich verschwunden, und Sie sehen ein Histogramm, das auf wundersame Weise alle Tonwerte von Schwarz bis Weiß anzeigt.

▲ Extreme Bearbeitung in HDR projects mit der Voreinstellung Lichter/Eingefasst: eine lückenlose Tonwertverteilung.

Wie kann das sein, da das Bild doch sichtbar kontrastreicher ist als im Beispiel davor und dementsprechend viel mehr Abrisse zeigen müsste?

Es gibt mehrere Ursachen, und eine davon ist die voreingestellte *Brillanz-Optimierung* oder *Tonwertspreizung*, die dafür sorgt, dass das Histogramm »gestreckt« und damit immer voll ausgenutzt wird, auch wenn z. B. kein reines Weiß oder Schwarz im Bild oder in Bildreihen vorkommt. Die zweite Ursache liegt in dem einzigartigen Konzept dieser Software, das man, vereinfacht ausgedrückt, in vier Schritten beschreiben kann:

❶ *Import* – Jedes Bild, also auch jedes JPEG-Bild, wird beim Import in eine 16-Bit-Datei umgewandelt. Beim Einladen eines Einzelbilds wird zusätzlich eine *synthetische Belichtungsreihe mit insgesamt drei Bildern*, alle in 16 Bit, erzeugt.

❷ *Post-Processing* – Alle Veränderungen am Bild werden im 16-Bit-Modus durchgeführt. Der Vorteil liegt darin, dass deutlich mehr Spielraum und Genauigkeit für alle Bearbeitungsschritte vorhanden sind.

❸ *Fusion* – Nach der Bearbeitung, z. B. durch die Entscheidung für eine bestimmte Voreinstellung, müssen die Bilder wieder in einer Datei zusammengefasst werden, damit das Ergebnis gespeichert werden kann. Diese Fusion geschieht in der Berechnung in 64 Bit (*ultra HDR*) und wird dann auf 32 Bit zusammengefasst, damit von den unglaublich großen Datenmengen der mindestens drei Bilder keine Details verloren gehen.

❹ *Speichern* – Im letzten Schritt wird das Bild wieder als 8-Bit-Datei im JPEG- oder TIF-Format gespeichert. Da alle inzwischen durchgeführten Bearbeitungen quasi verlustfrei vorgenommen wurden, ist das Ergebnis jetzt ungleich besser, als wenn alle Zwischenschritte im 8-Bit-Modus gemacht worden wären – der zusätzliche Qualitätsverlust bei jedem Speichern von JPEG-Dateien noch gar nicht mitgerechnet.

▲ Intelligente und einzigartige Bearbeitungsschritte sorgen für einzigartige Ergebnisse.

Egal ob Sie ein JPEG-Bild bearbeiten wollen oder z. B. Unter- oder Überbelichtungen korrigieren möchten – die Qualität sinkt fast immer. Je stärker die Veränderungen sind, umso mehr sinkt sie. Das ist bei der Betrachtung am Bildschirm oder auf Smartphones kaum wahrnehmbar, bei Ausdrucken oder in starken Vergrößerungen aber sehr wohl.

Ganz anders ist das bei einem RAW-Bild aus einer Kamera, die 14 Bit »kann«: Das Histogramm des unterbelichteten und unbearbeiteten Bilds sieht aus wie im Beispiel vorher. Die Unterbelichtung ist an den fehlenden Lichtern rechts im Histogramm deutlich erkennbar. Die Aufgabe wäre also eine Belichtungsanpassung, zudem soll zum besseren Vergleich der Kontrast angehoben werden.

◀ Das unbearbeitete unterbelichtete RAW-Bild mit dazugehörigem Histogramm.

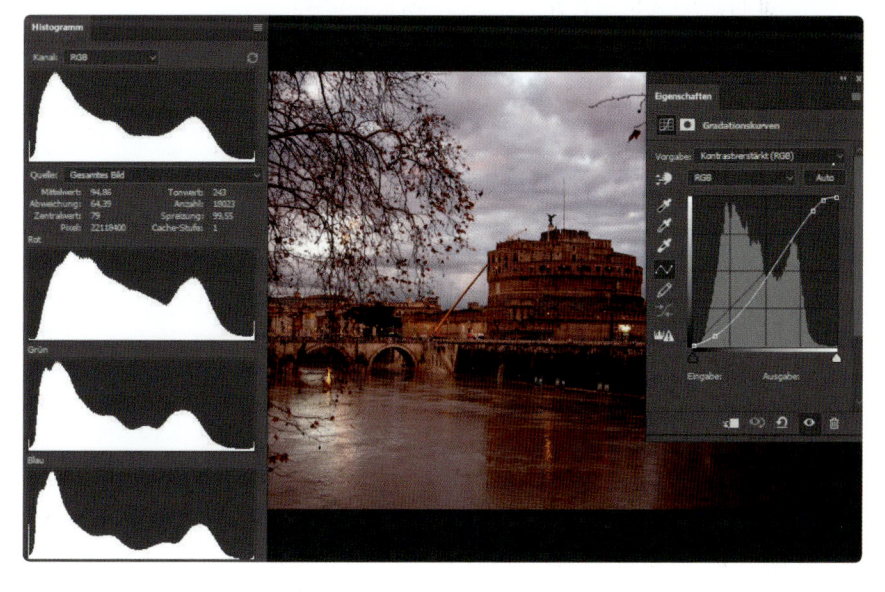

◀ Tonwertkorrektur und starker Kontrast – das Histogramm ist so »unbeschädigt« wie vorher.

Hier zeigt sich ein bedeutender und sichtbarer Unterschied zum JPEG-Bild: In der RAW-Datei können Sie die Tiefen verlustfrei aufhellen. Im gleichen Bild als JPEG-Datei weist das Histogramm starke Lücken auf, und das Ergebnis wird zunehmend matschiger aussehen.

▶ Zum Vergleich die JPEG-Datei: Das Histogramm hat irreparable Lücken.

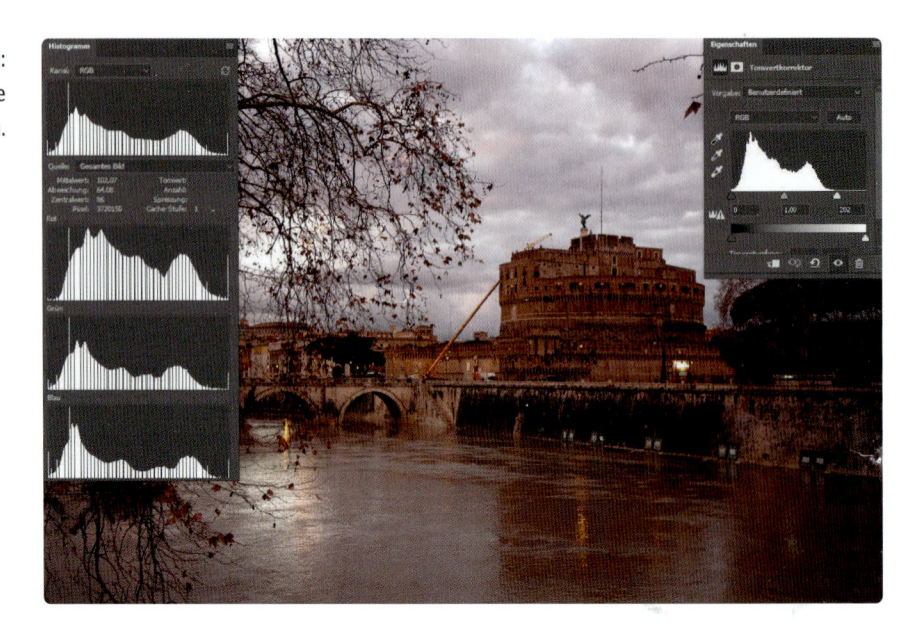

Abschließend das Histogramm nach der Bearbeitung in der HDR-Software:

▶ Bearbeitung in HDR projects mit der Voreinstellung Lichter/Eingefasst: keinerlei Verluste oder Abrisse.

Das Ergebnis ist eindeutig: Das Histogramm zeigt sich von den Korrekturen und Eingriffen völlig unbeeindruckt und lädt zu weiteren Bearbeitungsschritten ohne Qualitätsverlust ein. Ich habe diesen Punkt bewusst mit vielen Bildbeispielen so ausführlich behandelt, weil kaum ein Thema so kontrovers und leidenschaftlich diskutiert wird wie dieses. Der zweite Grund ist die unschlagbare Stärke dieser Software, auch aus einzelnen JPEG-Bildern durch die oben beschriebenen Bearbeitungsschritte noch einen ungeahnten Detailreichtum herauszuholen und dadurch brillante Bilder zu zaubern.

15. Sind HDR-Bilder aus Belichtungsreihen immer besser als die durch die Umwandlung aus Einzelbildern entstandenen?

Auch hierzu noch einmal ein kurzer Ausflug in die Theorie. Die Antwort ähnelt der Begründung RAW vs. JPEG. Am Bildschirm sind die Unterschiede schwer erkennbar, tatsächlich sind sie aber bedeutend und spielen in der Weiterverarbeitung eine große Rolle. Warum ist das so?

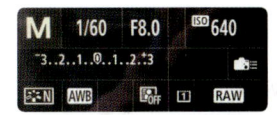

◀ Sie können von einem bestimmten Blendenwert (hier 8.0) gewöhnlich in ganzen oder Drittelschritten nach oben oder unten gehen.

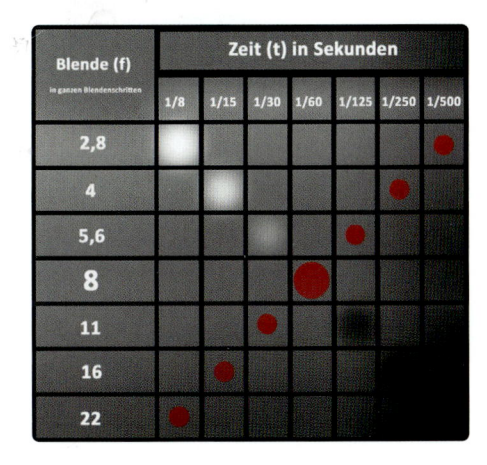

◀ Jeder Blenden- oder Zeitschritt um einen der Werte nach oben oder unten verdoppelt/halbiert die Lichtmenge – bei den Kombinationen auf der Diagonalen (rote Punkte) bleibt die Lichtmenge gleich. Auf der Diagonalen von rechts unten nach links oben erhöht sich die Lichtmenge jeweils quasi um zwei Blendenstufen, weil gleichzeitig mit der offeneren Blende die Zeit halbiert wird.

Wir nehmen als Beispiel wieder das RAW-Bild mit einer Genauigkeit von 14 Helligkeitsstufen. Wenn Sie mit einer 3er-Belichtungsreihe arbeiten, bei der ein Bild eine Blende unter und ein Bild eine Blende über der richtigen Belichtungszeit liegt, haben Sie nicht 14, sondern 16 Helligkeitsstufen! Bei einer 5er-Reihe mit je zwei Blendenschritten darunter und darüber sind es schon 18, also vier zusätzliche Stufen etc.

Das Ergebnis ist ein immer höheres Lichtspektrum von ganz dunkel bis ganz hell, und bei einer 9er-Belichtungsreihe (z. B. −6 bis +3) gewinnen Sie schon unglaubliche neun Blendenstufen dazu, also insgesamt 23. Das ist deshalb so unglaublich, weil jede zusätzliche Belichtungsstufe eine Verdopplung der Genauigkeit bedeutet – das ergibt bei neun zusätzlichen Blendenstufen einen Zugewinn an Detailreichtum oder Detailreserven z. B. in den Schatten um den Faktor 512 (2 hoch 9).

▲ HDR-Fusion (ohne Post-Processing) aus einer 7er-Belichtungsreihe – Variation 1.

▲ 7er-Belichtungsreihe: Das dunkelste Bild müsste noch dunkler (die Lichter brennen noch aus) und das hellste noch heller sein – wie im nächsten Beispiel.

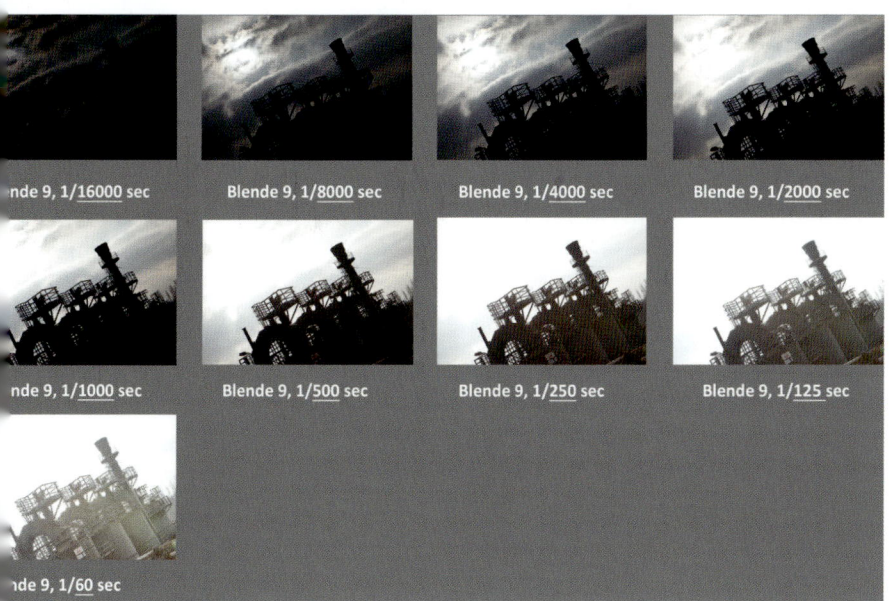

▲ HDR-Fusion aus einer 9er-Belichtungsreihe (ohne Post-Processing) – Variation 2.

◀ 9er-Belichtungsreihe mit jeweils verdoppelter Zeit: So kann HDR projects eine perfekte HDR-Fusion vornehmen.

THEORIE UND AUSWIRKUNG AUF DEN WORKFLOW

ZEITUNTERSCHIEDE BEI GLEICHER BLENDE

Belichtungsreihen erweitern Ihren Bearbeitungsspielraum enorm. Mit jeder zusätzlichen Belichtungsstufe können Sie das gesamte Lichtspektrum von ganz dunkel bis grell hell perfekter einfangen und daraus mit HDR projects ein Bild mit riesigem Dynamikumfang komponieren.

Eine goldene Regel bei den Belichtungsreihen ist: die Belichtungsunterschiede immer über die Zeitunterschiede bei gleicher Blende machen, weil nur dann eine gleichbleibende Schärfentiefe erzielt wird. Ähnlich verhält es sich bei geänderten ISO-Werten, der »dritten Dimension« für variable Belichtungsreihen. Hier müssen Sie auf das stärker werdende Rauschen bei höheren Werten achten.

MOTIVE FÜR HDR-BILDER

- Motive mit großen Helligkeitsunterschieden und starken Licht- und Schattenbereichen, Innenräume mit Fenstern.
- Gegenlichtaufnahmen und Lichtreflexionen.
- Situationen, in denen die Sonne ins Objektiv scheint.
- Abend- und Nachtaufnahmen, Skylines.
- Architektur- und Landschaftsaufnahmen.
- Blumen, Tiere.
- Industrie-, Technik- und Produktfotografie.
- Bildlooks, Verfremdungen.

Anhand der Miniaturvorschauen der 7er-Belichtungsreihe oben sehen Sie, dass es keine Regel gibt und sehr vom Motiv und den Lichtverhältnissen abhängt, wie viele Bilder richtig bzw. ausreichend belichtet sind. Unten müsste zu dem dunkelsten Bild mindestens noch ein weiteres Bild mit einer kürzeren Belichtungszeit hinzukommen, damit es keine ausgefressenen Lichter mehr gibt, oben wäre ein weiteres Bild mit längerer Belichtungszeit gut, um wirklich alle Details in den dunklen Stellen abbilden zu können. Die 9er-Belichtungsreihe darunter und die HDR-Fusion daraus zeigen, dass die beiden zusätzlichen Bilder wirken: Die zu hellen Bereiche sind etwas abgedunkelt und die zu dunklen Bereiche aufgehellt worden.

Die Antwort auf die oben gestellte Frage lautet also: Jein! Wenn Sie das Bild weiterverarbeiten und bei Bedarf ausdrucken oder vergrößern möchten, ist es ein klares Ja, weil Sie einen nie da gewesenen verlustfreien Spielraum für Ihre Umsetzungsideen und Detailreserven haben. Wenn nicht, haben Sie eher riesige Dateimengen ohne deutlich erkennbaren Zusatznutzen.

16. Was sind die klassischen Motive als Basis für gute HDR-Bilder?

Darauf gibt es natürlich keine eindeutige Antwort, weil sich im Grunde alle Motive für eine HDR-Fusion eignen können – die folgenden Auswahlbilder sollen beispielhaft zeigen, wie wirkungsvoll die HDR-Umwandlung bei verschiedenen Motiv- und Aufnahmesituationen ist. Wenn die HDR-Stile nicht ausdrücklich bei den Bildunterschriften erwähnt werden, wurde die neutrale Voreinstellung *Ausgewogen* beibehalten.

Motive mit großen Helligkeitsunterschieden
Die beiden nachfolgenden Beispiele zählen zu den Klassikern der HDR-Fotografie: aus dem Dunkeln (Tunnel) ins Licht und umgekehrt aus dem Licht ins Dunkel.

Um alle Details in den Tiefen/Schatten, den Mitteltönen und den Lichtern zu erhalten, sollten Sie mindestens drei Aufnahmen machen: ein Bild mit kurzer Belichtungszeit, um die Überstrahlung im Außenbereich wegzubekommen, ein Bild mit korrekter Belichtung und ein Bild mit längerer Belichtungszeit, um den dunklen Vordergrund im Inneren aufzuhellen. Die Software rechnet dann für Sie die Belichtungsreihe in das Ergebnisbild um, bei dem alle Details draußen und drinnen gut sichtbar sind.

▲ **Voreinstellung** Architektur Aufgehellt/Details, **Dynamik leicht gesenkt.**
35 mm :: f/9 :: 1/250 bis 1/4 s :: ISO 400 :: 7er-Belichtungsreihe

▼ Motive mit großen Helligkeitsunterschieden. Bildbeispiel 1 – aus dem Dunkeln ins Helle: »Hell-Adaption«.

THEORIE UND AUSWIRKUNG AUF DEN WORKFLOW

▼ Motive mit großen Helligkeitsunterschieden – von Hell zu Dunkel: »Dunkel-Adaption«.

▲ **Voreinstellung** Architektur/Industrie.
67 mm :: f/9 :: 1/3 bis 5 s :: ISO 800 :: 5er-Belichtungsreihe

▲ Schein oder sein? HDR zaubert Details hervor, die vorher gar nicht zu sehen waren.

▲ **Voreinstellungen: HDR-Stil** Schatten und Licht, **Voreinstellung** Natürlich/Sonnig. Sieben Einzelbilder mit gleichen Werten (Stacking).

◀ Ein Einzelbild aus der 7er-Belichtungsreihe.

24 mm :: f/8 :: 640 s :: ISO 2500

Gegenlichtaufnahmen und Situationen, in denen die Sonne ins Objektiv scheint
Gegenlichtaufnahmen zwingen natürlich nicht zu HDR-Bildreihen. Möchten Sie z. B. Silhouetten betonen, Lichtbrechungen zwischen den Bäumen festhalten oder eine düstere, fast mystische Stimmung bei Nebelaufnahmen erzeugen, funktioniert das mit HDR, es geht aber auch ohne. Wenn jedoch die Sonne so ins Objektiv scheint, dass das Ergebnis entweder total überstrahlt ist oder bei extrem kurzer Belichtungszeit der Vordergrund fast schwarz erscheint, ist HDR projects der ideale Partner, um aus solchen kritischen Situationen das Beste herauszuholen.

◀ Beispiel einer Gegenlichtaufnahme.

◀ **Voreinstellungen: HDR-Stil** Leuchtend, **Voreinstellung** Landschaft/Sonnenuntergang.

35 mm :: 1/500 bis 1/6 s :: ISO 100 :: 7er-Belichtungsreihe

▼ Problem ausgefranste Lichter – das Folkwang Museum in Essen.

Abend- und Nachtaufnahmen
Eine Domäne der HDR-Software ist es, ausgebrannte, ausgefressene Lichter z.B. bei Laternen, beleuchteten Fenstern oder Langzeitbelichtungen zu vermeiden oder später effektiv zu korrigieren.

▲ **Voreinstellungen: HDR-Stil** Feine Details, **Voreinstellung** Farbtreue/Realistic.
24 mm :: f/8 :: 1/6 bis 1/30 s :: ISO 1000 :: 5er-Belichtungsreihe

◀ **Übergang vom Abend zur Nacht in Florenz.**
40 mm :: f/6.3 :: 1/60 s :: ISO 160 :: RAW

▶ **Voreinstellung**
Natürlich/Gegenlicht/Dunkel ...

◀ **... oder Voreinstellung**
Künstlerisch/Cool/Vintage.

THEORIE UND AUSWIRKUNG AUF DEN WORKFLOW

▲ **Die Skyline von Sidney.**

35 mm :: f/4 :: 1/30 s :: ISO 3200 :: JPEG

◀ **Voreinstellungen: HDR-Stil** Schatten und Licht, **Voreinstellung** Landschaft/Nachtaufnahme.

Landschaftsaufnahmen, Blumen, Tiere

Gerade bei bedecktem Himmel kann HDR das ganze Farbspektrum beeindruckend abbilden und viele sonst unsichtbare Details aus den Fotos herauskitzeln. Darüber hinaus kann es bei Landschaftsaufnahmen reizvoll sein, den Bildern einen leicht dramatischen oder surrealen Touch zu geben.

◀ Landschaft bei diesigen Lichtverhältnissen.

33 mm :: f/7.1 :: 1/125 s :: ISO 100

▼ **Voreinstellungen: HDR-Stil** Schatten und Lichter, **Voreinstellung** Landschaft/Kräftigere Farben.

▲ **Voreinstellung** Surreal/Stilistisch.

▶ Landschaft im Winter.

24 mm :: f/5.6 :: 1/250 s :: ISO 100 :: RAW

▲ **Voreinstellungen: HDR-Stil** Leuchtend, **Voreinstellung** Landschaft/Kräftige Farben.

◀ Blütenträume im Frühjahr.

105 mm :: f/8 :: 1/160 s :: ISO 100 :: RAW

▲ **Voreinstellung** Landschaft/Polfilter.

▶ Hungriger Schmetterling.

105 mm :: f/8 :: 1/400 s :: ISO 400 :: RAW

▲ **Voreinstellung** Leuchten/Eingefasst – Farben und Strukturen kommen voll zur Geltung.

▶ Ein Flamingo, noch etwas blass.
200 mm :: f/5 :: 1/250 s :: ISO 400 :: JPEG

THEORIE UND AUSWIRKUNG AUF DEN WORKFLOW

▼ Industrie, Technik und Architektur.

Industrie, Technik und Architektur
Ähnlich wie in der Landschaftsfotografie glänzt die Software bei diesen Themen mit dem hohen Dynamikumfang, der Detailtreue, den feinen Abstufungen bei den Farbnuancen, der richtigen Belichtung des Haupt- und Nebenmotivs und den sichtbaren Strukturen, die die Motive oft deutlich räumlicher wirken lassen.

▲ **Voreinstellung** Architektur/Tiefe.
50 mm :: f/9 :: 1/600 bis 1/13 s :: ISO 320 :: 8er-Belichtungsreihe

▲ **Voreinstellungen: HDR-Stil** Schatten und Licht, **Voreinstellung** Architektur/Aufgehellt Details.

32 mm :: f/4.5 :: 1/30 s :: ISO 2500 :: RAW

▲ **Voreinstellung** Architektur/Shiny.

▶ Industrie, Technik und Architektur.

55 mm :: f/11 :: 1/60 s :: ISO 100 :: RAW

▲ **Voreinstellung** Surreal/Normal.

◀ New York Skyline 2008.

24 mm :: f/9 :: 1/160 s :: ISO 200 :: JPEG

THEORIE UND AUSWIRKUNG AUF DEN WORKFLOW

Produktfotografie

▲ **Voreinstellungen: HDR-Stil** Grunge, **Voreinstellung** Natürlich/Details hervorheben.

▶ **Gemüseauslage.**
92 mm :: f/8 :: 1/320 s :: ISO 8000 :: RAW

▲ **Voreinstellungen: HDR-Stil** Schatten und Licht, **Voreinstellung** Surreal/Red Light.

◀ Motorblock.
100 mm :: f/8 :: 1/60 s :: ISO 1000 :: JPEG

THEORIE UND AUSWIRKUNG AUF DEN WORKFLOW

Schwarz-Weiß-Umwandlungen

Schwarz-Weiß-Umwandlungen sind bei den beliebten HDR-Motiven selten gefragt, klappen mit dieser Software aber sehr gut und können bei vielen Motiven zu beeindruckenden Ergebnissen führen.

▲ **Voreinstellung** Monochrom/Ausgewogen.

▶ **Originalbild HDR-Voreinstellung** Architektur/Scharfe Kanten – **die stürzenden Linien sind hier Stilmittel.**

24 mm :: f/11 :: 1/320 s :: ISO 100 :: RAW

▲ **Voreinstellungen: HDR-Stil** Schatten und Licht, **Voreinstellung** Monochrom/Ausgewogen. **(Model: Galina)**

50 mm :: f/8 :: 1/100 s :: ISO 400 :: RAW

Bildlooks und Verfremdungen

Auch diese Kategorie ist eigentlich nicht die Kernkompetenz von HDR-Programmen – HDR projects macht da eine Ausnahme! Gerade in der Kategorie *Künstlerisch* finden Sie viele Voreinstellungen, die zum Experimentieren einladen und überraschende und ungewöhnliche Bilder bescheren. Probieren Sie es einfach aus – ob Bildlooks wie *Altes Foto*, *Sepia Duotone*, *Cool Vintage* (siehe Bildbeispiel) oder Verfremdungen wie *Comic* oder *Aqua*.

◀ **Verfremdung: Voreinstellung** Künstlerisch/Comic.

▼ **Originalbild.**

105 mm :: f/4 :: 1/60 s :: ISO 320 :: RAW

◀ **Voreinstellungen: HDR-Stil** Schatten und Licht, **Voreinstellung** Natürlich/Aufhellen, **Effekte** Horizontal, Vertikal spiegeln.

▼ **Schlemmerplatte.**

32 mm :: f/8 :: 1/50 s :: ISO 2000 :: RAW

▲ **Voreinstellungen: HDR-Stil** Feine Details, **Voreinstellung** Künstlerisch/Sepia/Duotone.

◀ **Originalbild aus dem Eisenbahnmuseum Bochum.**

45 mm :: f/8 :: 1/80 s :: ISO 640 :: RAW

THEORIE UND AUSWIRKUNG AUF DEN WORKFLOW

Problematische Themen für HDR-Bilder

Wenn die eben gezeigten Motive auf der Beliebtheitsskala ganz oben stehen, gibt es folgerichtig auch welche, die weniger geeignet sind. Da HDR fast immer eine Wandlung in ein Hochkontrastbild bedeutet, eignen sich z. B. Porträts mit weicher oder glatter Hautstruktur weniger als Charakterporträts, bei denen HDR eine kontrastreichere Haut noch stärker betonen oder eine im Bild vorhandene Dramatik steigern kann. Dass über eine leere Voreinstellung oder eine ausschließliche HDR-Fusion ohne Tonemapping Porträts sehr gut geeignete Motive

◀ Originalbild. Wenn bei einem Porträt wie diesem die Dramatik noch gesteigert werden soll, bietet HDR projects Lösungen.

85 mm :: f/10 :: 1/125 s :: ISO 100 :: RAW

▶ **Voreinstellung** Natürlich Ausgewogen **mit reduzierter Dynamik, um die Farbigkeit herauszunehmen. (Model: Julia)**

sein können, haben Sie bereits erfahren. Ein häufig vorkommender Fehler ist, dass ohne das nötige Feingefühl zu grob mit dem Tonemapping gearbeitet wird, was das Gesicht unnatürlich verfärbt und entstellt. Hier können Sie wieder auf die Stärke Ihrer Software setzen: Weil Sie nicht auf vorgefertigte Lösungen angewiesen sind und jederzeit überall in der Lage sind einzugreifen, können Sie HDR projects auch in der Porträtfotografie bewusst einsetzen und zu ungewöhnlichen, gar dramatischen Ergebnissen kommen.

▲ **Originalbild.** (Model: Galina)
50 mm :: f/3.5 :: 1/80 s :: ISO 100 :: RAW

◀ **Voreinstellung** Künstlerisch/Sepia Duotone **mit Körnung** ISO 1000, **Effekt** RGB-Transformation.

Kunstbilder stellen die Software vor eine Herausforderung: Zwar sollen die Strukturen und Farbnuancen optimal sichtbar werden, aber auf gar keinen Fall dürfen die Farben verfälscht werden. Daher kommen nur wenige Voreinstellungen infrage, z. B. *Natürlich/Ausgewogen*, und der *Dynamik*-Regler muss im Zweifel die Farbechtheit garantieren.

▶ Original-RAW-Dateien, von links nach rechts: Kräftemessen IX, Kräftemessen X, Kräftemessen XI. (Bilder: Christiane Middendorf)

85 mm :: f/9 :: 1/30 bis 5 s :: ISO 100 :: je 3 Belichtungsreihen

▶ In dem um 200 % vergrößerten Bildausschnitt glänzt das HDR-Bild mit allen Farb- und Strukturdetails.

▼ **Voreinstellung** Natürlich Ausgewogen: kräftige Farbsinfonie ohne verfälschende Farbsättigung.

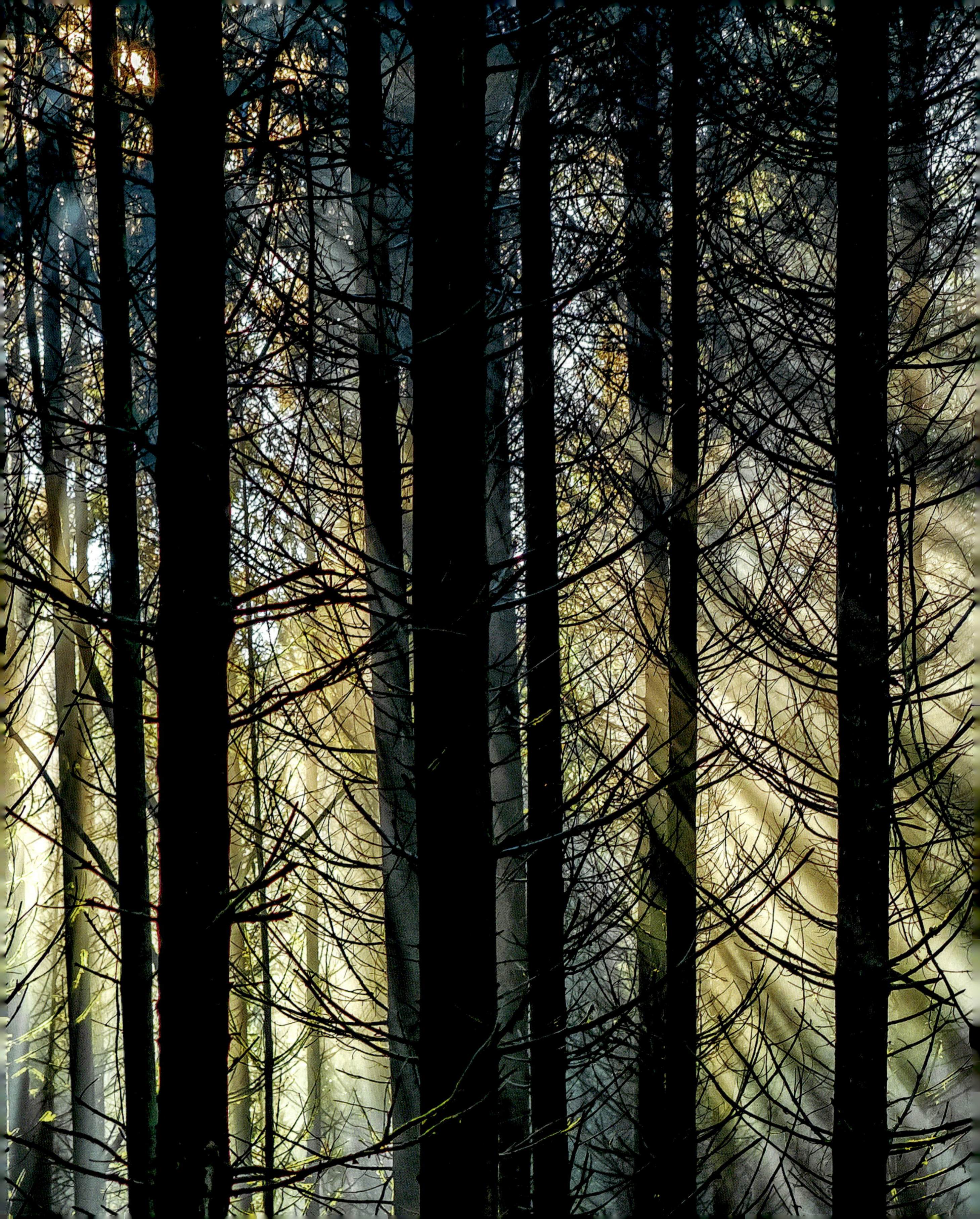

Kapitel 7

WORKFLOW MIT BELICHTUNGS-REIHEN UND RAW

- **Arbeitsablauf mit Belichtungsreihen** 142
  Eine Belichtungsreihe auswählen und einladen 143

- **Zuerst das RAW!** 148
  Besonderheiten im Modul RAW-Entwicklung 150

- **RAW-Funktionen kurz vorgestellt** 155
  Rauschverhalten und Schärfe überprüfen 157
  Chromatische Aberrationen mindern oder beseitigen 158
  Perspektivische Korrekturen und Entzerrungen 159
  Spezialeffekte für schon hoffnungslose Fälle 161
  Überblick über weitere RAW-Funktionen 164

- **Dodge-and-burn** 164

- **Geisterbilder entfernen** 166
  Einsatz der automatischen Geisterbildkorrektur 166
  Auf Geisterjagd mit dem Bildsequenz-Player 168

- **Belichtungsreihe und Gewichtungen** 169
  Für Detailverliebte: Belichtungsreihe manipulieren 170
  Bearbeitungsbeispiel einer manuellen Manipulation 171

- **Post-Processing im Finalisieren-Modus** 176
  Festlegen einer passenden Voreinstellung 176
  Mehrere Voreinstellungen auf einen Blick 179
  Optimierungen ganz nach Ihrem Geschmack 188
  Erlernte Trends wieder auf null zurückstellen 191

▲ Schneebefleckte Gipfel in Patagonien, erstellt aus einer Belichtungsreihe von drei Einzelbildern. Eine Belichtungsreihe muss für optimale Ergebnisse den tatsächlichen Kontrastumfang einer Szene komplett abdecken. Zudem müssen die Aufnahmen der Belichtungsreihe deutlich unterschiedlich belichtet sein – am besten mit Unterschieden von zwei Lichtwerten.

■ Die beantwortete Frage im vorherigen Kapitel nach den Vorteilen einer Belichtungsreihe führt uns jetzt zum Vorschlag eines sinnvollen »großen« Workflows. Dieser Vorschlag ist als Anregung gedacht und so angelegt, dass Sie vor und nach jedem Bearbeitungsschritt weitere Veränderungen nach Ihren persönlichen Vorstellungen einbauen können. Diese Meilensteine, die die wesentlichen Beurteilungsmerkmale und ihre Korrekturmöglichkeiten aufzeigen, sollen Ihnen als Orientierung und Inspiration für eigene Experimente dienen.

ARBEITSABLAUF MIT **BELICHTUNGSREIHEN**

Die Arbeit mit Belichtungsreihen steht in diesem Workflow im Mittelpunkt, aber natürlich gilt alles hier Beschriebene auch für Einzelbilder. Daher werden Sie solche Bildbeispiele auch auf den folgenden Seiten sehen. Eines der herausragenden Merkmale von HDR projects ist, dass es eben keine zwingende Reihenfolge bei den Bearbeitungsschritten gibt. Das heißt, Sie können immer wieder nach

Lust und Laune Bearbeitungen verwerfen oder modifizieren, egal an welcher Stelle des Workflows Sie sich befinden. Ein Vorschlag für eine systematische Reihenfolge ergibt dennoch Sinn, damit Sie einen besseren Überblick haben und ich Ihnen zeigen kann, wo die elementaren Eingriffsmöglichkeiten zur Bildoptimierung liegen.

Widmen wir uns also zunächst den vorgeschlagenen vier Bearbeitungsschritten und den sich daraus ergebenden Einstellungsmöglichkeiten:

1. Auswahl und Einladen der Belichtungsreihe.
2. RAW-Entwicklung im RAW-Modul.
3. Geisterbilder entfernen, Belichtungsreihe selektiv beeinflussen im Modul *Gewichte bearbeiten*.
4. Das Post-Processing mit einem Überblick über die Optionen und Anwendungsbeispiele im *Finalisieren*-Modus.

Eine Belichtungsreihe auswählen und einladen

Belichtungsreihen können Sie über ganz verschiedene Wege auswählen und ins Programmfenster hineinziehen. Alle Wege sind gleichberechtigt, entscheiden Sie sich also für Ihren Lieblingsweg, z. B. über *Datei/Belichtungsreihe einladen*.

Im neuen HDR projects können Sie bis zu 100 Bilder einladen!

Bilder einer Belichtungsreihe einladen
Wählen Sie *Datei/Belichtungsreihe einladen*, suchen Sie den entsprechenden Ordner aus, markieren Sie die Bilder aus der Belichtungsreihe und bestätigen Sie mit *OK*. Nach kurzer Bearbeitungszeit sehen Sie wie gewohnt das erste automatisch vorgeschlagene Bildergebnis mit dem HDR-Stil *Ausgewogen* und der Voreinstellung *Natürlich Ausgewogen*.

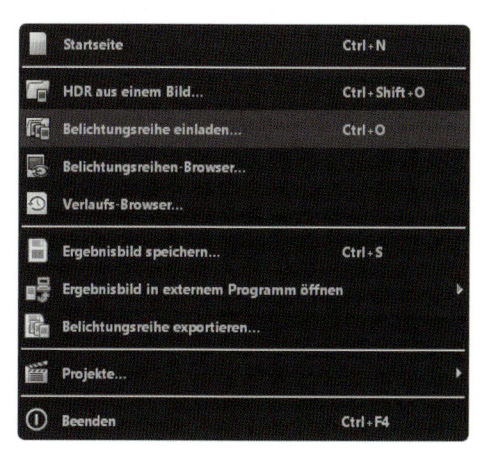

◀ **Im Menü** Datei **finden Sie den Befehl** Belichtungsreihe einladen.

BEARBEITEN IN JEDE RICHTUNG

Ein weiterer Vorschlag für eine systematische Vorgehensweise ist: Bearbeiten Sie so, wie Sie lesen: von links nach rechts und von oben nach unten. Das bedeutet, dass zuerst die Eingriffsmöglichkeiten auf der linken Seite bearbeitet werden – RAW und Belichtungsreihe links mit den jeweils dazugehörigen spezifischen Parametern auf der rechten Seite – und danach das Post-Processing mit den Voreinstellungen auf der linken Seite und den dazugehörigen Abstimmungen im *Finalisieren*- oder *Experte*-Modus wieder auf der rechten Seite. So kann nichts vergessen oder übersehen werden!

▼ Bilddateien markieren und die Auswahl mit Öffnen bestätigen.

▲ Der erste unverbindliche HDR-Bildvorschlag.

144 | KAPITEL 7

Vorschau im Belichtungsreihen-Browser

Der *Belichtungsreihen-Browser* bietet, sofern gewünscht, die Möglichkeit einer Vorschau der ganzen Belichtungsreihe. Das geht am schnellsten, wenn Sie nur eine Belichtungsreihe pro Ordner haben. Befinden sich viele Belichtungsreihen in einem Ordner, werden sie automatisch vorsortiert, und Sie können über Anklicken des Vorschaubilds die gewünschte Reihe einladen.

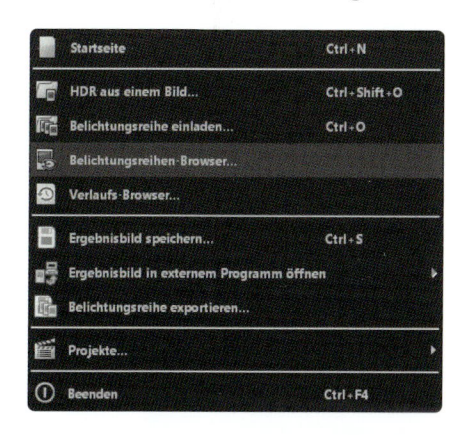

◀ **Bildreihe über** Datei/Belichtungsreihen-Browser **auswählen.**

▼ **Im rechten oberen Fensterbereich wählen Sie über die Schaltfläche ... den entsprechenden Quellordner aus.**

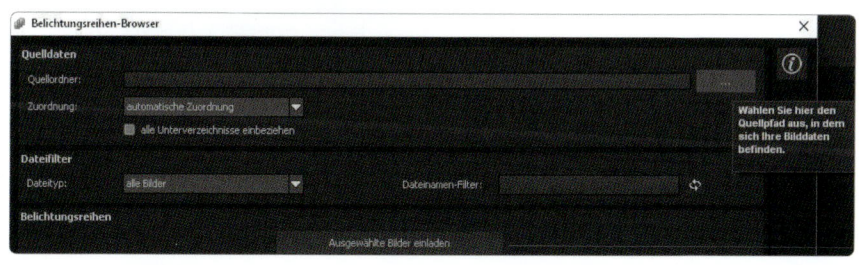

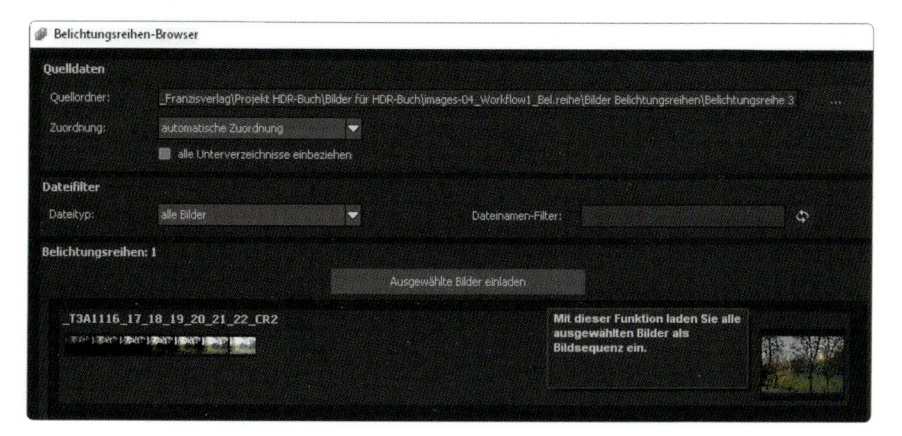

▲ **Der** Belichtungsreihen-Browser **zeigt Ihnen eine Thumbnail-Vorschau der geladenen Belichtungsreihe.**

WORKFLOW MIT BELICHTUNGSREIHEN UND RAW | 145

Wenn Sie jetzt mit dem Mauszeiger über ein Bild aus der Belichtungsreihe oder über das rechte Vorschaubild fahren, vergrößert es sich automatisch, und Sie erhalten sozusagen einen Vorabeindruck von dem, was Sie erwartet.

▶ Sie können durch Darüberfahren mit dem Mauszeiger in jedes Bild hineinzoomen und es vergrößert darstellen.

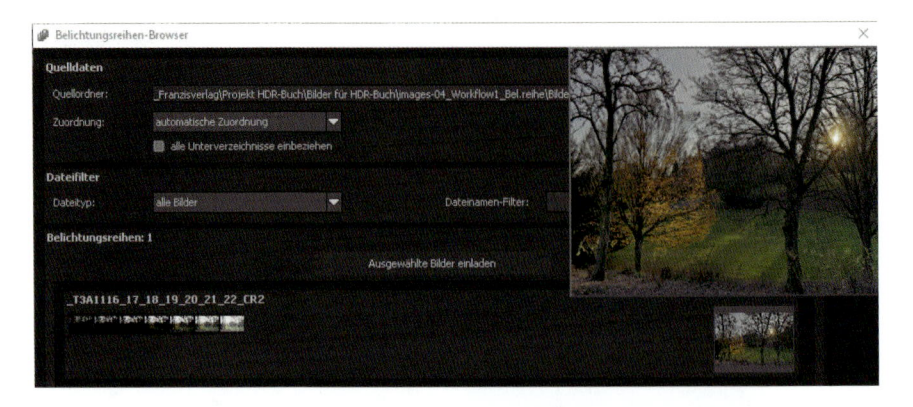

▶ Wenn Sie einen Ordner mit vielen Belichtungsreihen wählen, öffnen Sie per Doppelklick das Vorschaubild.

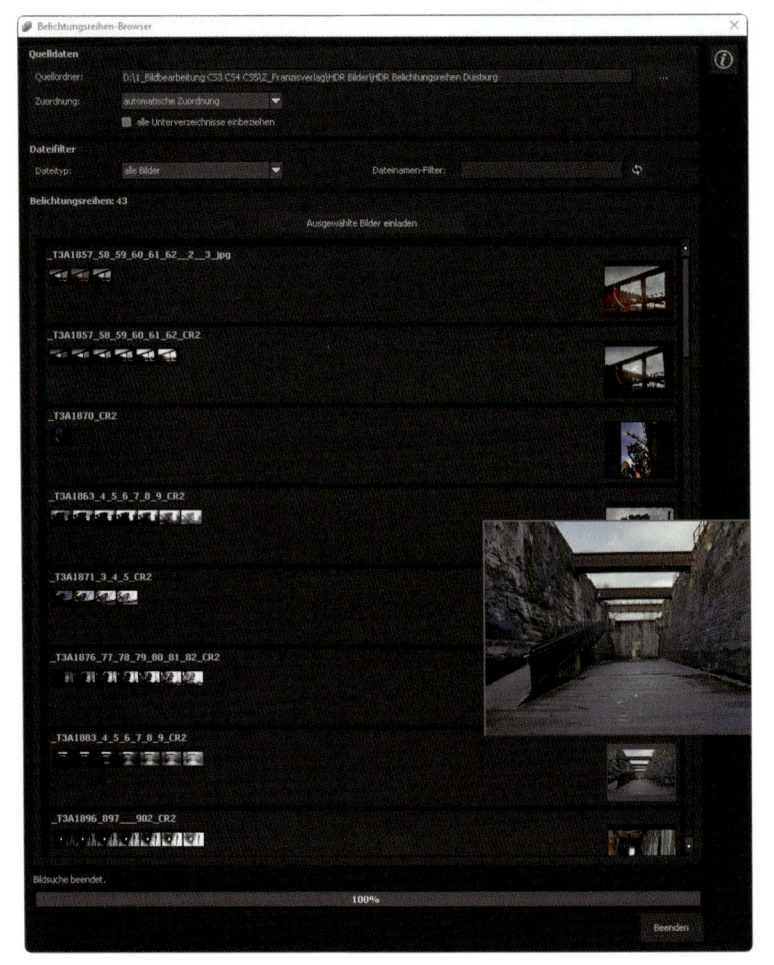

Einladen via Bridge per Drag-and-drop

Falls Sie mit Photoshop oder Lightroom arbeiten, steht Ihnen hier oft der schnellste Weg zur Verfügung. Sobald Sie Adobe Bridge aufgerufen haben, erscheint das Programmsymbol unten in der Taskleiste. Markieren Sie alle gewünschten Bilder und ziehen Sie sie per Drag-and-drop auf das Symbol. Halten Sie die linke Maustaste noch gedrückt: Im gleichen Augenblick wird das Eingangsbild von HDR projects geöffnet. Wenn Sie jetzt die linke Maustaste nach oben ins Projektfenster bewegen und dann loslassen, sehen Sie nach kurzer Bearbeitungszeit das erste automatisch vorgeschlagene Bildergebnis mit der Voreinstellung *Natürlich Ausgewogen*. Das funktioniert auch aus jedem anderen Browser heraus.

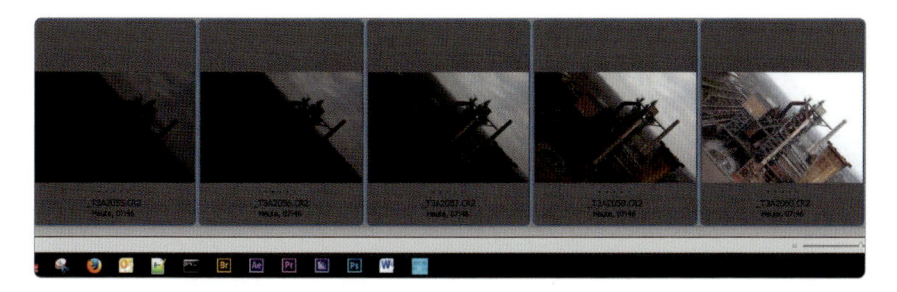

▲ Dateiimport aus der Adobe Bridge per Drag-and-drop.

▲ Mit weiterhin gedrückter Maustaste ...

▲ ...ziehen Sie die Belichtungsreihe in das Projektfenster und sehen sofort das erste Ergebnisbild.

▼ Die Belichtungsreihe per Drag-and-drop aus dem Explorer heraus zu importieren …

Einladen via Explorer per Drag-and-drop

Die Möglichkeit, Belichtungsreihen über den Windows-Explorer einzuladen, wurde bereits beim Einzelbildimport beschrieben.

| Blende 9, 40 mm, 1/4000 s | Blende 9, 40 mm, 1/2000 s | Blende 9, 40 mm, 1/1000 s | Blende 9, 40 mm, 1/500 s | Blende 9, 40 mm, 1/250 s |

▲ … führt wieder zum gewohnten Eingangsbild – hier der Medienhafen in Düsseldorf.

ZUERST DAS **RAW**!

Sie werden in Ihrem Workflow schnell merken, dass es Sinn ergibt, vor allen weiteren Bearbeitungsschritten zunächst im RAW-Modul nach ersten Optimierungsmöglichkeiten zu schauen.

Die technische Begründung aus Sicht des Programms ist, dass alles, was Sie in RAW machen, an erster Stelle steht und als Basis für die nächste Bearbeitungsstufe dient. Das heißt, die hier vorgenommenen Veränderungen wirken sich auf alles aus, was danach kommt – z. B. die HDR-Fusion, das Zusammenfügen des

HDR-Bilds. Besonders die automatische Geisterbildkorrektur, die später erklärt wird, ist davon betroffen und führt je nach Reihenfolge der Bearbeitung zu anderen Ergebnissen.

Natürlich können Sie später, sooft Sie wollen, wieder zu RAW zurückkehren und Ihre Einstellungen korrigieren oder ergänzen, es geht nichts verloren. Auch von den eventuellen Änderungen im Post-Processing geht nie etwas verloren, wenn Sie wieder zu RAW zurückkehren. Ausschließlich werden die »rohen« Bilddaten der Belichtungsreihe oder des Einzelbilds wieder verändert.

Dass der Teufel im Detail stecken kann, zeigt das Beispiel mit der Sensorkorrektur. Wenn Sie sie erfolgreich durchgeführt haben und anschließend in RAW, z. B. bei der Verzeichnungskorrektur, das Bild etwas nach links oder rechts drehen, wirkt sich das natürlich auf die gerade entfernten Sensorflecken aus: Die ärgern Sie dann wieder.

◀ Ein einfacher Klick auf den RAW-Button öffnet das Modul RAW-Entwicklung.

Im Folgenden stelle ich Ihnen einige Kategorien, die aus meiner Sicht besonders erwähnenswert sind, etwas detaillierter vor, damit Sie sich mit der Systematik vertraut machen können. Die weiteren Eingriffsmöglichkeiten werden zum Schluss anhand eines Überblicks erwähnt.

DAS RAW-MODUL

Im Modul *RAW-Entwicklung* können Sie die eingeladenen Rohdaten verlustfrei bearbeiten. Und das Schönste daran ist: Alle Änderungen, die Sie hier vornehmen, z. B. Ausrichten der Horizontlinie, Korrektur von Verzeichnungen, Entrauschen, Belichtungskorrektur etc., werden sofort synchron auf alle Bilder der Belichtungsreihe angewandt. Das heißt, dass Sie sämtliche Einstellungen nur einmal vornehmen müssen oder bei Bedarf nur einmal zurücksetzen müssen.

◀ Übersicht: links die RAW-Dateien, rechts die Bearbeitungskategorien, in der Mitte die Vorschau.

5er-Belichtungsreihe ::
24–105 bei 55 mm :: f/9 ::
1/200 bis 1/250 s ::
ISO 320

Im Modul *RAW-Entwicklung* haben Sie die einmalige Gelegenheit, vor allen anderen Bearbeitungsschritten oder automatischen Vorschlägen des Programms einige grundlegende Korrekturen vorzunehmen – z. B. ungewollte Verzerrungen berichtigen, Bilder gerade ausrichten oder zu starkes Rauschen reduzieren. Beliebt ist auch, die Klarheit zu beeinflussen oder bei den Effekte-Reglern die Spitzlichter so weit wie möglich zu retten.

Besonderheiten im Modul RAW-Entwicklung

Falls Sie mit Photoshop arbeiten oder gearbeitet haben, werden Sie sich sehr schnell zurechtfinden, weil die Systematik sowie die einzelnen Kategorien und ihre Möglichkeiten der Beeinflussung sehr ähnlich sind. Bevor es mit den praktischen Bearbeitungsbeispielen weitergeht, gibt es einige Besonderheiten, die man kennen sollte:

Kein direkter Vorher-Nachher-Vergleich

Es gibt keinen direkten Vorher-Nachher-Vergleich! Wenn Sie z. B. zuerst im Post-Processing probeweise eine Voreinstellung aufgerufen haben, anschließend in RAW einige Veränderungen vornehmen und anwenden und wieder zum Post-Processing wechseln, um den Unterschied und den Einfluss Ihrer Veränderungen zu überprüfen, funktioniert ein Rückschritt nicht einfach per Klick, weil die dazu erforderliche Rechenleistung fast alle Rechner überfordern würde.

Es gibt aber mehrere Lösungsangebote:

▸ Sie können einen Undo-Punkt setzen, bevor Sie zu RAW wechseln. Dann nehmen Sie die gewünschten Änderungen in RAW vor, bestätigen sie mit *Anwenden*, und das Programm wechselt automatisch zurück zur Voreinstellung mit den eingeflossenen RAW-Änderungen. Jetzt setzen Sie den nächsten Undo-Punkt und können schon in der Vorschau die Unterschiede sehen. Im Beispielbild habe ich die Änderungen in Richtung *Kühle Stimmung* – durch Ziehen des *Weißabgleich*-Reglers nach links – bewusst so übertrieben, dass sie sofort ins Auge springen.

Möchten Sie das kühle Bild in voller Größe sehen, klicken Sie auf das Symbol rechts oben neben der Miniatur in der Timeline.

▸ Oder Sie können beide Bilder – vor der RAW-Bearbeitung und nach der RAW-Bearbeitung – jeweils als *Ergebnisbild speichern* und haben dann den direkten Vergleich in voller Auflösung.

▸ Oder Sie speichern das Kameraprofil nach der Abfrage zum *Anwenden*.

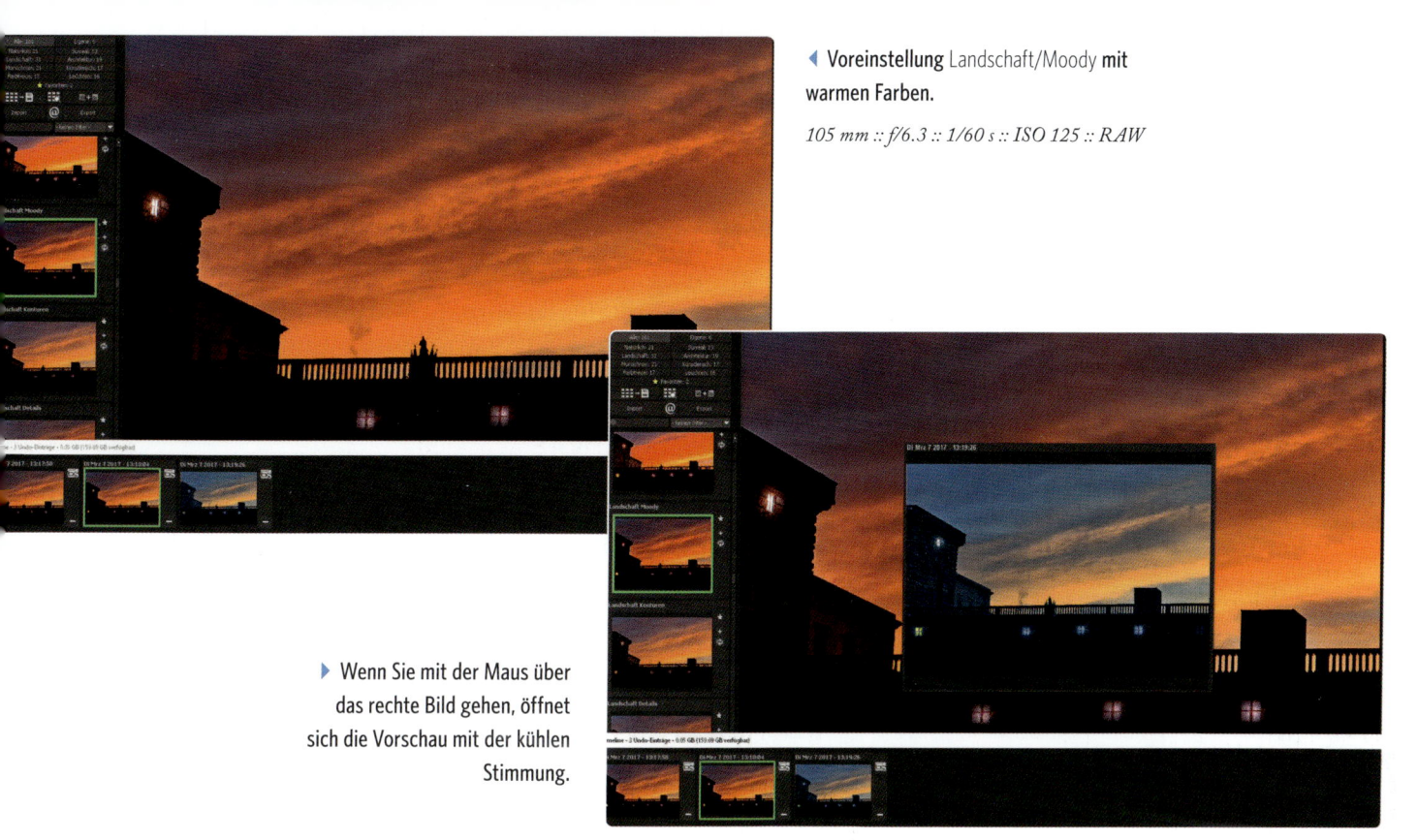

◀ **Voreinstellung** Landschaft/Moody **mit warmen Farben.**

105 mm :: f/6.3 :: 1/60 s :: ISO 125 :: RAW

▶ Wenn Sie mit der Maus über das rechte Bild gehen, öffnet sich die Vorschau mit der kühlen Stimmung.

Kameraprofil speichern ja oder nein?

◀ Ein Klick auf Anwenden öffnet die unten stehende Option.

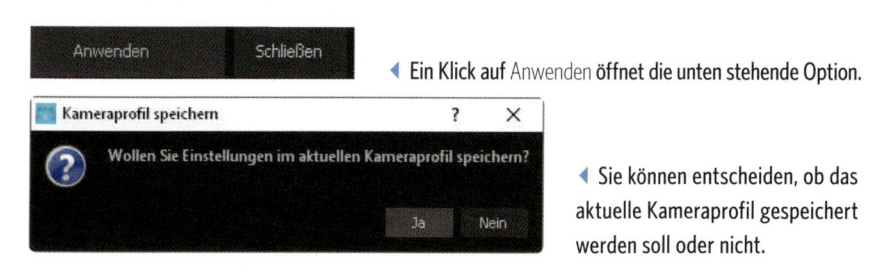

◀ Sie können entscheiden, ob das aktuelle Kameraprofil gespeichert werden soll oder nicht.

Der Unterschied zwischen den beiden Entscheidungsmöglichkeiten, wenn Sie auf *Anwenden* klicken, um Ihre Änderungen für alle weiteren Bearbeitungsschritte im Post-Processing zu übernehmen, ist bedeutsam. Wenn Sie im dann geöffneten Dialogfenster *Ja* anklicken, danach weitere Bildveränderungen z. B. über Voreinstellungen und Effekte vornehmen und irgendwann noch einmal zu RAW zurückkehren möchten, hat sich das Programm Ihre Einstellungen gemerkt, und Sie können auf der rechten Seite alle Reglereinstellungen sehen, die Sie vorher vorgenommen haben!

Das ist aber noch nicht alles. Laden Sie ein anderes Bild ein, das wie im Beispielbild mit der Canon D5 MK IV mit ISO 320 aufgenommen wurde, werden sofort die hier gemachten Einstellungen auf das neue Bild übertragen – aber immer nur beim selben Kameratyp und derselben ISO-Zahl.

▶ Die geänderten Einstellungen – hier zu sehen in der Kategorie Belichtung – werden als Kameraprofil gespeichert und können immer wieder aufgerufen werden.

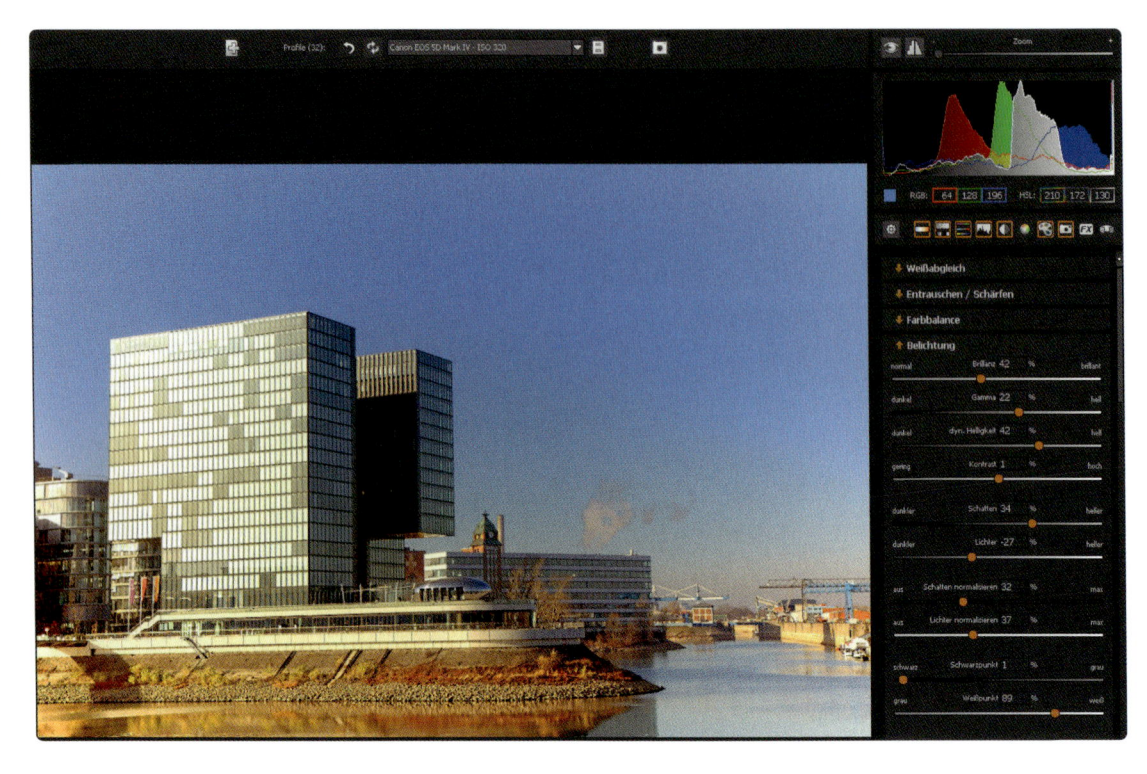

Auch wenn Sie diese Option mit *Nein* abwählen, werden natürlich alle Ihre Eingaben übernommen und angewandt, das Profil wird aber nicht gespeichert – und wenn Sie irgendwann zu RAW zurückkehren, sehen Sie auf der rechten Seite alle Regler in den Grundeinstellungen und können Ihre vorherigen Einstellungen wahrscheinlich nicht mehr nachvollziehen! Das gilt natürlich auch für das Einladen eines anderen Bilds, selbst wenn es mit derselben Kamera und derselben ISO-Zahl gemacht wurde.

Das Programm merkt sich nur mit der Option *Ja* jede Kamera und die ISO-Zahl, mit der das jeweilige Bild gemacht wurde, und erstellt dafür ein Profil. Die ISO-Zahl ist deshalb wichtig, da die Rauschwerte stark von den ISO-Werten abhängen.

▶ Oder Sie speichern alle Regleränderungen direkt im Kameraprofil.

Es gibt jetzt eine weitere interessante Option, bei der Sie unter anderem Ihre geänderten RAW-Einstellungen speichern können: Direkt neben der Anzeige des aktuellen Kameraprofils können Sie die »alten« Voreinstellungen überschreiben.

▲ Mit Klick auf die Schaltfläche rechts neben dem Kameraprofil öffnen Sie den Abfragedialog.

▲ Hier können Sie sofort Ihre aktuellen Reglereinstellungen als neues Profil speichern.

Es geht aber noch viel mehr: Mit Klick auf den Pfeil rechts neben dem – automatisch gewählten – Profil öffnen Sie die *Liste aller gespeicherten Benutzerprofile*.

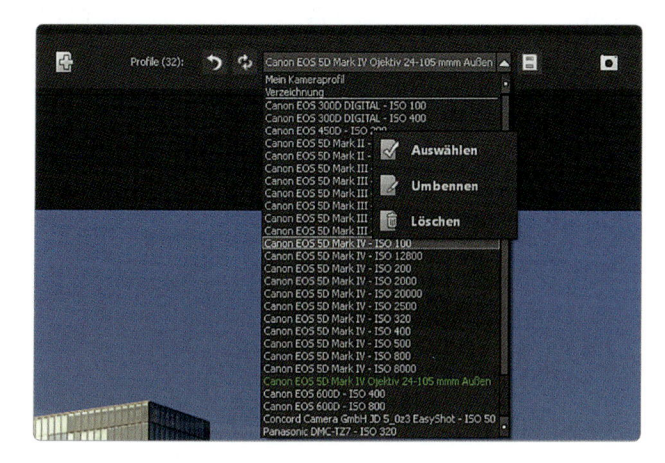

◀ Mit einem Rechtsklick auf ein Profil gelangen Sie in ein Kontextmenü.

Ein Rechtsklick auf das Profil Ihrer Wahl – hier Canon EOS 5D MK IV – öffnet das Kontextmenü, das Ihnen Folgendes bietet:

▶ Sie können ein beliebiges Profil aus der Liste wählen. Wenn Sie dann in den einzelnen Kategorien Regleränderungen vornehmen, können Sie diese durch Klick auf das Symbol rechts neben dem Kontextmenü speichern. Möchten Sie zu dem ursprünglichen Profil zurückkehren, klicken Sie auf das Symbol oben rechts außen.

▶ Sie können das Profil umbenennen oder löschen.

▶ Sie können ein eigenes Profil anlegen – für viele Benutzer besonders spannend.

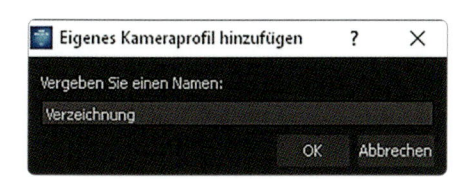

◀ Vergeben Sie hier einen sprechenden Namen.

Beispiel: Durch Klick auf das Plussymbol (oben links) vergeben Sie einen aussagekräftigen Namen, der für das steht, was Sie machen möchten, und bestätigen ihn mit *OK*. Dann ändern Sie in einer oder mehreren Kategorien die Regler nach Wunsch – in diesem Fall ziehen in der Kategorie *Verzeichnung* die *Objektivkorrektur* ganz nach rechts Richtung *Kissen* – das ist selten sinnvoll, demonstriert aber gut die Wirkung.

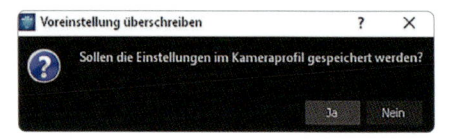

◀ Hier bestätigen Sie Ihre Regleränderungen.

Anschließend speichern Sie diese Änderung durch Klick auf Symbol rechts neben den Kameraprofilen und bestätigen alles im Dialogfenster mit *OK*.

▶ **Eigenes Profil** Verzeichnung: **Alle Bilder/Belichtungsreihen haben jetzt diese kissenförmige Verzerrung.**

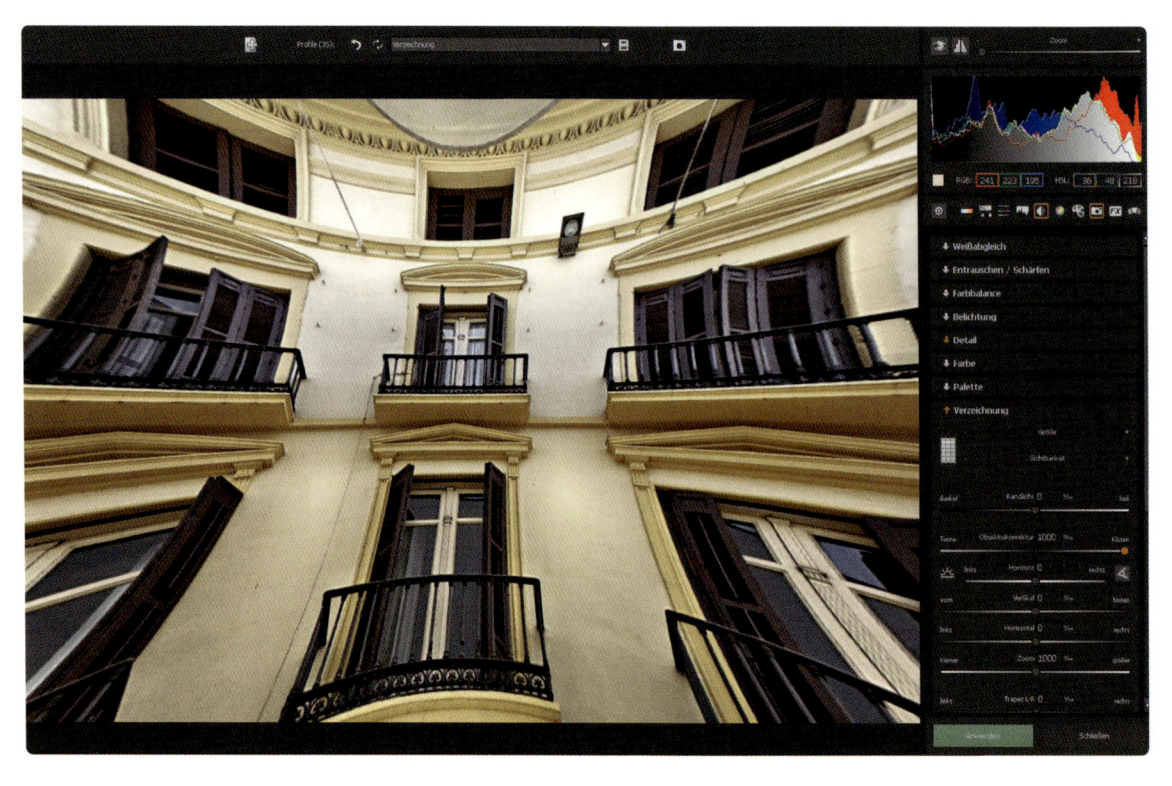

Wenn Sie jetzt irgendein anderes Bild oder eine Belichtungsreihe einladen und Ihr eigenes Profil *Verzeichnung* auswählen, werden sofort alle in diesem Profil gespeicherten Reglereinstellungen angewendet.

Anmerkung: Bei einem genaueren Blick sehen Sie, dass rechts bei den Kategorien zwei Pfeile orange eingefärbt sind: vor *Verzerrung* und vor *Details*. Daran erkennen Sie sofort, in welchen Kategorien Reglermanipulationen stattgefunden haben. Im Beispiel habe ich nach dem Import bei *Details* nachträglich noch die *Klarheit* erhöht – das fällt sofort auf.

Bei m Anlegen Ihrer selbst erstellten Profile können Sie z.B. auch mit verschiedenen Objektiven und deren spezifischen Verzeichnungen experimentieren oder eigene Profile für Innen- oder Außenaufnahmen abspeichern – bis zu 250 sind möglich!

RAW-FUNKTIONEN KURZ VORGESTELLT

Was sieht man auf der linken Seite des Arbeitsfensters? In der 5er-Belichtungsreihe hat das Programm das Masterbild an die dritte Stelle von oben bzw. in die Mitte gesetzt. Beim Masterbild handelt es sich immer um das Bild aus der Belichtungsreihe, bei dem HDR projects davon ausgeht, dass es der richtigen Belichtung – der 0-EV-Belichtung oder dem Mittelwert – am nächsten kommt. Diesem zentralen Bild mit etwa dieser Helligkeit wird später das HDR-Ergebnisbild am meisten ähneln.

◀ **Bei diesem Masterbild geht die Software davon aus, dass es richtig belichtet ist.**

◀ Auf der rechten Seite sehen Sie die Farbverteilung im Bild (Histogramm) und alle Kategorien.

Was zeigt die rechte Seite des Arbeitsfensters? Unterhalb des Histogramms werden die Werte der RGB-Farben und HSL-Abstufungen eingeblendet. Wenn Sie mit der Maus über das Bild fahren, können Sie sofort die entsprechenden Werte ablesen. Führen Sie z. B. einen Weißabgleich durch, zeigt das Histogramm, ob die Farben aus Ihrer Sicht jetzt richtig sind. Unter dem Histogramm können Sie durch Klick auf die angezeigten Symbole die einzelnen Kategorien aufrufen.

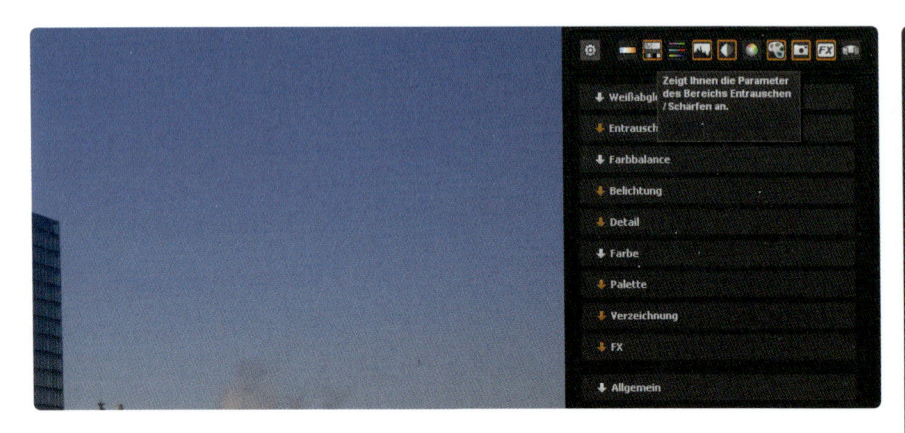

▲ Sie können die einzelnen Kategorien auch per Klick auf die Bezeichnung oder den Pfeil öffnen.

▶ Mit Klick auf den Reset-Button können Sie alle Änderungen rückgängig machen.

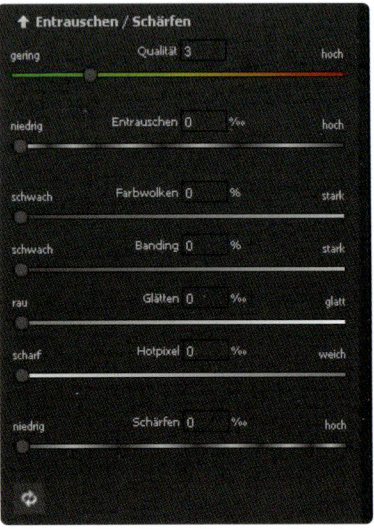

Unterhalb dieser Symbole haben Sie ebenfalls die Möglichkeit, die Optionen der gewünschten Kategorie einfach durch Klick auf die Bezeichnung oder den Pfeil links daneben zu öffnen und dann die individuellen Grundeinstellungen zu ändern.

Ein Vorschlag für die Prüfung der Reglereinstellungen zeigt nachfolgend den Umgang mit dem RAW-Modul beispielhaft auf.

Rauschverhalten und Schärfe überprüfen

Ich gebe zu, dass dieser und der nächste Punkt nicht gerade prickelnd und fantasieanregend wirken, je nach Ausgangsbild haben sie aber einen ganz entscheidenden Einfluss auf die Qualität des finalen HDR-Bilds, weil sich die hier sichtbaren Fehler durch alle weiteren Bearbeitungsprozesse ziehen.

◀ Hohe Qualität: bestes Ergebnis und intensivste (längste) Rechenleistung.

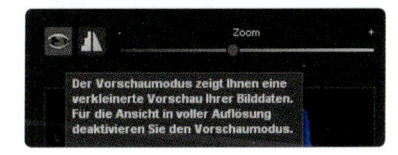

◀ Ein Klick auf das Augensymbol links oben vergrößert das Vorschaubild auf 100 %.

Sie können den *Zoom*-Regler auch ganz nach rechts bis zum Anschlag schieben. Dann sehen Sie deutlich ein Farbrauschen im Bereich des Himmels, was aus der Distanz gar nicht auffiel.

▲ Stellen Sie den Regler so ein, dass das Farbrauschen so gerade verschwindet.

▲ Das Farbrauschen können Sie mit dem Regler Farbwolken eliminieren.

Wenn Sie den Regler erst so weit nach rechts schieben, bis das Farbrauschen vollständig verschwunden ist, und dann langsam nach links, bis es gerade noch weg ist, haben Sie den richtigen Wert gefunden.

Diese Methode des Herantastens an den Wert, der die Störungen gerade noch beseitigt, aber nichts übertreibt und keine wichtigen Bildinformationen zerstört, ist auch empfehlenswert bei allen weiteren Einstellungen, z. B. dem normalen Bildrauschen (Regler *Entrauschen*). Gerade hier ist das Herantasten an den niedrigsten Korrekturwert besonders wichtig, weil das Bild sonst schnell weich wird.

▲ Das Farbrauschen ist vollständig eliminiert.

Ähnlich können Sie bei den anderen Parametern dieser Kategorie vorgehen und die Wirkung auf das Bild testen, z. B. beim Schärfen.

Die *Entrauschen*-Regler beseitigen die Hauptursachen der möglichen Rauschursachen wirkungsvoll – im Schwesterprogramm DENOISE projects ist das Entrauschen die Kernkompetenz und geschieht dort noch detaillierter und professioneller.

Chromatische Aberrationen mindern oder beseitigen

Unter *Farbe* können Sie ganz subtil und differenziert chromatische Aberrationen, die sich in hässlichen Farbsäumen äußern, in den Farben *Grün*, *Blau* und *Rot* beseitigen.

Im vorliegenden Fall eines grünen Farbsaums empfehle ich, den Lichtbeugungsregler *Grün* so weit nach links bis zur Grenze zu Lila zu ziehen und danach den Farbsaumregler so weit nach rechts, bis der Farbsaum so gut wie weg oder überhaupt nicht mehr sichtbar ist.

▲ Ein typischer Farbsaum beim Übergang vom Haus zum Himmel.

Tipp: Falls die Farbsäume nicht vollständig weg sind, können Sie Ihre Einstellungen mit *Anwenden* bestätigen und danach noch einmal RAW aufrufen – dann sind sie entweder verschwunden oder können ein weiteres Mal korrigiert werden.

▲ Die Farbsäume sind vollständig entfernt.

Perspektivische Korrekturen und Entzerrungen

In der Kategorie *Verzeichnung* stehen Ihnen diverse Korrektur- oder Veränderungsmöglichkeiten zur Verfügung, z. B.:

▶ Beeinflussen der Randlichter, was wie eine Vignette wirkt. Dabei geht es darum, den Randlichtabfall der Objektive zu korrigieren.

▶ Vertikale oder horizontale perspektivische Korrekturen und Trapez-Entzerrungen.

▶ Strecken des Bilds in der Höhe oder Breite.

▶ Verschieben des Bilds nach links oder rechts.

▶ Das Bild mit dem Regler *Horizont* mit einer gezogenen Linie ausrichten.

Diese neue Funktion macht das Ausrichten eines Bilds ganz einfach.

▶ Schiefer Blick auf Leipzig. Zur Orientierung blendet ein Klick auf das Gittersymbol die Hilfslinien ein oder aus.

35 mm :: f/11 :: 1/250 s :: ISO 100 :: RAW

▶ Klick auf das Sonnensymbol, eine Linie entlang des Horizonts ziehen – fertig.

Wenn Sie das Sonnensymbol anklicken, erscheint ein Kreuz, das Sie links im Bild an der Horizontlinie ansetzen. Wenn Sie jetzt bei gehaltener Maustaste eine Linie nach rechts entlang des Horizonts ziehen, sehen Sie die Pfeilspitze und können die Linie so weit wie gewünscht bis zum rechten Bildrand ziehen.

▲ Das Bild ist perfekt ausgerichtet. Die Regler, die zur Korrektur bewegt wurden, leuchten orange.

Wenn Sie die Maustaste loslassen, ist der Horizont automatisch begradigt. Natürlich können Sie Ihre Begradigungslinie auch an Gebäudekanten oder anderen Orientierungspunkten ausrichten, die für Ihre Bildausrichtung entscheidend sind.

Spezialeffekte für schon hoffnungslose Fälle

Der Regler *Spitzlichter* in der Kategorie *FX* holt selbst in ziemlich hoffnungslosen Fällen noch viele Details aus Überstrahlungen zurück und macht sie sichtbar. In Verbindung mit dem Regler *Dunst & Nebel*, der ebenfalls viele Strukturen aus sehr diffusen Lichtverhältnissen zaubert, kann man tatsächlich von einer wirkungsvollen Rettungsaktion sprechen, was das folgende Bildbeispiel eindrucksvoll zeigt.

Diesen Effekt gibt es auch im Post-Processing, hier wird er aber sofort auf die gesamte Belichtungsreihe angewandt und sorgt dafür, dass das HDR-Bild anschließend mehr sichtbare Informationen enthält.

▲ Mit den FX-Spezialeffekten können Sie z. B. Spitzlichter retten.

WORKFLOW MIT BELICHTUNGSREIHEN UND RAW | 161

▲ **Die Lichter drohen komplett auszufressen.**

85 mm :: f/8 :: 1/800 bis 1/40 s :: ISO 100 :: 6er-Belichtungsreihe

▶ **Die beiden Regler** Spitzlichter retten **sowie** Dunst & Nebel **bewirken Erstaunliches!**

▲ Die Effekte-Palette als Mittel zur Bildgestaltung.
45 mm :: 1/200 s :: ISO 100

▼ Die Verlaufsregler können Sie z. B. zur Kontraststeigerung und für Hell-Dunkel-Verläufe einsetzen.

WORKFLOW MIT BELICHTUNGSREIHEN UND RAW | **163**

EFFEKTE UND BILDGESTALTUNG

Wenn Sie bei Landschaftsaufnahmen den Regler *Verlauf oben* auf einen dunklen Wert setzen, erzeugen Sie einen Verlaufsfilter mit der Neutraldichte (ND). Sie können hier aber auch sehr gut mit allen anderen Effekten experimentieren und schon so den Charakter der Bildstimmung maßgeblich beeinflussen – z. B. durch das Hinzufügen von Filmkorn.

Auch den Verlauf mit der Neutraldichte (ND) gibt es im Post-Processing unter *Landschaft/ND-Verlaufsfilter*. Wie Sie sehen, gibt es bereits vor den automatischen und manuellen Einflussmöglichkeiten für das HDR-Bild in RAW zahllose sinnvolle Grundkorrekturen.

Überblick über weitere RAW-Funktionen

Zum Schluss dieses RAW-Abschnitts gebe ich Ihnen einen kurzen Überblick über die nicht näher beschriebenen weiteren Kategorien. Viele der hier angebotenen Reglereinstellungen beeinflussen schon die Grundtendenz des zukünftigen Bildlooks.

Tipp: Probieren Sie die verschiedenen Angebote einfach aus. Speichern Sie die Ergebnisse als Undo-Punkt und vergleichen Sie diese Zwischenergebnisse mit den später erzielten Ergebnisbildern im Post-Processing.

▸ *Weißabgleich* – Hier können Sie unter anderem die Farbtemperatur ändern.

▸ *Farbbalance* – Damit halten Sie ein professionelles Werkzeug in der Hand, um die Farbstimmung des Bilds in eine gewünschte Richtung zu beeinflussen.

▸ *Belichtung* – Bei Bedarf können Sie *Helligkeit*, *Schatten*, *Kontrast* und *Lichter* manipulieren.

▸ *Detail* – Wie der Name sagt, können Sie in dieser Kategorie *Details*, *Mikrodetails* und *Klarheit* beeinflussen und abstimmen.

▸ *Palette* – Diese vielleicht nicht selbsterklärende Kategorie bietet Ihnen die Möglichkeit, die Sättigung einzelner Farben stärker oder schwächer zu gewichten.

Die gute Nachricht ist, dass alle aufgezeigten Bildmanipulationen nicht nur für RAW-Belichtungsreihen und RAW-Einzelbilder, sondern auch für alle JPEG-Bilder möglich sind – natürlich nicht immer so wirkungsvoll, aber immerhin.

DODGE-AND-BURN

Nach der RAW-Bearbeitung und der Bestätigung mit *Anwenden* geben Sie Ihrem Bild den nächsten Feinschliff. Sollten Sie sich gegen zu viel Details entscheiden, können Sie diesen Punkt zwar einfach überschlagen, jedoch begegnen Sie hier einem weiteren faszinierenden Alleinstellungsmerkmal und können einen Blick hinter die Kulissen von HDR projects werfen.

Ich kann hier nur die Möglichkeiten und die grundsätzliche Idee beschreiben, weil sich dieser Punkt etwas von der lieb gewonnenen einfachen und intuitiven Bearbeitung entfernt und die einzelnen Änderungen oft mehr subtil sind als sofort ins Auge springen. Sie könnten nämlich die komplette Bildserie manuell so bearbeiten, wie Sie es von der Dodge-and-burn-Technik kennen:

Alle zu dunklen Stellen werden aufgehellt (Dodge gleich Abwedeln) und alle zu hellen Stellen abdunkelt (Burn gleich Nachbelichten). Oder umgekehrt, um den Kontrast zu verstärken: Die dunklen und die hellen Stellen werden noch stärker betont. Jeder, der sich in der Bildbearbeitung regelmäßig mit diesem Thema beschäftigt, weiß, dass das etwas Feingefühl und Zeit erfordert, aber das Ergebnis lohnt den Aufwand.

Ein kurzer Rückblick auf die Theorie soll das verdeutlichen. Wenn Sie eine Belichtungsreihe erzeugen, sind in der Regel mehrere Bilder unterbelichtet oder überbelichtet, und eines sollte annähernd richtig belichtet sein. Der Sinn aller Bilder vom dunkelsten bis zum hellsten mit vielen ausgefressen Stellen ist, dass jeder Bereich des Motivs in einem der Bilder richtig belichtet sein soll. Die Herausforderung für HDR projects besteht also darin, alle richtig belichteten Pixel zu finden und sie so zusammenzurechnen, dass ein Gesamtkunstwerk mit richtiger Belichtung entsteht.

▲ Ein Klick auf das Symbol mit den drei Pinseln öffnet das Modul Gewichte bearbeiten.

▲ Ein überzeugendes Ergebnis: anstatt der Geister ein in der Gesamtheit klares und scharfes Bild.

GEISTERBILDER ENTFERNEN

Falls Sie Bildreihen mit Geisterbildern haben, ist es sinnvoll, diese zu Beginn zu entfernen, damit Ihre selektiven Bearbeitungen nicht durch eine nachträgliche Korrektur sich bewegender Personen oder Gegenstände eventuell an einigen Stellen leicht verrutschen. Die automatische und hochpräzise Geisterbildkorrektur filtert Personen und Gegenstände heraus, die sich innerhalb einer Belichtungsreihe bewegen und in den verschiedenen Einzelbildern an unterschiedlichen Positionen auftauchen (Geisterbilder). Das Ergebnis sind scharfe Personen oder Gegenstände und keine Geister.

Einsatz der automatischen Geisterbildkorrektur

Die aktivierte *Detail-Prognose* arbeitet noch gezielter und präziser, weil sie versucht, Bewegungen innerhalb der Belichtungsreihe vorauszusagen und so Geister noch genauer zu eliminieren. Daher ist es wichtig, die Vorwahl auf das jeweilige Motiv abzustimmen.

❶ Mit der Vorwahl der Parameter für *Intensität* und *Schärfe* und dem von Ihnen gewählten Typ stimmen Sie die Korrektur auf das jeweilige Motiv ab.

◀ **Die automatische Geisterbildkorrektur wird über die Checkbox** Geisterbildkorrektur **aktiviert.**

❷ Anschließend können Sie *Automatisch optimieren* anklicken. Damit versucht das Programm, die Werte der automatischen Geisterbildkorrektur optimal einzustellen. Wenn das Ergebnis wider Erwarten nicht ganz überzeugt, reduzieren oder verstärken Sie die *Intensität*.

▼ **Im zusammengesetzten HDR-Bild ohne Korrektur sind die Personen unscharf, denn sie nehmen, wie die Bildreihe zeigt, aufgrund der Bewegung unterschiedliche Positionen ein.**

50 mm :: f/9 :: 1/15 bis 1/3 s :: ISO 400 :: 4er-Belichtungsreihe

WORKFLOW MIT BELICHTUNGSREIHEN UND RAW

Auf Geisterjagd mit dem Bildsequenz-Player

Es gibt eine weitere höchst interessante Methode, um eine Bildreihe ganz schnell auf Geisterbilder zu untersuchen: das Abspielen eines Films mit dem *Bildsequenz-Player*.

▲ Ein Klick auf den Pfeil startet den Player.

Sie können das Abspielgerät vorwärts oder rückwärts laufen lassen, an jeder Stelle stoppen – dann wird unten der Dateiname eingeblendet – und die gewünschte Geschwindigkeit bestimmen. Den Gewichtungsregler (oben) schieben Sie am besten ganz nach links, um die Bilder in der Originalhelligkeit zu sehen.

In diesem Bildbeispiel mit dem gewählten Typ *Landschaft* können Sie in Sekunden erkennen, dass die Wolken innerhalb der Zeitspanne vom dunkelsten bis hellsten Bild nach oben wandern – im Bildbeispiel davor würden Sie die Positionsänderungen der einzelnen Personen erkennen.

▲ Wenn Sie den Player abspielen, können Sie im Film sofort ungewollte Bewegungen erkennen.

BELICHTUNGSREIHE UND GEWICHTUNGEN

Wenn Sie das Symbol *Gewichte bearbeiten* anklicken, öffnet sich das gleiche Fenster, das Sie über das links daneben befindliche Symbol *Belichtungsreihe* öffnen können. Den Unterschied sehen Sie, wenn Sie wieder auf das Pinselsymbol klicken. Neben den drei Bildern aus der 6er-Belichtungsreihe werden die sogenannten Gewichtungsfarben Rot, Grün und Blau und oben in der Optionsleiste die verschiedenen Werkzeuge zur detaillierten Bearbeitung eingeblendet.

Diese drei Farben werden immer um das Masterbild herumgesetzt. In diesem Fall steht Grün also immer für das Masterbild. Wir sehen gleich im Bearbeitungsbeispiel, was die Farben bedeuten und wie Sie sie individuell nutzen können. Wenn Sie mit Linksklick ein Miniaturbild anklicken, sehen Sie das Bild sofort in der Vorschau und können Ihre Änderungen live verfolgen. Ein nochmaliger Klick auf die Miniatur zeigt das HDR-Ergebnisbild ohne Voreinstellungseinfluss.

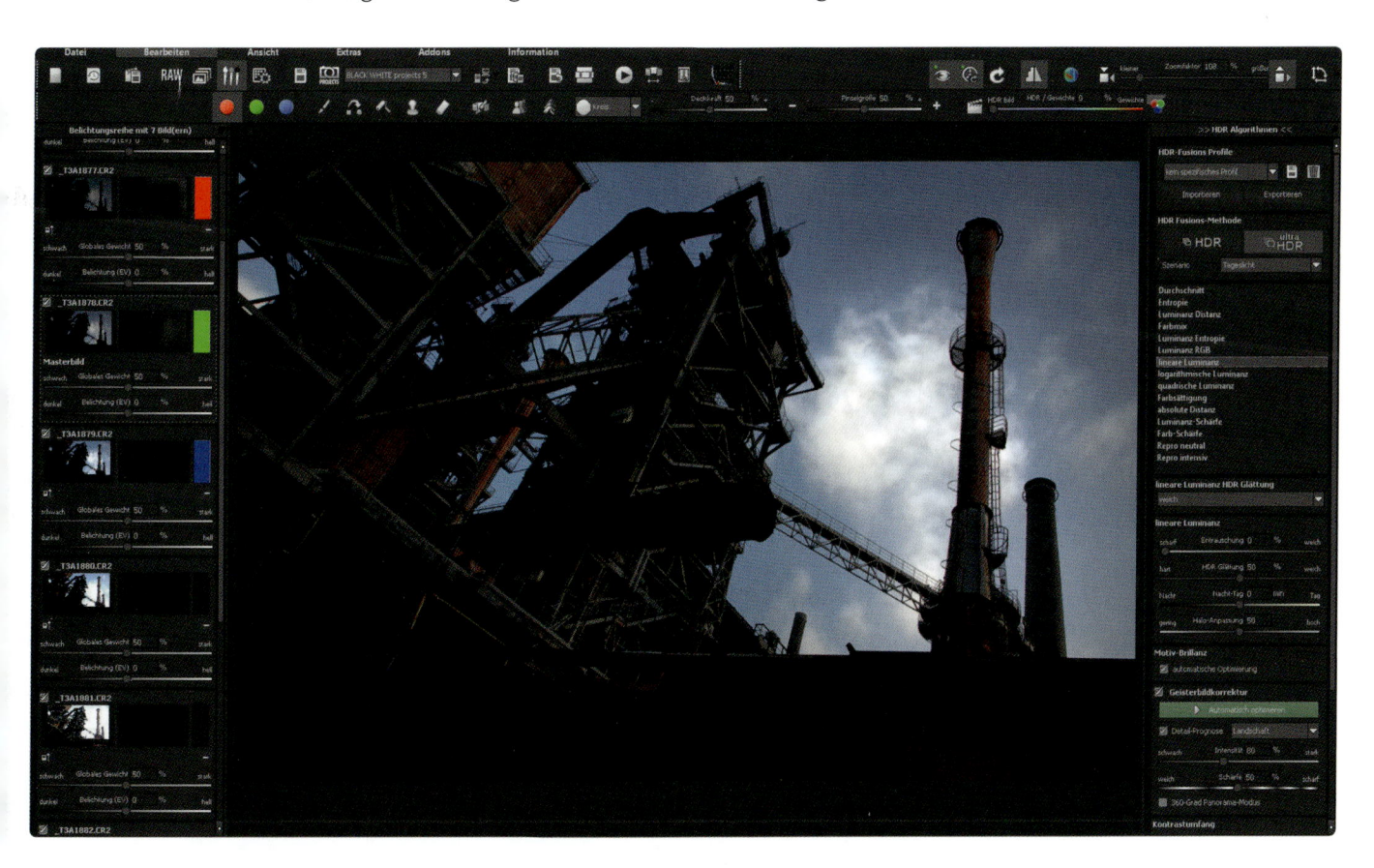

▲ Belichtungsreihe mit den drei Gewichtungsfarben Rot, Grün (Masterbild) und Blau.

24 mm :: f/9 :: 1/500 bis 1/8 s :: ISO 200 :: 6er-Belichtungsreihe

Was rechts neben der Farbminiatur aussieht wie eine Maske, in die mit schwarzem oder weißem Pinsel hineingemalt wurde, ist die sogenannte Gewichtungsmatrix. Bereiche um die hellen Pixel in der Maske fließen deutlich stärker ins Gesamtergebnisbild ein als Bereiche um die dunklen Pixel. Sie können sogar Bilder aus der Belichtungsreihe ausschließen oder komplett daraus entfernen. Mit Entfernen des Hakens links neben der Dateibezeichnung wird das ungeliebte Bild von allen Berechnungen und Gewichtungen für das HDR-Bild ausgeschlossen. Mit einem Klick auf das Minuszeichen ist das Bild sogar für immer eliminiert. Nur das Masterbild ist tabu, es besitzt folglich auch kein Minuszeichen.

Für Detailverliebte: Belichtungsreihe manipulieren

Mit den globalen Reglern oder den Gewichtungspaintern haben Sie die Möglichkeit, bei jedem Bild aus Ihrer fotografierten Belichtungsreihe zu entscheiden, welches Gewicht es bekommen soll oder ob es noch gesamthaft oder selektiv abgedunkelt oder aufgehellt werden soll.

▶ *Globales Gewicht korrigieren* – Damit nehmen Sie Einfluss darauf, wie stark dieses Bild in die Berechnung der Belichtungsreihe einfließen soll.

▶ *Belichtung* – Der Belichtungswert steuert die Helligkeit des Bilds. Über die Regler können Sie die Werte gesamthaft ändern, mit dem Pinsel und der Deckkraft jedes gewünschte Detail.

Alle manuellen Änderungen mit dem Pinsel oder den Reglern beziehen sich auf die Algorithmen, die Sie auf der rechten Seite wählen. Mit den Gewichten, egal ob mit dem Pinsel oder über die Regler, nehmen Sie Einfluss auf das HDR-Bild – bezogen auf den Algorithmus, den Sie rechts gewählt haben. Das bedeutet selektives HDR oder manuelles HDR.

Und noch eine Besonderheit: Wenn Sie den *Durchschnitt*-Algorithmus wählen, werden die Bilder einfach nur übereinandergelegt. Dann könnten Sie die komplette HDR-Gewichtungsbearbeitung manuell durchführen und da aufhellen

▶ Die Gewichte in Verbindung mit HDR Algorithmen beeinflussen das Bildergebnis.

Übersicht: Miniatur, Gewichtungsmatrix, Gewichtungsfarben, Regler, Optionen, um das Bild auszuschließen (Häkchen), zu löschen (Minuszeichen) oder als neues Masterbild festzulegen (Pfeil nach oben).

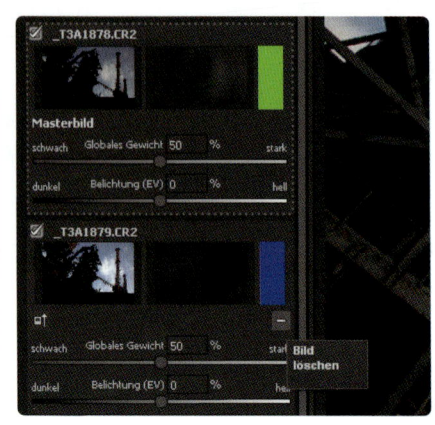

oder abdunkeln, wo Sie es für richtig halten. Beispielsweise könnten Sie den Himmel aus dem dunkelsten Bild nehmen und ihm eine starke Gewichtung zuteilen: Sie bauen sich Ihr HDR-Bild Stück für Stück selbst zusammen.

Selbst die Entscheidung, welches das Masterbild sein soll, können Sie beeinflussen: Ein Klick auf die Schaltfläche mit dem Pfeil nach oben wandelt das normale Bild in ein Masterbild um.

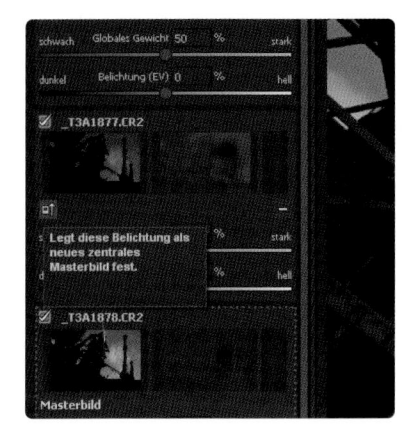

◀ Sie können jedes Bild aus der Belichtungsreihe als neues Masterbild bestimmen.

Last, but not least: Wenn ein Bild aus der Reihe aus irgendeinem Grund verwackelt und unscharf ist, können Sie es wegklicken und durch ein synthetisches Bild ersetzen – das ist dann gewohnt scharf.

◀ Mit einem Häkchen bei Synthetisch **(Bild hinzufügen)** wird z. B. ein unscharfes Bild durch ein scharfes ersetzt.

Bearbeitungsbeispiel einer manuellen Manipulation

Die Aufgabe bei diesem Bild ist klar: Die zu dunklen Stellen müssen aufgehellt und die zu hellen abgedunkelt werden. Hellen Sie zuerst die zu dunklen Stellen auf.

❶ Dazu aktivieren Sie die Belichtungsreihe, weil sie im Gegensatz zu *Gewichte bearbeiten* die Farben nicht automatisch setzt. Wählen Sie dann das hellste Bild (unten) aus und rechts die Gewichtungsfarbe. Das ist bei der ersten Farbe automatisch *Rot*. Intuitiv würde man das dunkelste Bild wählen, um es aufzuhellen, es muss aber das hellste sein, um daraus die hellen Stellen aufnehmen zu können. Nach dem Setzen der Farbe Rot werden auch die dunklen Bereiche sichtbarer angezeigt.

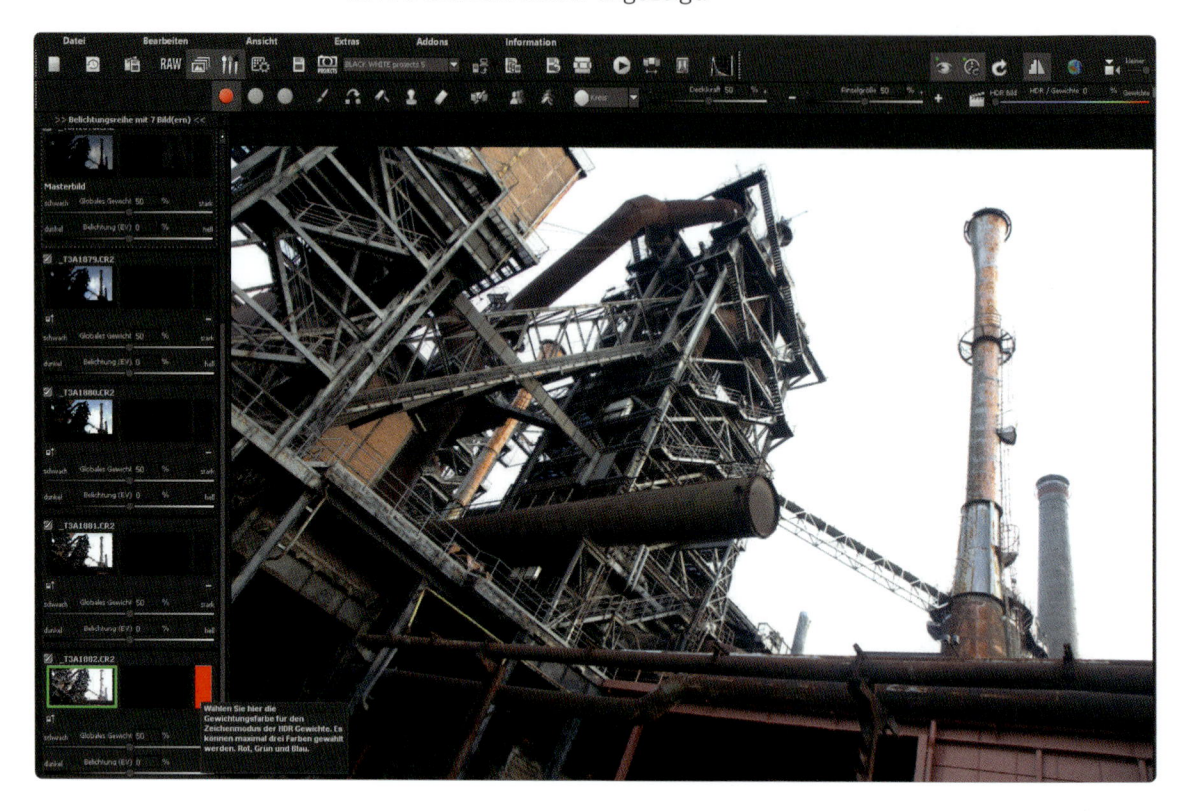

▲ Zum Aufhellen der dunklen Stellen wählen Sie das hellste Bild und setzen die erste Farbe (automatisch Rot).

❷ Ist die Farbe Rot gesetzt, wird automatisch der Pinsel aktiviert, mit dem Sie dem Programm sagen, es möge so viel von dem hellen Bild für das später zusammengesetzte HDR-Bild (Fusion) berücksichtigen, wie Sie jetzt mit dem Pinsel bemalen. Dazu wählen Sie eine geeignete Pinselgröße sowie die gewünschte Deckkraft und fahren dann mit dem Pinsel über die Bereiche, die Sie aufhellen möchten.

◀ Mit dem Pinsel können Sie die zu dunklen Stellen nach Ihren Wünschen aufhellen.

▲ Mit vorgewählter Pinselgröße und Deckkraft können Sie das Bild in der Helligkeit korrigieren.

❸ In der Maske unten sehen Sie, dass ich zu Demonstrationszwecken bewusst übertrieben habe. In der Realität sollten Sie mit geringerer Deckkraft subtiler vorgehen.

▲ Die hellen Stellen in der Maske und der Blick auf den Bildausschnitt zeigen die übertriebene Aufhellung.

◀ Mit Klick auf das Symbol kehren Sie zu den Ursprungswerten zurück.

❹ Wenn Ihnen das Ergebnis Ihres Dodge-and-burn nicht gefällt, klicken Sie auf das Symbol, das alle gezeichneten Gewichte löscht, und beginnen von vorn. Wenn Sie aber vorher oder zwischendurch Undo-Punkte gesetzt haben, können Sie die Zwischenergebnisse sofort beurteilen und an der gewünschten Stelle zu Ihrer individuellen Bearbeitung zurückkehren.

❺ Die weiteren Bearbeitungsschritte folgen immer demselben Muster: das Bild danach auswählen, ob Sie aufhellen oder abdunkeln wollen, Farbe setzen (die nächste ist Grün, danach Blau), den Pinsel mit Größe und Deckkraft einstellen und dann die gewünschten Aufhellungen und Abdunklungen hineinmalen.

▲ Bild nach dem Aufhellen der dunklen Stellen mit dem Pinsel – bewusst etwas übertrieben.

◀ Zum Vergleich: das Bild vorher ohne manuellen Eingriff mit dem Pinsel.

Die Bedeutung der beiden globalen Regler

Wenn Sie ganz schnell und weniger subtil entscheiden möchten, wie stark und mit welcher Helligkeit die einzelnen Bilder der Belichtungsreihe in das Gesamtergebnis einfließen sollen, haben Sie mit den beiden Reglern *Globales Gewicht* und *Belichtung (EV)* die richtigen Werkzeuge.

Die *Belichtung (EV)* steuert die Helligkeit von Dunkel bis Hell, das *Globale Gewicht* bestimmt, wie stark Ihre Belichtungsänderung dieses einzelnen Bilds für das Gesamtergebnis berücksichtigt werden soll. Falls Sie vorher in diesem Bild mit dem Pinsel gearbeitet haben, verstärken die Regler die Eingriffe global oder schwächen sie global entsprechend.

◀ Die beiden Regler nehmen Einfluss auf das gesamte Bild.

▼ **Hier wurden** Belichtung (EV) **auf −30 % und** Globales Gewicht **auf +60 % gesetzt.**

◀ **Das gleiche Bild, nur mit** Belichtung (EV) **auf +70 % und** Globales Gewicht **auf +28 %.**

Fazit: Wenn Sie im RAW-Modul die allgemeinen Grundeinstellungen vorgenommen haben, halten Sie ein ideales Ausgangsbild für das Prost-Processing in den Händen.

POST-PROCESSING IM FINALISIEREN-MODUS

Der Weg bis zum fertigen HDR-Bild, das in vielen Details Ihre persönliche Note trägt, ist jetzt nicht mehr weit. Sie haben es fast geschafft!

Das »doppelte Finalisieren« ist bewusst gewählt, denn Sie können wie immer nach der Wahl einer Voreinstellung entscheiden, dass es das schon war und das Ergebnis für Sie in Ordnung ist. In diesem Workflow haben Sie sich nicht für die Kurzform entschieden, sondern für die Kür mit allen Optionen im *Finalisieren*-Modus, in dem Sie mit weiteren verblüffenden Optimierungsvarianten und kreativen Angeboten dem Bild Ihren individuellen Look verleihen können.

Die Mehrheit der Anwender nutzt den *Finalisieren*-Modus, weil er etwas weniger zeitaufwendig und intuitiver anzuwenden ist als der Modus *Experte* und trotzdem zu hervorragenden Ergebnissen führt. Daher bildet *Finalisieren* in diesem Buch zwar den Bearbeitungsschwerpunkt im Post-Processing, aber Sie haben an den ausgewählten vorherigen Bildbeispielen gesehen, dass es sich bei vielen Motiven lohnt, nicht nur einen Blick in den Modus *Experte* zu werfen, um die eingesetzten Effekte nachvollziehen zu können.

Greifen Sie selbst kreativ ein und experimentieren Sie. Und speichern Sie am besten vor jedem Experimentieren in beiden Modi einen Undo-Punkt – dann geht nicht nur nichts verloren, sondern Sie können auch jeden neuen Look sofort vergleichen. Jetzt aber zu den Möglichkeiten des *Finalisierens*.

Festlegen einer passenden Voreinstellung

❶ Den Übergang von der Belichtungsreihe im Modul *Gewichte bearbeiten* zum *Post-Processing* erreichen Sie mit dem Befehl *Bearbeiten/Post-Processing* oder dem Tastenkürzel F7 .

Auch dieser Workflow folgt der Systematik »von links nach rechts« und »von oben nach unten«, damit Sie sicher sein können, alle Bearbeitungsoptionen einmal gesehen zu haben. Das hilft Ihnen, zu entscheiden, welche Optionen Sie immer oder speziell in Abhängigkeit vom Ausgangsmaterial und dem angestrebten Bildlook nutzen wollen.

❷ Wählen Sie die Voreinstellung aus, die für das Bild am ehesten passt. Im aktuellen Bildbeispiel war das die Kombination aus einer Voreinstellung aus der Kategorie *Architektur* und einer aus *Eigene/Tiefe + Intensiv*, die Sie schon aus dem Beispiel mit dem Eiffelturm kennen.

◀ Das Tastenkürzel F7 überführt die Belichtungsreihe ins Post-Processing mit den Voreinstellungen HDR-Stil *Ausgewogen* und Voreinstellung *Natürlich Ausgewogen* – mittlerweile gute Bekannte. Das Bild zeigt einen Kran im Düsseldorfer Medienhafen.

90 mm :: f/8 :: 1/640 bis 1/8 s :: ISO 320 :: 4er-Belichtungsreihe

◀ Wahl einer passenden Voreinstellung.

WORKFLOW MIT BELICHTUNGSREIHEN UND RAW

◂ **Die Effekte zur Voreinstellung** Eigene/Tiefe + Intensiv.

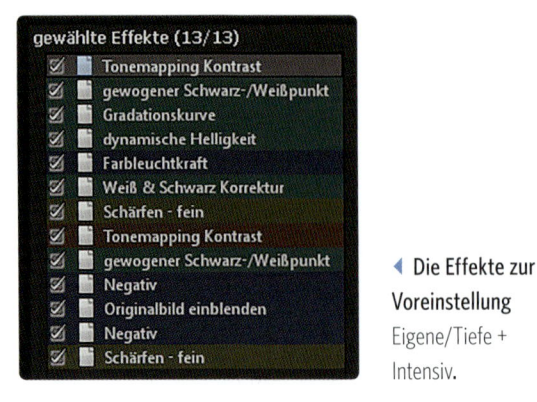

Sie sehen, dass das Bild etwas schärfer und kontrastreicher geworden ist, weil Architektur in der Regel mehr von beidem verträgt und diese Voreinstellungen entsprechende Schärfevorgaben haben. Wenn Sie im Modus *Experte* einen Blick auf die dazugehörigen gewählten Effekte werfen, finden Sie den Eindruck bestätigt: *Tonemapping Kontrast* und *Schärfen – fein* tauchen gleich zweimal auf.

◂ Ein Klick auf die Schaltfläche öffnet den Varianten-Browser.

❸ An dieser Stelle erinnere ich gerne noch einmal an die Vorteile der Browser, hier die Vorteile des Varianten-Browsers, mit dem Sie entweder alle Voreinstellungsvarianten einer Kategorie oder alle Variationen eines eingegebenen Stichworts aufrufen können. Dazu geben Sie im Suchfilter der gewählten Kategorie *Alle* z. B. *Details* oder *Eigene* ein. Sofort werden Ihnen quer über alle Kategorien hinweg die Voreinstellungen mit dem Begriff *Details* oder *Eigene* angezeigt, und Sie können auf einen Blick vergleichen und schnell den gewünschten Bildlook auswählen.

Überall dort, wo Sie das Browsersymbol sehen, werden Ihnen eine schnelle Vergleichsansicht und eine Übersicht der entsprechenden Kategorie angeboten.

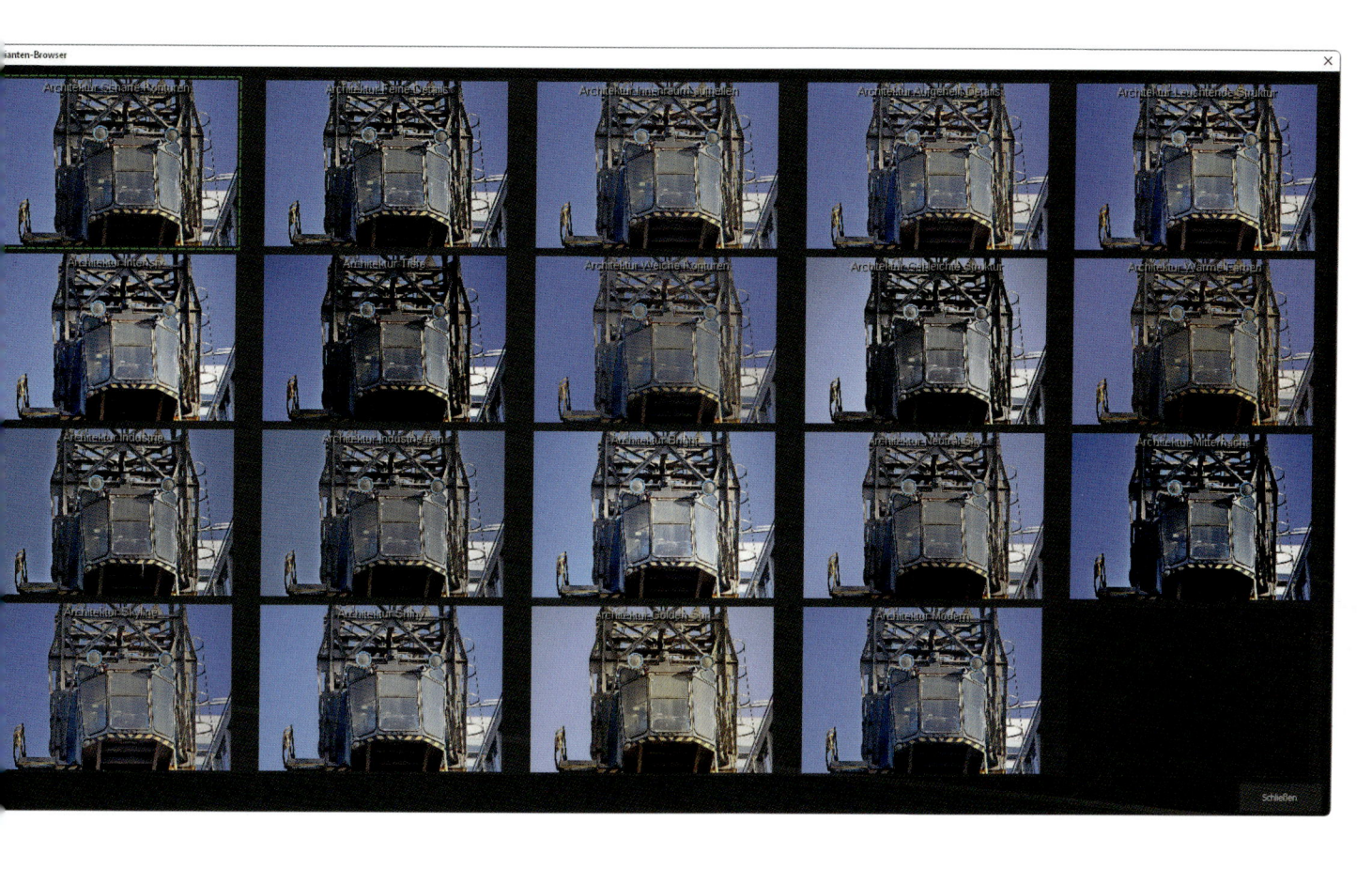

Mehrere Voreinstellungen auf einen Blick

Wenn Sie viele eigene Voreinstellungen erstellt haben, die in der Kategorie *Eigene* abgelegt sind, ist der Varianten-Browser wie für Sie persönlich programmiert. Mit dem Tool haben Sie die beste und schnellste Übersicht über Ihre eigenen Voreinstellungen und die Wirkung auf das gewählte Bild. Auf der rechten Seite des Arbeitsfensters finden Sie ein vielfältiges Angebot an Optimierungsmöglichkeiten, so z. B. alle Werkzeuge, Wahlmöglichkeiten und selektiven Einflussnahmen, um Ihr Bild weiter zu optimieren oder ihm einen individuellen Bildlook zu verleihen.

▲ Der Varianten-Browser zeigt Ihnen alle Voreinstellungen einer Kategorie oder eines Stichworts an.

Lupe

Wenn Sie bestimmte Bereiche in Ihrem Bild in der Eins-zu-eins-Vergleichsansicht sehen möchten, fahren Sie mit der Maus über diese Stellen und beurteilen den Vergleich rechts oben im Lupenfenster.

▲ Die Lupe oben zeigt den Bereich unter der Mausanzeige in einer Eins-zu-eins-Vergleichsansicht.

24 mm :: f/9 :: 1/3 bis 2 s :: ISO 400 :: 5er-Belichtungsreihe

▲ Mit der Taste ⌊L⌉ für Lock fixieren Sie einen Auswahlbereich (weiße Umrandung).

Mit einem Klick in die Lupe können Sie zwischen den beiden Ansichtsmodi *Geteilter Vorher-Nachher-Vergleich* (jeweils die linke Miniatur) und *Direkter Vorher-Nachher-Vergleich* (jeweils die rechte Miniatur) wählen. Der Vorher-Nachher-Vergleich bezieht sich dabei auf den aktuellen Bearbeitungsstand im Vergleich zum importierten Einzelbild oder der Belichtungsreihe nach der HDR-Fusion.

▲ Ein Klick in die Lupe wechselt zwischen den Vergleichsansichten.

▲ Hier öffnen Sie die »große« Vergleichsansicht.

◀ Optimale Vergleichsmöglichkeiten in alle Richtungen.
(Foto: Alex Schumacher)

*30 mm :: f/8 :: 1/60 ::
ISO 100 :: JPEG*

Wenn Ihnen diese erste schnelle Übersicht im Kleinformat zur Beurteilung nicht ausreicht, können Sie die große Vergleichsansicht wählen.

▲ Weitere Vergleichsmöglichkeiten: Vergleich des gleichen Bildausschnitts mit der Lupenfunktion.

Oben in der Mitte dieses Fensters werden Ihnen verschiedene Vergleichsansichtsmöglichkeiten inklusive einer Lupenfunktion angeboten, die Sie je nach Bedarf und Motiv ausprobieren können. Über *Schließen* (rechts unten) kehren Sie zurück.

Point of Interest

Wenn Sie mit Klick auf das Symbol den *Point of Interest* aktivieren, können Sie durch Verschieben des Positionspunkts einen ausgesuchten Bildbereich definieren, für den die angewandten Effekte in voller Auflösung gerendert werden sollen. Das ergibt für die meisten Bilder eher wenig Sinn, weil die Bearbeitungszeit für das gesamte Rendering sehr kurz ist, sehr wohl aber für sehr große Dateien mit hoher Auflösung wie etwa Panoramaaufnahmen.

◀ Point of Interest: der weiße Punkt am Eiffelturm.

▼ Die dunklere Fläche am Eiffelturm für die Voreinstellung ND-Verlaufsfilter wird in voller Auflösung gerendert.

24 mm :: f/4 :: 1/1600 s :: ISO 100 :: RAW

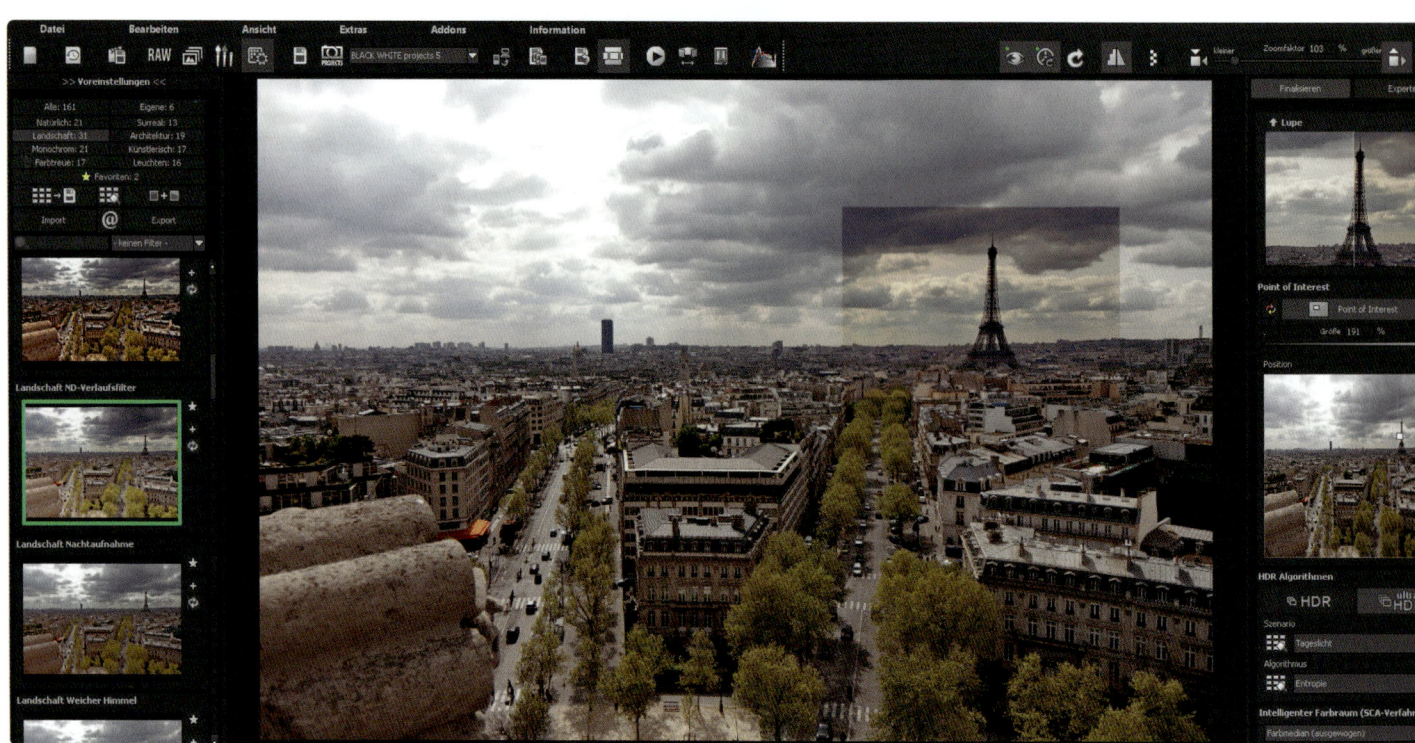

ultra HDR

Die Vorteile der *ultra HDR*-Technologie, die zwischen zwei Belichtungen intern bis zu 30 synthetische Bilder anlegt und damit Ihren Bildern zu maximalem Detailreichtum verhilft, wurden bereits beschrieben. Außer in den dort erwähnten Ausnahmesituationen – flache Bilder, die mit dieser innovativen Technologie noch etwas flacher werden – sollten Sie die Voreinstellung immer aktiviert lassen.

◀ **Die Voreinstellung** ultra HDR **können Sie immer aktiviert lassen.**

Szenario

Hier können Sie Ihre HDR-Fusionen noch weiter auf die bei der Aufnahme herrschenden Lichtverhältnisse abstimmen oder mit anderen Lichtszenarien die Bildstimmung in die gewünschte Richtung beeinflussen.

◀ **Im** Szenario **können Sie zwischen sieben Lichtverhältnissen wählen. Ein Klick auf das Symbol öffnet den Browser.**

Im Szenario-Browser gewinnen Sie wie in den anderen Browsern den schnellstmöglichen Überblick und können mit ausgewählten und markierten Referenzbildern vergleichen.

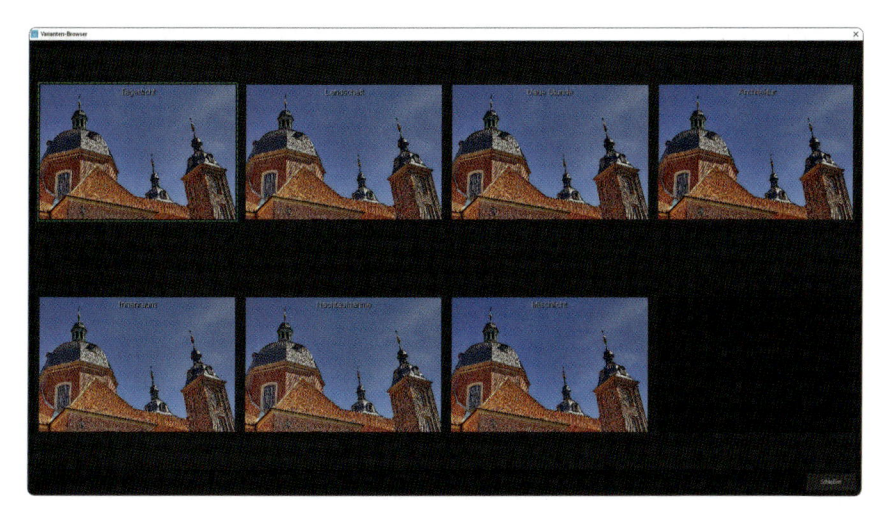

▲ **Im** Szenario-Browser **haben Sie einen schnellen Überblick über alle angebotenen Lichtszenarien.**

ALGORITHMEN ÜBERALL

Algorithmen sind in HDR projects allgegenwärtig. Eine Auswahl von Algorithmen gibt es im Pre-Processing bei den Belichtungsreihen sowie beim Post-Processing im *Finalisieren-* und im *Experte*-Modus, wo sie auf die ausgewählten Voreinstellungen wirken. Die Algorithmen bei den Belichtungsreihen und im Post-Processing sind identisch, wirken aber im Post-Processing stärker. Die *Tonemapping*-Algorithmen im *Experte*-Modus wirken per Doppelklick additiv als *Filter/Effekt* auf die gewählte Voreinstellung und werden automatisch der Liste der gewählten Effekte hinzugefügt.

HDR-Algorithmen

Wenn Sie nach der Wahl der geeigneten Voreinstellung auf die rechte Seite zu den *Algorithmen* wechseln und diese von oben nach unten durchklicken, sehen Sie sofort die Wirkung auf die Voreinstellung und können sich entscheiden – im Bildbeispiel für *logarithmische Luminanz*. Da sich diese Algorithmen je nach Belichtungsreihe oder Einzelbild unterschiedlich auf die Bildergebnisse auswirken, ist eine Empfehlung für ein bestimmtes Motiv nur schwer möglich!

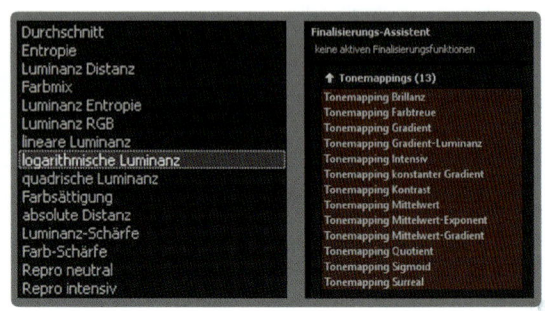

▲ Die HDR Algorithmen finden Sie unterhalb des Szenarios. 15 Algorithmen zum Ausprobieren – rechts die 13 Tonemapping-Algorithmen im Experte-Modus.

Der Algorithmus *logarithmische Luminanz*, der der Sehweise des Auges am ehesten entspricht, erzeugt ein detailreicheres Bild und war hier erste Wahl. Die Unterschiede zwischen den einzelnen Algorithmen und den von ihnen bewirkten Bildlooks, bezogen auf die gleiche Voreinstellung, sind eher subtil, wie der folgende Vergleich zeigt, und hängen stark von Ihrem persönlichen Geschmack ab. Es gibt also keine richtigen oder falschen Algorithmen.

Beispielhaft sind hier drei Algorithmen aufgeführt, die sich sehr gut für viele Bildmotive eignen:

▶ *Entropie* – Mittlere Helligkeit ist voreingestellt, der Algorithmus liefert bei den verschiedensten Motiven immer gute, detailreiche Ergebnisse.

▶ *Farbmix* – Eignet sich gut für matte Motive, z. B. Nebel und Wolken, mit geringem Kontrast.

▶ *logarithmische Luminanz* – Kommt unserer Helligkeitswahrnehmung am nächsten und kann daher für viele Motive die erste Wahl sein.

Und auch hier verschafft Ihnen der Varianten-Browser den gewohnt schnellen und informativen Überblick über alle Varianten, bezogen auf die jeweilige Voreinstellung.

▲ Vergleich: **Algorithmus** logarithmische Luminanz **mit Algorithmus** Repro Neutral.

▲ Der Varianten-Browser verhilft zum schnellen Überblick – hier bezogen auf die Voreinstellung Farbtreue/Ausgewogen.

Intelligenter Farbraum (SCA-Verfahren)

Im Zusammenhang mit der einzigartigen Technologie *ultra HDR* sind die überragenden Qualitäten von *Supersampling* als Teil des *Intelligenten Farbraums (SCA-Verfahren)* bereits beschrieben worden. Ich wiederhole gerne noch einmal die Empfehlung, bei ausreichender Rechnerleistung und ausreichend dimensioniertem Arbeitsspeicher *Supersampling* in den meisten Fällen als erste Wahl zu aktivieren, weil Sie dann Farben mit maximalen Details bekommen.

◀ **In der Regel führt** Supersampling (Konturenschutz) oder (max. Farbdetails) **zu den besten Ergebnissen.**

Der neue Modus *Supersampling (Konturenschutz)* beachtet besonders die Farbunterschiede an den Kontrastkanten.

Optimierungs-Assistent

Dieser mitdenkende Optimierungs-Assistent ist das Werkzeug für Sie, um die letzten Einstellungen – den Feinschliff – für faszinierende Bilder durchzuführen. Wenn Sie den Optimierungs-Assistenten aktivieren (*Optimierung an*), können Sie sehr wirkungsvolle Korrekturen vornehmen, deren Ergebnisse bzw. Auswirkungen auf die jeweilige Voreinstellung Sie live verfolgen können, indem Sie die Regler nach links oder rechts verschieben.

▲ Ausschnitt aus »Zeichenspiele VI« von Christiane Middendorf ohne Supersampling **und** ultra HDR.
50 mm :: f/10 :: 4 s :: ISO 200 :: RAW

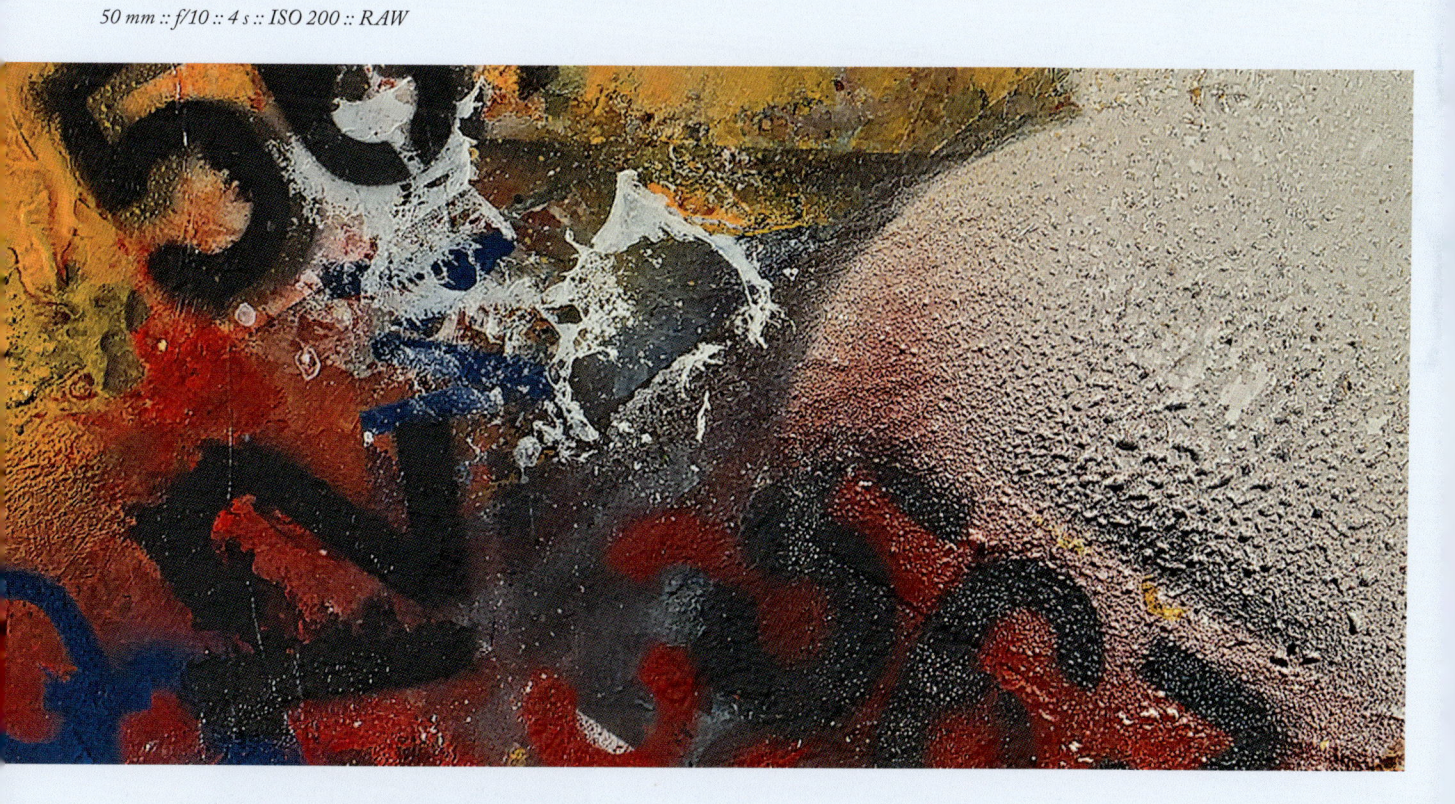

▲ Supersampling **plus** ultra HDR: **maximaler Detailreichtum in Farben und Strukturen. Weitere Einstellungen:
Voreinstellung** Natürlich Ausgewogen, **Szenario** Tageslicht, **Algorithmus** Entropie.

Tipp: Zur besseren Beurteilung zoomen Sie am besten immer wieder heraus und herein.

- *Entrauschung* – Wirkt z. B. bei Nachtaufnahmen mit hohen ISO-Zahlen entrauschend. Setzen Sie diesen Regler sensibel ein, da die Entrauschung auch zu sehr geglätteten, weichgezeichneten bzw. etwas matschigen Bildern führen kann.
- *Tonwert* – Macht das Bild *dunkler* (kontrastreicher) oder *heller* (flacher).
- *Klarheit* – Steigert den Kontrast kontinuierlich bis zu dramatischen Ergebnissen, die Sie z. B. in Verbindung mit einer Abdunklung beim Tonwert noch verstärken können.
- *Dynamik* – Eine sehr effektive Korrekturmöglichkeit, mit der Sie die Farben im Bild entsättigen und es oft realistischer aussehen lassen können oder im Extremfall durch übersättigte Farben einen quietschbunten Look erzeugen können.
- *Schärfe* – Hier können Sie das Bild dezent oder etwas knackiger schärfen. Diese Korrekturmöglichkeit steht nicht zufällig hinten, weil Sie das Schärfen am besten zum Schluss erledigen.

Der Optimierungs-Assistent führt Sie durch die Einflussmöglichkeiten.

Das allein klingt schon gut und spannend, aber es kommt noch viel besser!

Optimierungen ganz nach Ihrem Geschmack

Der Optimierungs-Assistent ist ein personalisierter Assistent und schlüpft quasi in Ihre Rolle. Er schaut sich das Bild mit der gewählten Voreinstellung und der vorgewählten Optimierungsart an und analysiert es für Sie. Rauscht das Bild vielleicht zu stark? Wie viel Helligkeit muss angepasst werden? Wie viele Details und wie viel Klarheit muss ich ins Bild bringen oder herausnehmen? Dabei geht der Assistent zunächst von einem durchschnittlichen Bildverhalten aus und optimiert das Bild so, wie es nach seiner Auffassung gut wäre. Er stellt für Sie anhand seiner Bildanalyse eine nach seinen Vorstellungen durchschnittliche Anmutung ein.

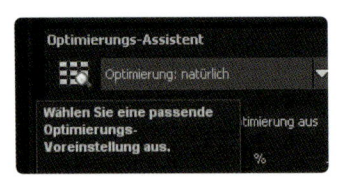

▸ Wenn Sie mit Klick auf den Pfeil das Menü aufklappen, werden Ihnen weitere Varianten angezeigt, die der Optimierungs-Assistent jeweils mit berücksichtigt.

Darüber hinaus haben Sie Variationsmöglichkeiten in den Bildlooks von *Natürlich* über *High key* (helle Töne dominieren) bis *Low key farbenfroh* (dunkle Töne mit kräftigen Farben dominieren). Hier können Sie viele kreative Anregungen für Ihre Bildlooks bekommen, weil Sie blitzschnell zwischen einzelnen Bildstimmungen hin und her springen können. Neu hinzugekommen sind die Varianten *natürlich kühl, natürlich warm, farbenfroh* und *Low key farbenfroh*.

Sie werden schnell merken, dass sich die Reglereinstellungen bei jedem Wechsel der HDR-Stile, jedem Voreinstellungswechsel sowie bei jeder geänderten Optimierungswahl sofort automatisch ändern und sich in Ihre neuen Vorgaben quasi hineinversetzen und sie optimieren.

Das bedeutet in der Konsequenz, dass Ihr Geschmack Stück für Stück immer mehr berücksichtigt und angeglichen wird. Wie funktioniert das?

Wenn Ihnen beispielsweise ein Bild mit weniger Dynamik besser gefällt – vielleicht noch etwas heller, Klarheit und Schärfe gering nach oben geregelt –, speichern Sie dieses Bild anschließend über *Datei/Ergebnisbild speichern* oder mit dem Tastenkürzel Strg + S ab. Der Optimierungs-Assistent merkt sich Ihre Einstellungen und Veränderungen und wendet sie auf das nächste Bild, das Sie bearbeiten, an.

Der Assistent kann sich den Durchschnitt Ihrer Einstellungen der letzten 30 Bilder merken und aktualisieren – so lernt der Assistent und gleicht sich schrittweise Ihrem Bildgeschmack an.

▲ Nach der Dateispeicherung werden Ihre Änderungen beim nächsten Bild berücksichtigt und beim nächsten Bildimport aus den vorangegangenen Einstellungen wieder neu gewichtet.

18 mm :: f/8 :: 1/200 s :: ISO 100

Natürlich gibt es auch hier wieder den Varianten-Browser, der Ihnen bequem eine Übersicht über alle Bildlooks der jeweiligen Voreinstellung anzeigt.

▲ **Cityscape-Aufnahme von New York. Voreinstellungen: HDR-Stil** Schatten und Licht, **Voreinstellung** Architektur/Skyline mit der Optimierungsvoreinstellung Intensiv.

▲ Der Varianten-Browser **zeigt wie gewohnt alle Variationen im Überblick.**

▲ Ein Linksklick auf das Referenzbild (Optimierung: natürlich) und ein Rechtsklick beim Vergleichsbild (Optimierung: Low key) erleichtern die Entscheidung bei der Voreinstellung Architektur/Skyline.

DER OPTIMIERUNGS-ASSISTENT DENKT MIT

Die Einzigartigkeit und damit auch ein Alleinstellungsmerkmal dieses Assistenten ist seine Fähigkeit, bei einem aktuellen Bild quasi mitzudenken, es zu analysieren und daraus Optimierungsvorschläge zu errechnen. Der Assistent denkt mit und vor, indem er sich Ihre individuellen Änderungen merkt und im nächsten Bild berücksichtigt – der Optimierungs-Assistent lernt von Ihnen.

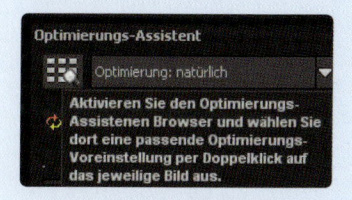

▲ Der Browser zeigt alle Varianten auf einen Blick.

Erlernte Trends wieder auf null zurückstellen

Nichts hält ewig, auch Ihr Geschmack wahrscheinlich nicht. Wenn Sie alle Optimierungstrends, die das Programm für Sie errechnet und gespeichert hat, löschen möchten, weil sich Ihre Vorlieben geändert haben, können Sie das natürlich tun und alles wieder auf null stellen.

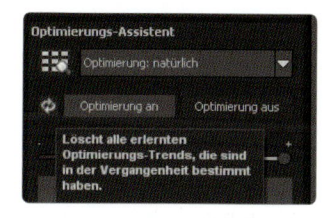

◀ Ein Klick auf das umlaufende Pfeilsymbol links löscht alle Trends und setzt sie auf null.

Und wenn Sie alles lieber doch bei jedem einzelnen Bild selbst versuchen wollen, stellen Sie den Assistenten einfach ab.

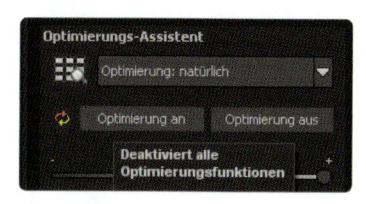

◀ Ein Klick auf Optimierung aus schaltet den Assistenten aus.

Sie haben es geschafft! An dieser Stelle endet der »lange Workflow«, in dem Sie alle relevanten Bearbeitungsschritte, Werkzeuge und Optionen kennengelernt haben, um auf dieser Grundlage Ihren eigenen »Lieblingsworkflow« zusammenzustellen. Jetzt könnten Sie das Ergebnisbild speichern, versenden und ausdrucken. Oder Sie können weitere Variationen desselben Bilds erstellen mit den Modulen, die Sie im nächsten Kapitel kennenlernen.

WORKFLOW MIT BELICHTUNGSREIHEN UND RAW | **191**

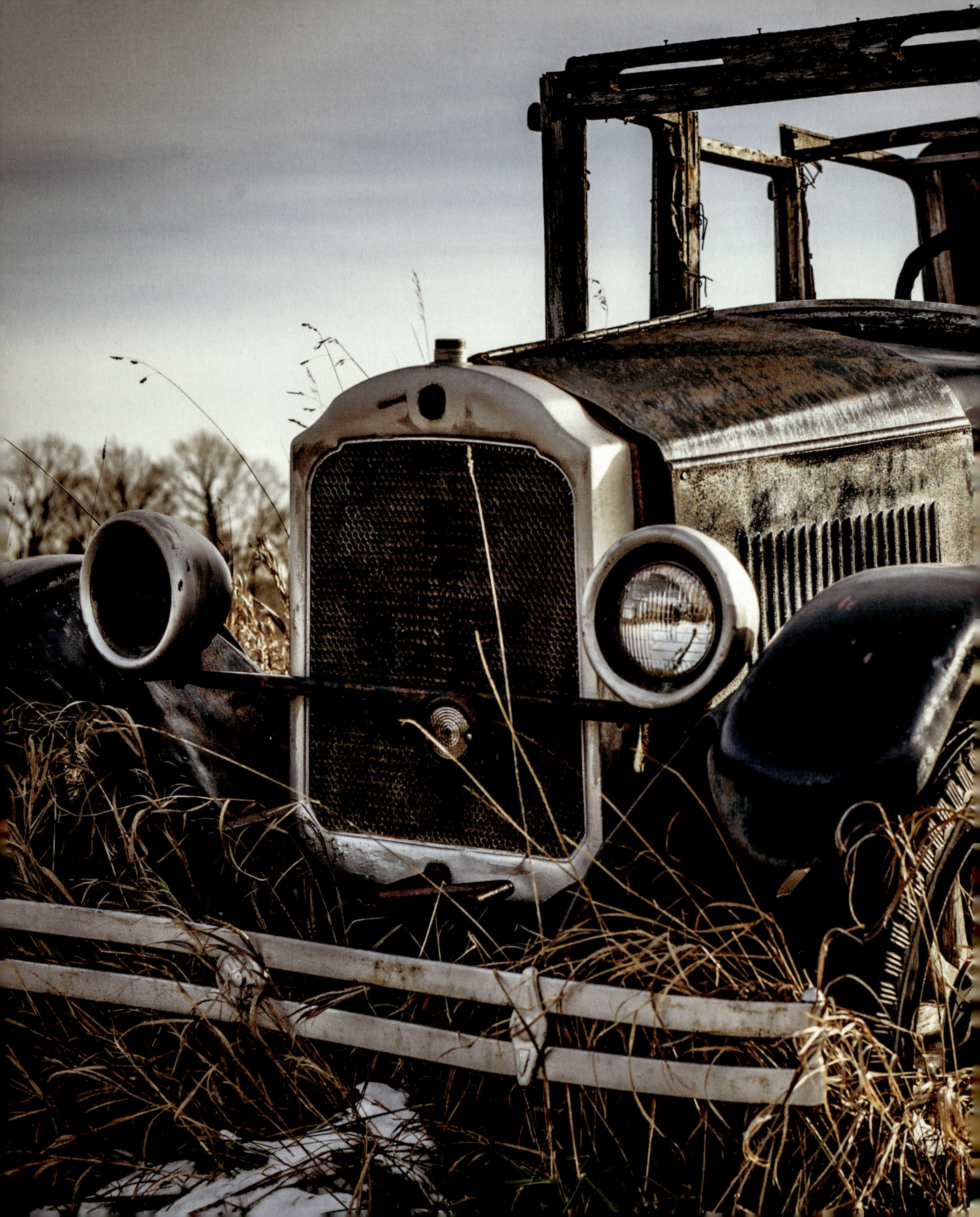

Kapitel 8

KREATIVE ZUGABEN

- **Simulation einer Filmkörnung** 194
  Verschiedene Körperformen der Körnung 195

- **Lokale Anpassungen vornehmen** 200
  Farbverstärkung mit selektivem Zeichnen 200

- **Composings mit Ebenen und Texturen** 206
  Zwei Himmel fusionieren zu einem neuen 207
  Eine Maske gegen eine neue austauschen 209
  Neue Elemente in ein Bild einfügen 211
  Goldfinger-Look mit einer Texturüberlagerung 212
  Hintergrund mit einer Texturüberlagerung tauschen 216
  Ein beliebiges Bild in eine Textur umwandeln 218

- **Korrekturen und schnelle Retusche** 220
  Kratzer und Sensorflecken entfernen 220
  Der Korrekturpinsel als kreativer Helfer 224

■ Die nächsten drei Module hätten natürlich auch Bestandteil des vorherigen Workflows sein können. Ich führe sie bewusst gesondert auf, weil es einfacher ist, sie bei Bedarf einzeln oder auch zusammen an jeden Workflow anzuhängen. Die Module entführen Sie in eine weitere Kreativwerkstatt, in der neue, spannende Möglichkeiten für individuelle Bildgestaltungen auf Sie warten:

▶ Das Modul *Körnung* mit der Simulation einer natürlichen oder fraktalen Körnung.

▶ Das Modul *Lokale Anpassungen* mit *Selektiv Zeichnen* und *Composing*.

▶ Das Modul *Korrekturen* mit *Kratzer-/Sensorfehler entfernen* und kreativen Einsatzmöglichkeiten.

SIMULATION EINER **FILMKÖRNUNG**

▼ **Voreinstellungen:** Leere Voreinstellung **mit abgeschaltetem Optimierungs-Assistenten,** Natürliches Korn ISO 100. **(Model: Julia)**

105 mm :: f/4 :: 1/60 s :: ISO 2500 :: RAW

In der Regel wirken digitale Bilder sehr glatt und rein, was aber nicht immer gewünscht ist. Die neue Funktion *Natürliches Korn* oder besser »natürliche Körnung« wandelt ein zu glatt wirkendes Bild mit einer einzigartigen Technologie in einen natürlicheren Bildlook um.

◀ **Mit der neuen** Körnung veredeln Sie Ihre Bilder.

Verschiedene Körperformen der Körnung

Der folgende kleine theoretische Diskurs soll die Lust aufs Ausprobieren wecken. Sie können bei der Körnung verschiedene Körperformen wählen, die teilweise kleiner als ein Pixel sind. Das Programm simuliert mehrere Schichten von Fotopapier, die unruhig und nicht absolut glatt sind. Dazu wird das Bild hochskaliert, sprich stark vergrößert. Anschließend werden verschiedene Körnungen aufgerechnet, und das Ergebnis wird wieder heruntergeskaliert. Aus diesem extrem aufwendigen Prozess einer Fotopapiersimulation resultiert dann der natürliche Bildlook.

◀ **Ein Klick auf den Button** Natürliches Korn **öffnet sechs Varianten.**

Beim natürlichen Korn können Sie zwischen sechs verschiedenen Varianten wählen. Voreingestellt ist der *Kreis* als Hauptvariante.

- Die voreingestellte Empfindlichkeit von *ISO 100* entspricht dem durchschnittlichen Unruhewert auf einer neutralgrauen Oberfläche.

- Die Angabe der *Größe* in % beschreibt die maximale Größe des simulierten Korns.

- Mit den Maskierungsoptionen in der unteren Reihe können Sie die Körnung in allen Helligkeitswerten (voreingestellt), Lichtern, Schatten oder Lichtern plus Schatten berechnen (von links nach rechts).

◀ Fraktales Korn **ist etwas grobschlächtiger als** Natürliches Korn.

KREATIVE ZUGABEN | **195**

Das fraktale Korn simuliert in Abgrenzung zum natürlichen Korn eine großflächige Unregelmäßigkeit, z. B. den Alterungsprozess Ihrer Fotos.

Hier können Sie drei Parameter einstellen:

- Die Voreinstellung des ISO-Werts *ISO 200* deutet schon auf eine etwas rauere Grundeinstellung hin. Beim Höchstwert von *ISO 6400* rauscht es nicht nur im Blätterwald.
- Die *Qualität* in % bestimmt die Berechnungsgenauigkeit.
- Ein Klick auf das Würfelsymbol oben rechts erzeugt bei jedem Klick eine neue Verteilung des Korns und damit immer wieder neue Bildlooks – eine Art Zufallsgenerator mit kreativer Ideensammlung.

▶ Bei ISO 6400 wird aus der Veredelung eine dramatische Verfremdung.

Sie sehen, dass das neue Modul *Körnung* nicht nur veredeln, sondern auch ganz spannende neue Bildlooks kreieren kann.

Zum Schluss ein Bildbeispiel mit normaler Körnung, die sehr gut ist, wenn Sie z. B. das Bild ausdrucken möchten. Die normale Körnung kann z. B. einem Schwarz-Weiß-Porträt genau den besonderen Look verleihen, der den Unterschied zu einem normalen Bild ausmacht.

▲ Das simulierte Natürliche Korn verleiht der glatten Haut natürliche Porenstrukturen und mehr Tiefe und Ausdrucksstärke.

◄ Das Originalbild, umgewandelt in Schwarz-Weiß mit der Voreinstellung Monochrom Orangefilter bei deaktivierter Körnung. (Model: Julia)

85 mm :: f/10 :: 1/125 s :: ISO 100 :: RAW

▲ Composing ohne Körnung: Die Bildmontage wirkt noch nicht ganz natürlich.

▶ Die beiden Bildvorlagen für das Composing. (Model: Reda)

50 mm :: f/2.8 :: 1/125 s :: ISO 100 :: RAW

Anmerkung: Bei einem Buch in diesem Größenformat sind die Unterschiede zwischen den beiden Bildbeispielen leider nicht so deutlich erkennbar wie bei großformatigeren Ausdrucken – da ist der beschriebene Weg fast wichtiger als das Ziel, also das Bildergebnis.

▲ **Angewandtes** Natürliches und Fraktales Korn. Der Hintergrund und das Motiv wachsen zusammen.

▶ Die Parameter für das finale Bildbeispiel

DAS KÖRNUNGSMODUL ALS STAND-ALONE

Mit dem Modul *Körnung* können Sie so erstaunlich realistische Ergebnisse erzielen, dass Sie sich vielleicht wünschen, die beiden Körnungsvarianten für alle Einsatzgebiete quasi als Stand-alone-Lösung nach der HDR-Fusion ohne weitere Voreinstellungs- und Tonemapping-Effekte einzusetzen. Das kann z. B. bei Porträts sinnvoll sein. Mit der leeren Voreinstellung bei abgeschaltetem Optimierungs-Assistenten ist es möglich.

KÖRNUNG UND COMPOSINGS

Sie können beide Körnungsmodule, *Natürliches Korn* und *Fraktales Korn*, sehr gut für Composings nutzen. Die vorher noch etwas zusammengebaut wirkenden Bildteile wachsen durch die Körnung zusammen.

KREATIVE ZUGABEN

GLEICHZEITIG MALEN, REGLER ÄNDERN UND SCROLLEN

Die Tastenkürzel für die Regler erleichtern und beschleunigen Ihre Arbeit, weil Sie mit ihnen ohne Absetzen des Pinsels die Reglereinstellungen stufenlos ändern können. Jedes Drücken einer Taste verändert den eingestellten Wert um eine Zahl, wobei die zuerst genannte Taste immer nach unten führt, z. B. von 50 auf 49, und die zweite nach oben, z. B. von 50 auf 51.

- *Größe:* Tasten 1 und 2
- *Deckkraft:* Tasten 3 und 4
- *Konturen:* Tasten 5 und 6
- *Weichheit:* Tasten 7 und 8

Scrollen: Bei gedrückter rechter Maustaste können Sie in der vergrößerten Ansicht durchs ganze Bild wandern, ohne das Werkzeug absetzen zu müssen.

Bildausschnitt vergrößern/verkleinern: Mit den Pfeilen nach oben oder unten können Sie den gewählten Bildausschnitt bis auf die maximale Zoomstufe vergrößern oder bis zur Eins-zu-eins-Ansicht verkleinern.

LOKALE ANPASSUNGEN VORNEHMEN

Wie der Begriff schon andeutet: Mit den hier vorzufindenden Kreativtools können Sie *Lokale Anpassungen* vornehmen, also sowohl gezielt ausgewählte Bildteile mit den *FX*-Spezialeffekten z. B. farblich umstimmen als auch neu komponieren.

Farbverstärkung mit selektivem Zeichnen

❶ Dazu klicken Sie im Bereich *Lokale Anpassungen* auf den Button *Selektiv Zeichnen* und entscheiden sich zuerst für eine Verstärkung der Farben in einem ausgewählten Bereich. Klicken Sie die Effekte *FX* an.

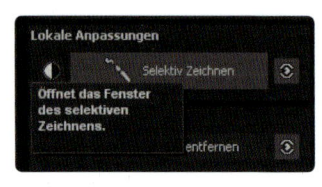

◤ Mit dem ersten Klick öffnen Sie das Fenster *Selektiv Zeichnen/Maskenanzeige*. Mit dem zweiten Klick wählen Sie die Effekte *FX*.

❷ Hier können Sie entscheiden, ob Sie *Effekte (FX)*, *Composing* (Schaltfläche in der Mitte) oder das neue Modul *Texturen & Materialien* (rechts) wählen möchten. Im ersten Beispiel wählen Sie die *Effekte*.

Mit dem Regler *Maskenanzeige* bestimmen Sie, ob Ihr Übermalen mit dem Effekt und damit die erzielten Auswirkungen sofort sichtbar sein sollen – den Regler ganz nach links zu schieben ist praktischer, weil Sie die Ergebnisse sofort sehen. Den Regler ganz nach rechts zu schieben ist etwas für Detailverliebte, weil dann Fehler wie vergessene Stellen sofort sichtbar sind.

◀ Der dritte Klick führt Sie zum Effekt Ihrer Wahl – hier *Farbe verstärken*.

200 | KAPITEL 8

Mit einem Klick auf den Pfeil neben der voreingestellten Option *Originalbild einblenden* öffnen Sie das Optionsmenü und entscheiden sich in diesem Fall dafür, bestimmte Farben im Bild zu verstärken.

Die neuen Effekte *Rote Augen korrigieren* und *Weiche Haut* können gewünschte Retuschearbeiten bei Porträtaufnahmen wirkungsvoll ergänzen!

❸ Wenn Sie sich für einen Effekt aus der Angebotspalette entschieden haben, im Bildbeispiel *Farbe verstärken*, wählen Sie oben links in der Optionsleiste den Pinsel aus und stellen die gewünschte *Deckkraft* (für die meisten Fälle *gering*) sowie die *Größe* ein. Je nach Effekt haben die Pinsel schon (»vorgedachte«) unterschiedliche Grundeinstellungen.

▲ **In der Optionsleiste** Selektives Zeichnen **wählen Sie den Pinsel mit den gewünschten Parametern, z. B.** Größe **und** Deckkraft.

❹ Dann können Sie weitere Parameter modifizieren: Die *Konturenerkennung* definiert die Schärfe der Konturen, und der *Stärkegrad* bestimmt, wie stark sich der Effekt von den benachbarten Strukturen abgrenzen soll. Wenn Sie bestimmte Bildteile komplett übermalen wollen, stellen Sie den Regler auf 0. Die *Weichheit* definiert einen weichen (100 %) oder harten Übergang des Kantenübergangs und bestimmt darüber hinaus, wie weit der Pinsel die Kontur überlappt.

❺ Wenn Ihnen der Effekt *Farbe verstärken* nicht reicht, um den gewünschten Bildlook hinzubekommen, können Sie selbstverständlich weitere Effekte hinzufügen (siehe unteres Bildbeispiel), wie *Farbe reduzieren* oder *Aufhellen*.

❻ Jetzt können Sie damit beginnen, mit dem Pinsel über die gewünschten Stellen zu fahren. Bei sehr geringer Deckkraft können Sie das so oft wiederholen, bis Ihnen die Wirkung zusagt. Von den weiteren zahlreichen Möglichkeiten beschränke ich mich auf einige Anregungen.

◀ Mit Klick auf den Papierkorb können Sie Ihre bisherigen Übermalungen löschen.

❼ Wenn Sie sich vertan haben oder lieber einen anderen Effekt ausprobieren möchten, klicken Sie auf das Papierkorbsymbol rechts neben der Optionsanzeige, löschen die aktuelle Maske und beginnen von vorne.

- Oder Sie aktivieren den Radiergummi in der Optionsleiste rechts neben den Pinseln und nehmen so den Effekt schrittweise oder ganz zurück.
- Oder aber Sie nehmen mit dem Regler *Intensität* alle Effekte etwas zurück (nach links schieben).
- Wenn Sie sich nur einmal verklickt haben, können Sie auch mit Klick auf den Zurückpfeil nur einen Schritt zurückgehen.

Die vielen Möglichkeiten zeigen, dass Sie alles jederzeit korrigieren können. Probieren Sie auch dieses Angebot aus: die *Glättungsoption* (großes Kreissymbol rechts), mit der die Maske geglättet wird, und die Optionen in der untersten Reihe (von links nach rechts):

- Die aktuelle Maske in die Zwischenablage kopieren, damit nach weiteren Änderungen der alte Zustand wieder aufgerufen werden kann.
- Die Maske aus der Zwischenablage wieder in die aktuelle Maske einfügen und diese damit überschreiben.
- Die aktuelle Maske als Bilddatei speichern. Diese Bilddatei speichert nur die Maske, nicht das richtige Bild.
- Diese Bilddatei wieder in die aktuelle Maske laden.

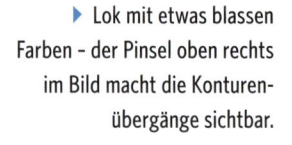

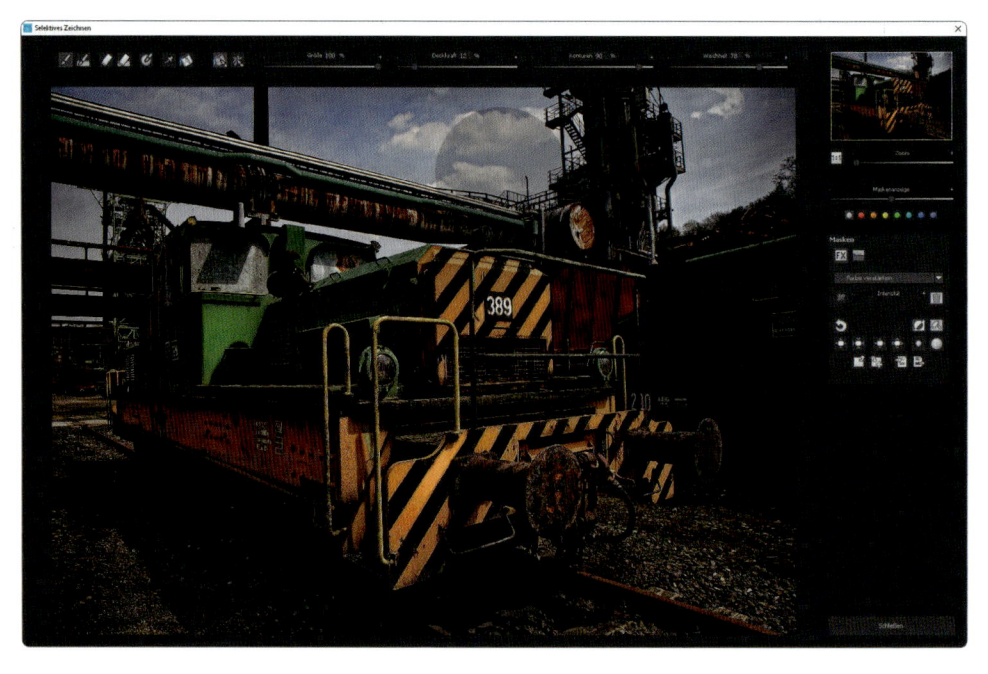

▶ Lok mit etwas blassen Farben – der Pinsel oben rechts im Bild macht die Konturenübergänge sichtbar.

▲ **Zeichnen mit Effekten – Kombination aus** Farbe verstärken, Farbe reduzieren **und** Aufhellen.

Das dieses Kapitel einleitende Bild ist mit dem Effekt *Farbe reduzieren* wie hier beschrieben erzielt worden. Auch hier ist es sinnvoll, dass Sie bei schon vorher bearbeiteten Bildern die leere Voreinstellung wählen, um nur die gewünschten Effekte zu erzielen.

Bildbeispiel 2 – Effekt *Weiche Haut*:

▶ Mit dem Effekt Weiche Haut können Sie Haut blitzschnell weichzeichnen.

❶ Wählen Sie am besten eine sehr geringe Deckkraft und malen Sie mit dem Pinsel so oft über die gewünschten Hautpartien, bis Ihnen das Ergebnis gefällt. Mit dem Effekt *Schärfen* könnten Sie auch noch z. B. die Augen nachschärfen. Das übertriebene Ergebnisbild unten zeigt, dass Sie in der Regel den Effekt *Weiche Haut* sehr subtil einsetzen sollten, weil sonst die Porenstruktur zerstört wird und das Gesicht an Charakter verliert.

◀ Auch Ihre Effekte oder Composings können Sie vergleichen.

❷ Wenn Sie Ihren bisher erzielten Effekt mit dem Ursprungsbild vergleichen möchten, wechseln Sie über *Schließen* in den *Finalisieren*-Modus und rufen in der Lupe die große Vergleichsansicht auf.

Im nachfolgenden *Texturen*-Modul sehen Sie, wie die Haut auch blitzschnell z. B. in einen Goldfinger-Look umgefärbt werden kann.

▲ Zu Demonstrationszwecken bewusst übertrieben: weiche Pfirsichhaut in wenigen Sekunden. (Model: Julia)

COMPOSINGS MIT EBENEN UND TEXTUREN

Der Modus *Composing* ist eines der »Big Features« der herausragenden Module in HDR projects und wieder ein Beweis dafür, dass diese Software Ihnen ein komplettes Bildbearbeitungsprogramm für viele Motive und Bildideen sein kann – von Beginn an mit dem RAW-Modul bis zur Finalisierung mit dem selektiven Zeichnen und ganz zum Schluss mit dem *Experte*-Modus.

❶ Im *Composing*-Modus können Sie sich austoben und bis zu vier verschiedene Ebenen mit unterschiedlichen Motiven in Ihr Ausgangsbild hineinmalen. Importieren Sie zuerst das Bild, in dem Sie z. B. den Himmel austauschen möchten, aktivieren Sie anschließend den Modus *Selektiv Zeichnen* und drücken Sie dann auf die Schaltfläche *Composing-Masken*. Dieses Bild sehen Sie jetzt oben im Vorschaufenster, es ist quasi das Basisbild für die Bilder, die Sie anschließend in die Masken laden, um bestimmte Bildbereiche auszutauschen.

◀ Mit Klick auf die *Composing*-**Schaltfläche aktivieren Sie den Bereich der** *Composing-Masken*.

❷ Im gleichen Augenblick öffnet sich das Fenster mit der *Composing Maske 1*. Mit einem Klick in den Schachbrettbereich können Sie Ihr erstes Überlagerungsbild für das Composing laden, indem Sie den zugehörigen Ordner öffnen, die entsprechende Bilddatei aktivieren und mit *Öffnen* das Bild importieren.

◀ Im Schachbrettfenster wählen Sie Ihr erstes Änderungsbild und laden es ein.

Zwei Himmel fusionieren zu einem neuen

Die folgenden Fallbeispiele wurden bewusst so gewählt, dass die einzelnen Schritte gut nachvollziehbar sind, schnell zu guten Ergebnissen führen und Spaß an eigenen Kreationen wecken.

❶ Nach dem Import können Sie auf das erworbene Know-how beim selektiven Zeichnen zurückgreifen. Wie im Beispiel dort vorgeführt, aktivieren Sie den Pinsel und wählen die gewünschten Parameter.

Achten Sie besonders auf die *Konturenstärke*, weil sie darüber entscheidet, wie sauber der neue Himmel gegen die benachbarten Strukturen (Haus) abgegrenzt wird. Anschließend malen oder tupfen Sie wieder mit geringer Deckkraft den neuen Himmel so lange ein, bis Ihnen das Ergebnis gefällt.

Sie können in dieser Einstellung sehen, dass die Konturenabgrenzung zum Haus sehr gut funktioniert und gewollt ist. Nicht gewollt ist dagegen die scharfe Abgrenzung zu den Stromleitungen, weil der neue Himmel dort immer anstößt und die gewünschte Homogenität unterbricht.

◀ Experimentieren Sie mit den Pinseleinstellungen, vor allem mit den Konturen für die Abgrenzungen.

❷ Die Lösung für diesen und alle ähnlichen Fälle ist einfach: Setzen Sie die *Konturenstärke* stark zurück, im Beispiel auf den Wert 0. Anschließend fahren Sie mit dem Pinsel über diese Stellen, oder Sie zeichnen oder tupfen zwischen den Leitungen.

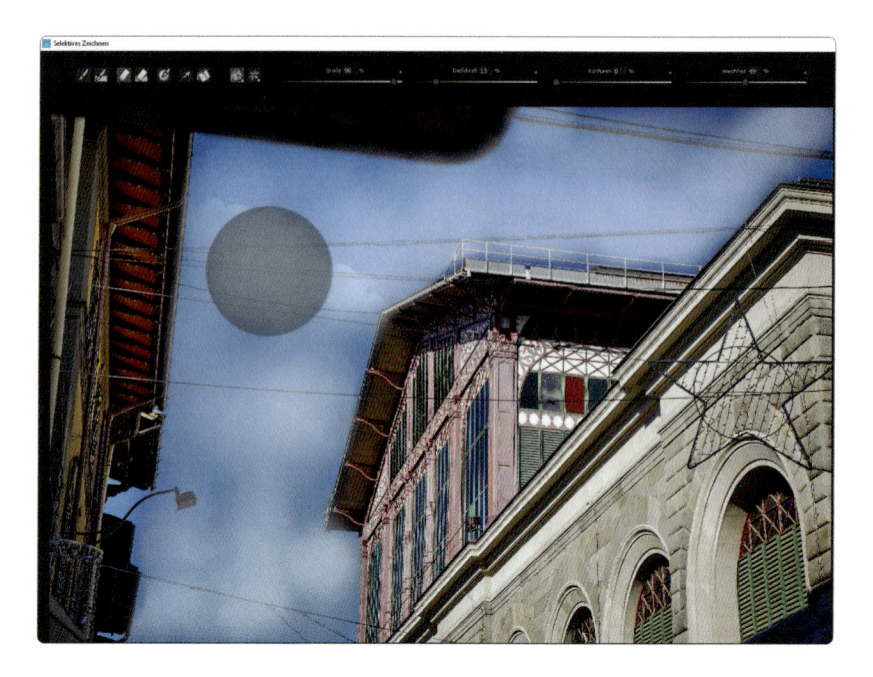

▲ Originalbild und Zwischenergebnis. Die Stellen an den Stromleitungen sind ohne Konturenstärke gemalt. Composing mit einer Composing-Maske und neuem Himmel.

65 mm :: f/8 :: 1/60 s :: ISO 100 :: RAW

❸ Wenn Ihnen dieses Ergebnis noch nicht ganz gefällt, weil vielleicht die Wolken zu symmetrisch angeordnet sind oder das Wolkenbild etwas anders aussehen soll, ist das nicht schlimm.

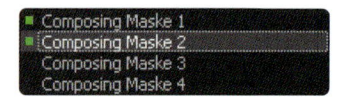

◀ Für jedes neue Bild eine neue Maske.

Aktivieren Sie *Composing Maske 2*, laden Sie wie gehabt den zweiten Himmel ein und korrigieren Sie die neue Fusion in die gewünschte Richtung. Wenn die Stromleitungen oben rechts Sie stören, können Sie mit voller Deckkraft und *Konturenstärke 0* darübermalen – weg sind sie.

❹ Diesen Austausch von Teilen des Bildmotivs mit verschiedenen anderen Bilddateien können Sie in bis zu vier Masken wiederholen. Sind Sie mit Ihrer Bildmontage zufrieden, bestätigen Sie das durch Klick auf *Schließen* unten rechts. Damit landen Sie wieder im *Finalisieren*-Modus, wo Sie das Ergebnisbild speichern oder weiter verändern könnten.

Sie haben gesehen, dass Sie mit dem *Composing*-Modul sicher unbegrenzte Möglichkeiten für die Umsetzung Ihrer Ideen haben. Alle Veränderungen können Sie zusätzlich mit den *Selektiv Zeichnen*-Effekten lokal verstärken oder anschließend im *Finalisieren*-Modus noch weiter verfeinern. Werden Sie zum Artdirector neuer Bilderwelten!

▲ Ergebnisbild mit zwei Masken. Ein Mix aus zwei Himmeln und einer übermalten Stromleitung.

Eine Maske gegen eine neue austauschen

In diesem Beispiel lernen Sie eine weitere spannende Möglichkeit im Rahmen eines Composings kennen: den Austausch einer bestehenden Maske gegen eine neue, ohne dass Sie dafür neu malen müssen. Wenn Sie die Maske bei voller Deckkraft wie gewünscht ausgemalt haben, überprüfen Sie das Ergebnis am besten in der voll eingeblendeten Maskenansicht, um sicherzustellen, dass Sie keine Stelle übersehen haben. Übermalte Stellen mit z. B. halber Deckkraft können gewollt sein und haben natürlich im neuen Hintergrund wieder eine halb transparente Wirkung.

Sie haben mit den Schiebereglern z. B. folgende Möglichkeiten:

▲ Übermalter alter Himmel bei voll eingeblendeter Maskenansicht (Regler ganz rechts) – alles wird weiß (oder erscheint in der gewählten Maskenfarbe).

▲ Mehrere Composing-Masken: Der alte Himmel kann komplett gegen andere getauscht werden.

▶ Sie können den Himmel nach oben, unten, links oder rechts verschieben.

▶ Sie können das Seitenverhältnis ändern, was bei Übertreibungen zu Verzerrungen führt.

▶ Sie können das Composing-Bild vergrößern, es horizontal oder vertikal verschieben oder die Belichtung aufhellen oder abdunkeln, um den neuen Hintergrund an die Lichtverhältnisse des HDR-Bilds anzupassen.

◀ Jede Veränderung eines einzelnen Reglers oder deren Kombination kann bei vielen Bildmontagen äußerst hilfreich für ein glaubwürdiges Composing sein.

Das Miniaturvorschaubild oben rechts mit dem Originalhimmel erinnert immer wieder an die Möglichkeit, den aktuellen Hintergrund mit dem alten zu mischen. Je weiter Sie den Regler *Intensität* nach links ziehen, umso mehr scheint von dem ursprünglichen Himmel durch. Das ermöglicht einen Vorher-Nachher-Vergleich und kann für interessante Varianten sorgen.

Neue Elemente in ein Bild einfügen

Wenn ein neues Bildelement, wie hier eine Ente, glaubwürdig in den Hintergrund eingefügt werden konnte, ist das Composing gelungen. Auch dieses Bildbeispiel können Sie in kurzer Zeit nachvollziehen, weil HDR projects es Ihnen leicht macht. Ich habe bewusst kein spektakuläres Beispiel gewählt, sondern ein typisches, anhand dessen mögliche Schwierigkeiten oder Fragen geklärt werden können. Das Composing-Beispiel beim Körnungsmodul ist genauso zusammengebaut worden.

▲ »Ente trifft Industrie«. Zwei unterschiedliche Motive für ein gemeinsames Bild.

▲ Die Bildmontage, der Einbau eines neuen Motivs, klappt nach einiger Übung schnell und natürlich.

TIPPS FÜR DAS COMPOSING

Bei der Wahl der Bildelemente, die Sie in einem Composing vereinen möchten, haben Sie es leichter – und die Bildmontage wirkt glaubwürdiger –, wenn die einzelnen Bilder bei gleichen oder ähnlichen Lichtverhältnissen, Lichtstimmungen, Tageszeiten, Perspektiven und Brennweiten aufgenommen wurden.

- Zoomen Sie so weit wie möglich ins Bild, besonders bei den Korrekturen mit dem Radiergummi.
- Denken Sie bei kniffligen oder unklaren Bearbeitungsschritten rechtzeitig an die Zwischenspeicherung, damit Sie bei falschen Positionierungen oder anderen Fehlern nicht wieder von vorne beginnen müssen, sondern bei dem gespeicherten Zwischenschritt weitermachen können.
- Klicken Sie einmal alle Verrechnungsmethoden durch – von *Normal* bis *Lichtpunkt*. Sie werden feststellen, dass da erstaunliche Variationen entstehen, die manchmal besser »passen« als der Normalmodus.
- Wenn Sie eine der vier Composing-Masken mit dem leeren Schachbrettmuster ohne Bildmotiv nehmen und ins Bild malen, haben Sie einen guten »Freisteller (den Sie auch invertieren, also umkehren könnten) oder eine »leere« Maske zum Einfügen von neuen Bildmotiven.

❶ Laden Sie das neue Motiv ein und nehmen Sie die Pinseleinstellungen vor: *Deckkraft auf 100%* und *Konturen* auf *0%*.

❷ Mit dem Pinsel malen Sie im Bild, bis die ersten Konturen der Ente sichtbar werden. Die sind in der Regel viel zu groß, und in diesem Fall stimmt auch das Seitenverhältnis nicht, weil das Ausgangsbild ein Seitenverhältnis von fast 16:9 hat. Ein kleiner, unvollständiger Maskenausschnitt reicht für unser Vorhaben völlig aus. Wichtig ist, dass Sie bei der Maske in die Richtung, in die Sie das Motiv verschieben wollen, genug Luft lassen, sonst wird sie von den Originalpixeln wieder zugedeckt und in dem Bereich unsichtbar.

❸ Danach wird die Ente positioniert und mit den folgenden Reglern entzerrt:

- Seitenverhältnis für die *Entzerrung* (rechts macht schlanker).
- Zoom für die *Größenanpassung* (links macht kleiner).
- *Horizontal verschieben* nach links.
- *Vertikal verschieben* nach unten.

❹ Ist die Ente im Bild positioniert, wird die Maske mit dem Pinsel und dem Radiergummi optimiert: *Pinsel* für das Hineinmalen der vollständigen Ente und *Radiergummi* für das Zurückmalen der Maskenüberhänge bis zur Freistellung ausschließlich der Ente. Beim Übergang von der Ente zum Motiv kann die Deckkraft verringert werden, damit der Übergang nicht zu hart ist und natürlicher wirkt. Probieren Sie auch die angebotenen Optionen unterhalb der Ebenenverrechnungen aus – z.B. leichtes oder starkes *Glätten der Maske*.

❺ Der Zeitpunkt ist gekommen, die Belichtung für einen stimmigen Bildlook anzupassen. Danach geht es mit Klick auf *Schließen* wieder zum *Finalisieren*-Modus. Bei Bedarf kann noch *Natürliches* oder *Fraktales Korn* angewendet werden.

Goldfinger-Look mit einer Texturüberlagerung

Das neue Modul *Texturen & Materialien* mit 64 Texturangeboten, die in 16 Ebenen auf das Bild übertragen werden können, erweitert Ihren kreativen Spielraum noch einmal und liefert Ihnen »Material« für blitzschnelle Umsetzungsideen beim Austausch von Bildteilen oder für verblüffende Farbüberlagerungen.

❶ Ein Klick auf die *Texturen*-Schaltfläche öffnet das Fenster *Masken*. Ein Klick auf das X-Zeichen aktiviert die aktuelle Maske (grüner Haken).

▲ Ente trifft Industriedenkmal: Jung und Alt passen gut zusammen.

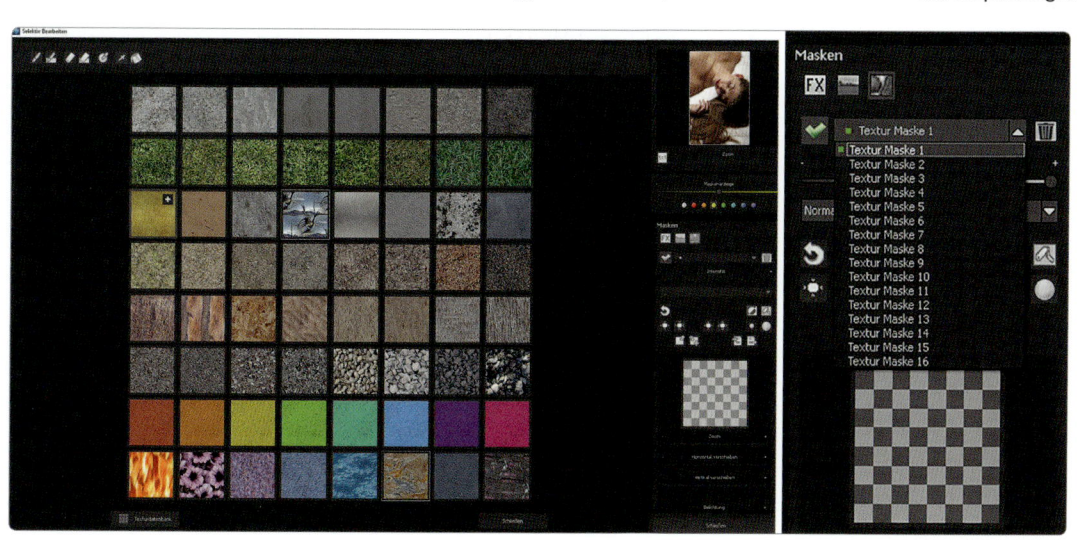

◀ Ein Klick auf Texturen öffnet das Masken-Fenster, ein Klick ins Schachbrett die Texturen.

KREATIVE ZUGABEN | 213

❷ Jetzt gehen Sie genau so vor, wie Sie es in den Beispielen vorher bereits kennengelernt haben. Mit den eingeblendeten Reglern nehmen Sie Einfluss auf die Wirkung der Überlagerung, z. B. über *Zoom*, *Glanzlicht* oder die *Bildstruktur*. Bei den Verrechnungsmethoden möchte ich neben den üblichen Verdächtigen wie *Weiches Licht* auf die beiden Modi *Doppelte Stärke* und *Länge* hinweisen.

▶ Texturüberlagerung, die mit den Schiebereglern beeinflusst werden kann.

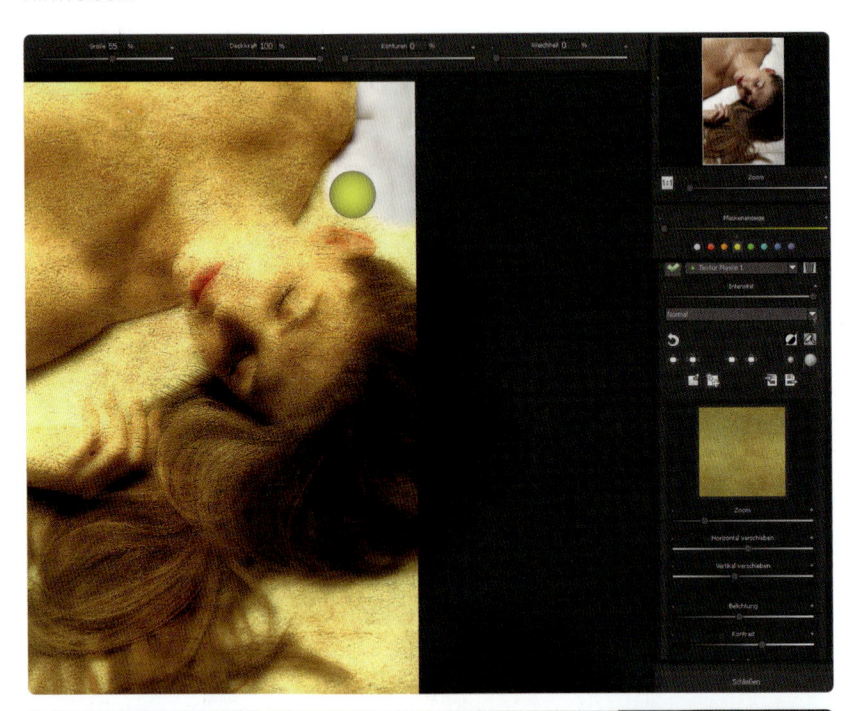

▶ Mit den rechts eingeblendeten Reglern aus dem Modul *Texturen* stimmen Sie den Look auf Ihre Vorstellungen hin ab und geben anschließend im *Finalisieren*-Modus den finalen Look.

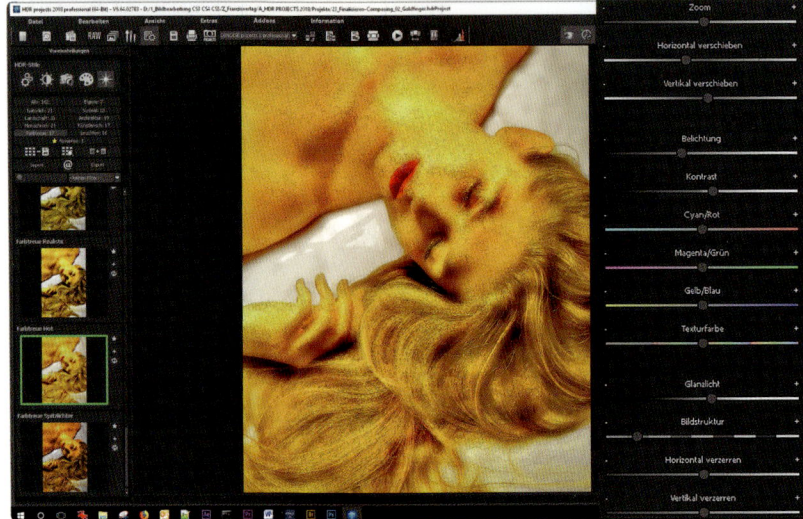

❸ Zum Schluss können Sie wie immer im *Finalisieren*-Modus die Wirkung noch einmal individuell Ihren Wünschen anpassen – im Beispiel mit dem HDR-Stil *Leuchtend* und der Voreinstellung *Farbtreue Hot*.

◀ Der Goldfinger-Look ist in wenigen Minuten erstellt. (Model: Galina)

85 mm :: f/6.3 :: 1/125 s :: ISO 100 :: RAW

▼ Mit den Texturen: schnelles Umschminken oder ein komplett neuer Look.

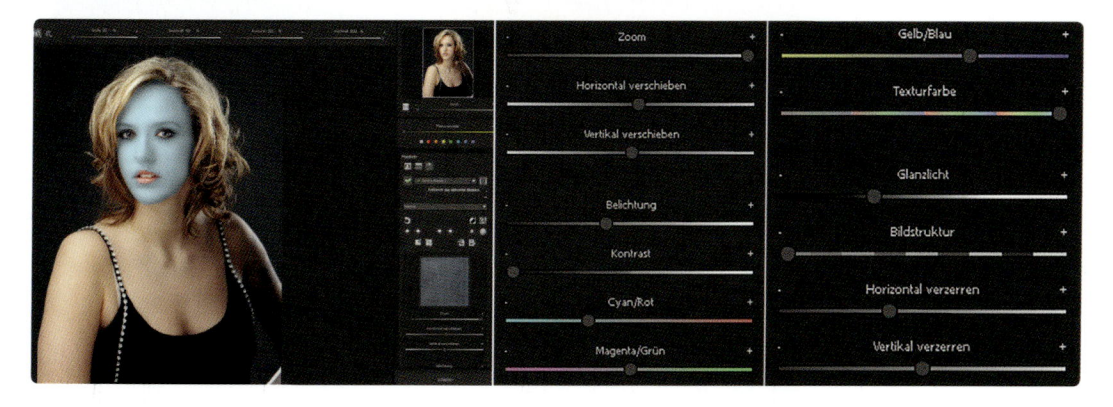

Wenn Sie andere farbige Texturen überlagern und z. B. den Zoomregler nach rechts schieben, Intensität und Bildstruktur reduzieren sowie die anderen Regler variieren, um damit auch die Farbe zu beeinflussen, können Sie auch Hauttöne dezent oder stärker schminken oder Haare umfärben. Die darunterliegenden Strukturen bleiben erhalten, und das klappt auch, wenn die Ausgangsfarbe Weiß ist! Über die Deckkraft können Sie die Gesamtwirkung steuern.

Hintergrund mit einer Texturüberlagerung tauschen

❶ Laden Sie wie gewohnt das passende Motiv ein, wählen Sie eine Textur aus, im Beispiel eine Wassertextur, und übermalen Sie mit dem Pinsel die Bildteile, die Sie austauschen wollen.

▲ Passendens Motiv und Textur wählen.

❷ Mit den Reglern entscheiden Sie, dass Sie wie beispielsweise hier eine wilde, raue See (Zoom) haben möchten, und können wie in den Bildbeispielen vorher Intensität, Farben, Glanz etc. beeinflussen.

▲ Übermalen Sie mit einer passenden Textur den alten Hintergrund oder das gewünschte Bildmotiv.

31 mm :: f/10 :: 1/160 s :: ISO 100 :: JPEG

❸ Danach können Sie entscheiden, ob Sie in weiteren Masken z. B. im Vordergrund die Steine gegen Gras austauschen möchten – Ihrer Fantasie sind in 16 Masken keine Grenzen gesetzt.

▲ Vergleichsansicht: bewegte See oder ruhiges Gewässer?

▲ Künstlerische Effekte erzielen mit Maske invertieren.

TIPP 1

Mit dem Intensitätsregler bestimmen Sie, ob die neue Textur das alte Bildmotiv zu 100 % überlagern wird oder der alte Hintergrund durchschimmern soll.

TIPP 2

Wenn Sie z. B. bei den Wellen andere Texturen ausprobieren möchten, aktivieren Sie die dazugehörige Maske und klicken andere Texturen an – schon sehen Sie anstelle der Wellen z. B. Steine. Und auch hier ergeben, neben den Variationsmöglichkeiten über die Regler, die Verrechnungsmodi weitere verblüffende Kreationen. Übrigens: *Doppelte Stärke* macht aus den Wellen eine stürmische See!

TIPP 3

Probieren Sie die Option *Maske invertieren* aus – die Textur übernimmt Struktur und Helligkeit des Bilds. Damit können Sie interessante künstlerische Effekte erzielen.

KREATIVE ZUGABEN | 217

Ein beliebiges Bild in eine Textur umwandeln

❶ Wenn Sie eine der 16 Masken wählen und über eine der Texturen streichen, erscheint rechts oben im Fenster ein Pluszeichen. Beim Anklicken öffnen sich weitere Optionen. Klicken Sie in diesem Beispiel die Funktion *Bilddatei einladen* an und laden Sie die entsprechende Bilddatei.

▲ Hier können Sie Ihre eigene Textur erstellen.

❷ Wenn Sie dann im geöffneten Dialogfenster *Intelligentes Füllen* anklicken, wird die Bilddatei automatisch in eine quadratische Textur umgewandelt, und es wird versucht, die Kanten anzugleichen.

Das Umwandeln in eine quadratische Textur der Größe 1.024 × 1.024 Pixel machen alle vier Modi, die Unterschiede liegen in den abweichenden Anforderungen an die Materialtexturerzeugung.

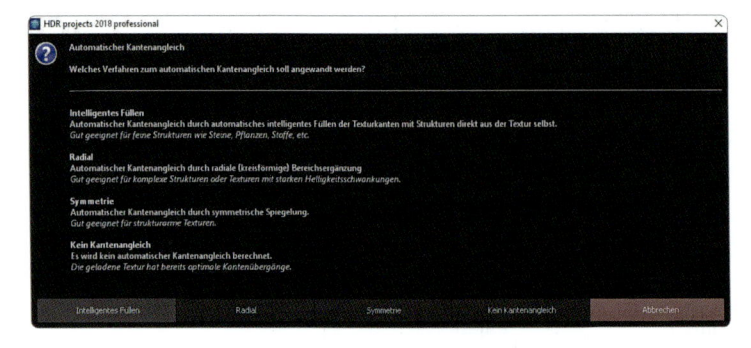

▲ *Intelligentes Füllen* **wandelt Ihre Datei in eine quadratische Textur um.**

❸ Im nächsten Dialogfenster legen Sie die Strukturgröße fest.

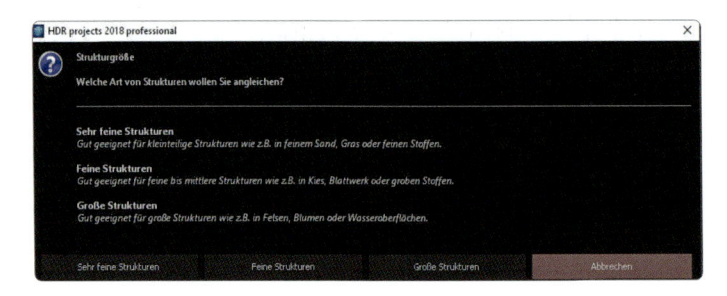

▲ Hier können Sie die gewünschte **Strukturgröße bestimmen.**

❹ Im letzten Dialogfenster bestätigen Sie, dass die Helligkeit ausgeglichen werden soll, um eine homogene Belichtung erzeugen zu können. Das Programm rechnet jetzt Ihre Bilddatei mit Ihren Vorgaben in eine Textur um und zeigt diese in der Angebotspalette an.

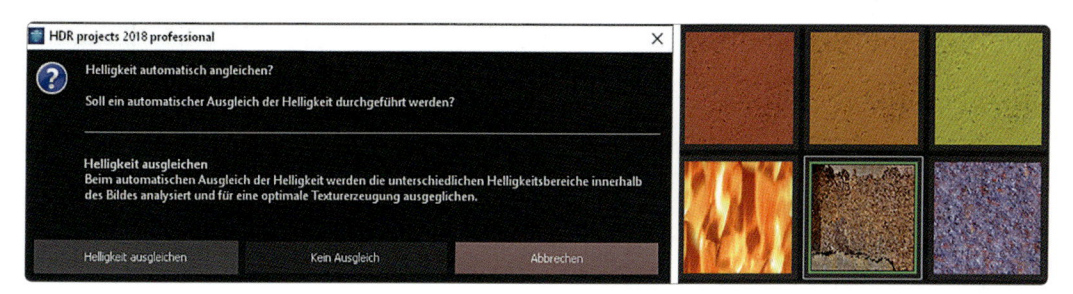

▲ Ein Klick auf Helligkeit ausgeglichen wandelt Ihre Bilddatei in eine Textur um.

❺ Last, but not least können Sie Ihre selbst erstellten Texturen nach Klick auf die Schaltfläche *Texturdatenbank* in einer Texturdatenbank speichern, die eigene oder fremde Datenbanken einladen oder löschen. Über diesen Button können Sie auch die eigene Textur wieder löschen, um die ursprüngliche Textur wieder sichtbar zu machen.

▲ Sie können Ihre eigenen Texturen in einer Datenbank speichern.

Ich hoffe, dass die Beispiele und Anregungen Ihnen einen Eindruck von den unglaublich vielfältigen Möglichkeiten dieses Moduls gegeben haben und Ihre Lust auf das eigene Kreieren toller und verblüffender Composings geweckt ist.

KORREKTUREN UND SCHNELLE RETUSCHE

Diesen letzten Punkt beim *Finalisieren* können Sie natürlich überspringen, wenn es auf Ihren Bildern nichts zu korrigieren gibt. Aber die Überschrift ist eine schlichte Untertreibung – das Retusche-Werkzeug kann deutlich mehr: nämlich blitzschnell unerwünschte Bildteile wegretuschieren oder austauschen, und das lohnt in jedem Fall einen Blick.

Kratzer und Sensorflecken entfernen

Flecken sind selten erwünscht – und auf der Linse bzw. dem Sensor schon gar nicht! Dennoch kann das auch bei bester Pflege und trotz der kamerainternen Sensorreinigung passieren. Es können aber auch Staubpartikel sein, die während der Aufnahme auf die Linse geraten sind, oder Regentropfen, die sich bei der Aufnahme nicht vermeiden ließen. Bei normaler Ansicht sind diese Flecken oft gar nicht zu sehen, sondern erst bei starker Vergrößerung, daher stören sie beim normalen Gebrauch nicht weiter.

HDR-Umwandlungen sparen bei der Kontrast- und Detailverstärkung nichts aus, wenn Sie nicht persönlich eingreifen – alles wird mit verstärkt. Aber das Entfernen von Flecken jeder Art geht mit HDR projects richtig gut und schnell. Es kann sogar fast so viel Spaß machen wie das Composing, weil das Retuschieren nicht nur für unerwünschte Bildelemente gelten muss, sondern auch neue kreative Möglichkeiten eröffnet.

▲ **Ein Klick auf** Kratzer-/Sensorfehler entfernen **führt zu allen Optionen.**

▶ **Die Wahlmöglichkeiten sind schnell erfasst.**

Der Blick auf das Bedienfeld lässt Sie sicher aufatmen und sagen: »Das ist mal auf einen Blick erfassbar und schnell zu begreifen!« Richtig, das Korrekturwerkzeug beherrschen Sie schnell und können es sofort für Ihre kreativen Ideen nutzen. Doch vor der Kür kommt die Pflicht, die aber auch Spaß macht, weil alles so gut und einfach klappt.

▲ Die Sensorflecken über dem Himmel von Málaga sind in der Normalansicht kaum zu erkennen, in der Vergrößerung des Himmels aber sofort.

50 mm :: f/9 :: 1/2500 s :: ISO 400 :: JPEG

▲ Ein Klick auf das Pinselsymbol aktiviert die Korrekturbereiche.

❶ Um die Sensorflecken schnell und effektiv zu entfernen, zoomen Sie in den kritischen Bereich hinein. Dann klicken Sie auf das Pinselsymbol oder drücken die Taste N für *Neu*, und schon sucht die Software automatisch einen passenden Bereich in der Umgebung, der den Fleck entfernt.

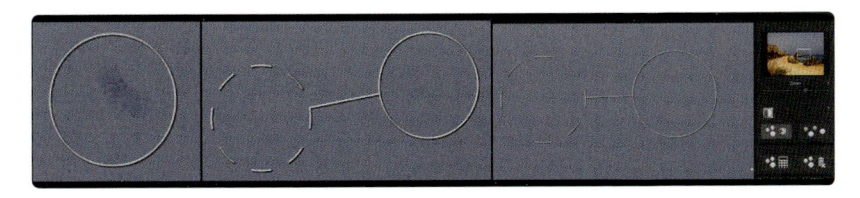

◀ Das Programm erkennt sofort die passenden Stellen und ersetzt den Fleck.

❷ Mit der Lupe oben rechts und dem Zoom können Sie jetzt durch das ganze Bild wandern, es nach weiteren Flecken absuchen und diese entfernen. Den Vorher-Nachher-Vergleich in der Normalansicht erspare ich Ihnen, weil Sie den Unterschied nur mit der Lupe sehen könnten.

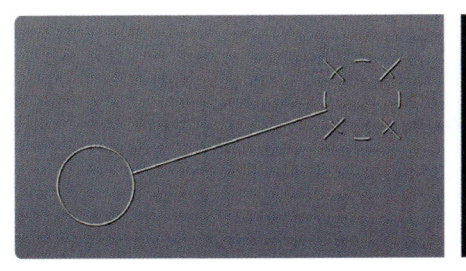

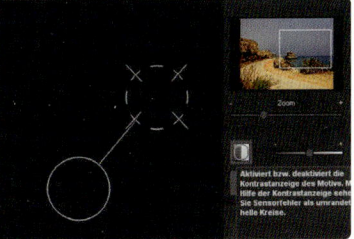

◀ Sie können jederzeit in die Automatik eingreifen und Ihren Wunschbereich selbst wählen.

KREATIVE ZUGABEN | 221

❸ Sind Sie mit dem automatisch vorgeschlagenen Austauschbereich nicht zufrieden und möchten lieber selbst einen passenden suchen, klicken Sie einfach in den gestrichelten Zielkreis und verschieben ihn an die gewünschte Stelle. Sie können auch die Quelle mit einem Mausklick markieren und noch etwas korrigieren.

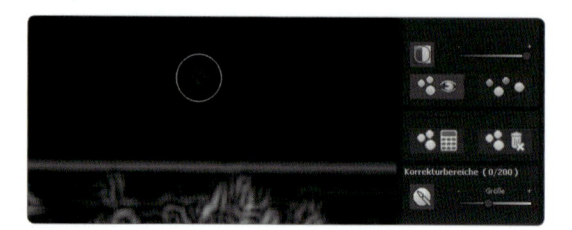

◀ Die Kontrastanzeige bei voll aufgedrehtem Regler nach rechts macht die Flecken deutlicher sichtbar.

❹ Die obigen Abbildungen zeigen noch eine von weiteren Möglichkeiten, die Sie mit den interaktiven Schaltflächen ausprobieren sollten, die *Kontraständerung*. Damit können Sie bei Bedarf die Umgebungsunterschiede besser herausstellen und beurteilen. Dieses Hilfsmittel könnte fast immer die erste Maßnahme sein, um ganz sicher alle Flecken zu erwischen.

❺ Haben Sie sämtliche Flecken wunschgemäß entfernt, kehren Sie mit *Schließen* in den *Finalisieren*-Modus zurück.

Weitere mögliche Störer entfernen

Im folgenden Beispiel habe ich per Hand einen falschen Korrekturpunkt gesetzt, um mit einigen Tipps weitere Möglichkeiten aufzuzeigen.

▲ In der Kontrastansicht sind die Flecken gut als runde Konturen zu erkennen.

❶ Per Doppelklick in den manuell gesetzten Austauschpunkt oder mit einem Klick auf den selbstbewussten Daumen nach oben können Sie der Automatik die Suche wieder überlassen – in der Regel mit einem sehr guten Ergebnis.

◀ Ein Doppelklick in den manuell gesetzten Kreis lässt die Automatik die richtige Stelle finden.

❷ Wenn der Korrekturkreis zu nah an eine Störstelle kommt, in diesem Beispiel an die Oberleitung, werden die angrenzenden Pixel dieses Bereichs mit übertragen. Das gilt auch für das unsaubere Setzen des Quellpunkts. Das ist natürlich nicht gewünscht und kann entweder durch erneutes manuelles Eingreifen beim Korrekturpunkt oder der Quelle ausgebessert werden oder per Rückkehr zur Automatik. Bei der Quelle hilft häufig eine Verkleinerung des ausgewählten Bereichs durch Schieben des Reglers nach links oder per ⎵-⎵-Taste, zum Vergrößern dient entsprechend die ⎵+⎵-Taste.

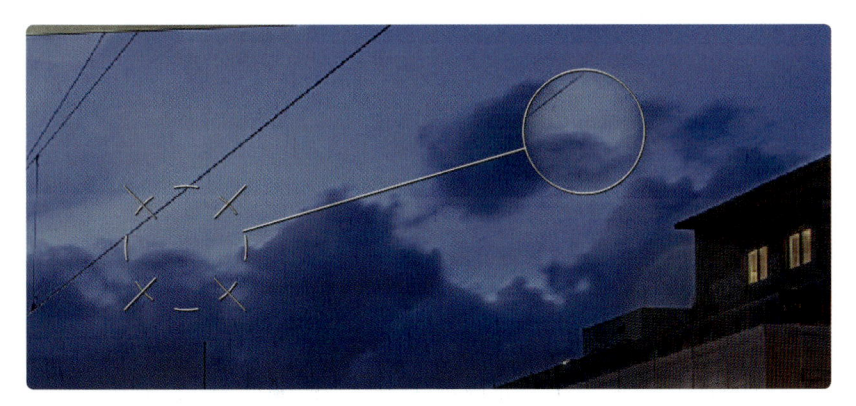

▲ Dieser manuell falsch gesetzte Korrekturpunkt zeigt die Konsequenz: Die Stromleitung wird mitgeklont.

❸ Mit der ⎵Entf⎵-Taste können Sie den aktuell ausgewählten Punkt mit dem dazugehörigen Korrekturvorschlag löschen. Oder Sie wechseln nach erfolgreicher Korrektur durch erneutes Drücken der ⎵N⎵-Taste zum nächsten Problemfall. Das können bis zu 200 Korrekturbereiche sein.

◀ Der Taschenrechner passt Ihre Korrektur für die neue Voreinstellung an.

KREATIVE ZUGABEN | **223**

❹ Wenn Sie wie im ersten Beispiel mit dem Entfernen des Flecks zufrieden sind, kehren Sie mit *Schließen* zurück in den *Finalisieren*-Modus. Sollte Ihnen dann einfallen, dass eine andere Voreinstellung doch noch schöner oder wirkungsvoller wäre, und Sie aktivieren sie, können Ihre durchgeführten Korrekturen nicht mehr stimmen, weil z. B. die neue Voreinstellung einen ganz anderen Bildlook mit dunklem Himmel erzeugt und die vorherige Korrektur auf hellem, blauem Himmel basierte.

Aber keine Angst: Die Lösung ist auch hier so genial wie einfach. Sie gehen zurück zum *Korrektur*-Modus und klicken auf das Taschenrechnersymbol. Danach können Sie sich zurücklehnen, ganz kurz warten und dann darüber staunen, dass das Programm alle gemachten Korrekturen neu berechnet hat – und auch hier bis zu 200 Mal.

Der Korrekturpinsel als kreativer Helfer

Nun kurz zur Kür. Sie können den Korrekturpinsel nicht nur zu Reparaturzwecken einsetzen, etwa zum Entfernen von störenden Papierschnipseln, Zigarettenresten und Schmutzpartikeln, sondern genauso gut für kreative Ideen wie diese:

▶ Angeknipste Lampen gegen dunkle auswechseln.

▶ Geschlossene Fenster gegen offene oder erleuchtete auswechseln.

▶ Bildelemente ganz entfernen.

▶ Motive duplizieren, klonen und vieles mehr.

Im Bildbeispiel habe ich die Quelle des Korrekturwerkzeugs auf das Auge und den Korrekturkreis per Maus manuell auf den obersten roten Knopf gesetzt. Das zweite Auge musste nach dem gleichen Verfahren daran glauben: Die N -Taste ruft das Werkzeug erneut auf, das zweite Auge ist die neue Quelle und der Korrekturbereich einer der drei roten Knöpfe – fertig.

▲ Der Korrekturpinsel tauscht in Sekundenschnelle die blauen Augen gegen rote aus.

Jetzt könnten Sie noch z. B. über *Selektives Zeichnen* mit den *FX*-Effekten die Farben der Knöpfe leuchtender machen etc.

▲ Achten Sie beim Klonen auf gleiche Perspektiven und Neigungen.

Verkehrtes Korrekturwerkzeug zum Klonen

Bis jetzt haben Sie als Quelle die kaputte oder störende Stelle genommen, beim Schneemann ein Auge, um es gegen einen Knopf auszutauschen. So weit, so gut. Aber falls Sie die blauen Augen doch noch für weitere Duplikationen nutzen wollten: Sie sind weg.

»Verkehrtes« Korrekturwerkzeug habe ich es deshalb genannt, weil Sie auch genauso gut umgekehrt vorgehen können: Sie wählen den Bereich, in den z. B. ein weiterer Knopf hinein soll, korrigieren bei Bedarf die Größe nach oben oder unten und wählen dann manuell mit der Maus den Knopf, den Sie an dieser Stelle haben möchten.

Das können Sie fast beliebig oft wiederholen. Wenn Sie das Gleiche mit den blauen Augen vorhaben, zeigt dieses Bespiel aber auch die natürlichen Grenzen: Das Objekt, das geklont werden soll, nimmt alle seine Eigenschaften mit – inklusive der falschen Drehung und Neigung für den jetzt blauen Knopf neben dem in der Mitte. Das sieht einfach falsch aus.

KREATIVE ZUGABEN | 225

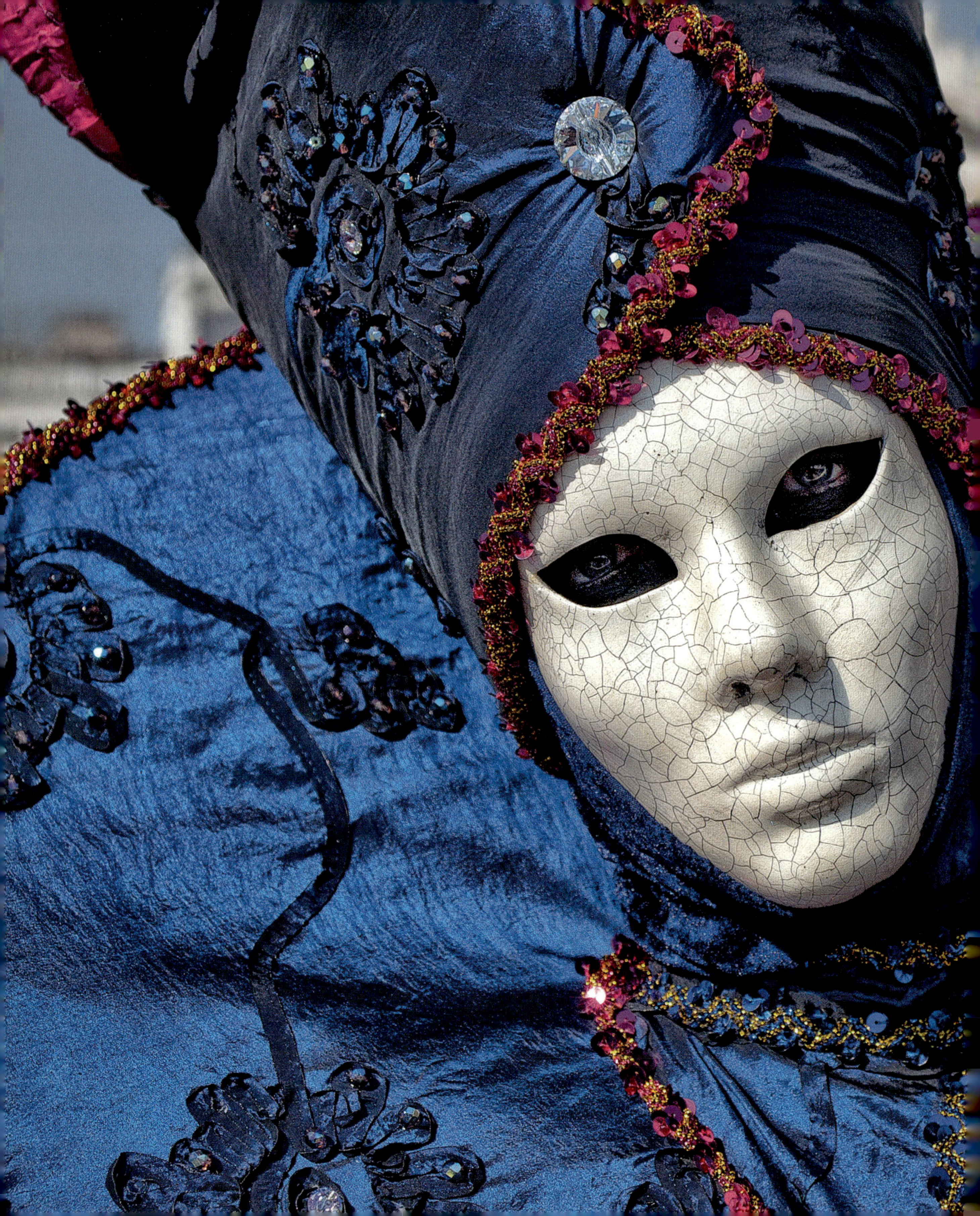

Kapitel 9

LETZTE AUSFAHRT HDR PROJECTS-EXPERTE

- **Bildbearbeitung ohne Limits** 228
  - Automatik aus! – Hier sind Sie der Experte 230
  - Zwischenergebnis als neues Originalbild 230
  - Ergebnisbild in Zwischenablage kopieren und versenden 231
  - ultra HDR, Szenario und Algorithmen 232
  - Tonemappings, Effekte und ihre Variationsmöglichkeiten 232
  - Filter/Effekte und Masken 233
  - Das Kernstück des Post-Processings 233

- **Smart-Mask-Filter** 237
  - Individuelle Einflussfaktoren auf gewählte Effekte 239
  - Reihenfolge der Filter in der Liste der gewählten Effekte 240
  - Ebenenverrechnungsmethoden und Deckkraft 240
  - Weitere Einflussnahmen über die Effekte-Parameter 242
  - Die Maskierungskurve verändert die Intensität 244
  - Weitere selektive Bearbeitungsoptionen 245
  - Cross-Color-Entwicklung mit einem Verlauf 245
  - Eigene Voreinstellungen erstellen und weitere Effekte-Optionen 248

■ Viele Geheimnisse des *Experte*-Modus haben Sie in den vorangegangenen Kapiteln bereits kennengelernt und gesehen, wie Tonemappings die HDR-Stile prägen, dass zu den verschiedenen Voreinstellungen ganz unterschiedliche Effekte gehören und wie ein Bild durch das Ab- und Zuschalten von Filtern einen ganz anderen Charakter bekommen kann. Die Software lässt es zu, dass Sie sozusagen nicht nur das fertige Menü genießen dürfen, sondern auch das Rezept mit allen Zutaten einsehen und selbst zum Koch werden können, der die Zutaten nach eigenem Geschmack variiert. Das zeugt von einem berechtigten Selbstbewusstsein des Kochs dieser Software.

In diesem abschließenden Kapitel sehen Sie noch einmal ausgewählte Konfigurationsmöglichkeiten, die das Ausprobieren und selbstständige Umsetzen Ihrer Bildideen sowie das Verständnis einiger Funktionen erleichtern können. Diese Anregungen können nur als Anstoß dienen, um mit den hier angebotenen Variationsmöglichkeiten zu experimentieren. Vielleicht kristallisieren sich schnell einige Lieblingsvarianten mit einer bevorzugten Zusammenstellung von gewählten Effekten heraus. Der Hauch von Mythos und Genialität, der Experten oft anhaftet, kann auf den ersten Blick allzu großen Respekt einflößen, vor allem in Anbetracht der unglaublich vielen Bearbeitungsmöglichkeiten.

BILDBEARBEITUNG OHNE LIMITS

Bei den nachfolgenden Bildbeispielen merken Sie schnell, dass Sie sich schon nach kurzer Eingewöhnung mithilfe der interaktiven Schaltflächen leicht und intuitiv in diesem Modus bewegen können.

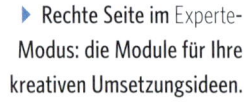

▶ Rechte Seite im *Experte*-Modus: die Module für Ihre kreativen Umsetzungsideen.

18 mm :: f/7.1 :: 1/200 s :: ISO 125 :: JPEG

Wenn Sie sich nicht sicher sind, ob der nächste Klick dem Bild mehr schadet als guttut, setzen Sie einfach vorher einen Undo-Punkt und sind damit auf der sicheren Seite. Und zwischendurch immer mal ein Blick auf das Original schärft bei aller Euphorie über das Machbare die Sinne dafür, wie weit Sie sich von Ihrem Ursprungswerk entfernt und sich vielleicht in der Unendlichkeit der Möglichkeiten verloren haben.

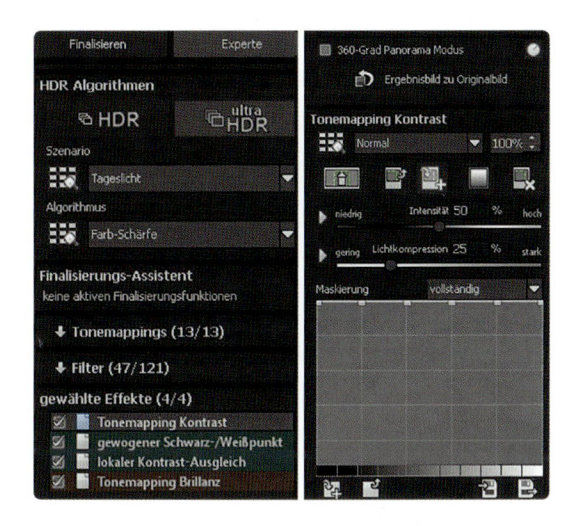

◀ Algorithmen, Tonemappings, Filter, Effekte **und viele individuelle Variationen.**

Die Gesamtwirkung eines Bilds können Sie in diesem Modus über viele Komponenten beeinflussen. Die Hauptvarianten, die ich Ihnen in den nachfolgenden Bildbeispielen kurz vorstelle, sind:

▶ Die Wahl von *Algorithmen*, *Szenarios*, *Tonemappings*, *Effekten* oder der *Maskierung*.

▶ Die Reihenfolge der Filter (Effektebenen), die zu unterschiedlichen Wirkungen auf das Gesamtergebnis führt.

▶ Die Verrechnungsmethoden der Effektebenen, die ausschließlich auf die aktivierte Ebene wirken und den Bildlook z. B. intensivieren oder komplett verfremden können.

▶ Die individuellen Parameter für das Feintuning oder Verändern eines Effekts.

▶ Die Maskierungskurve für die variable Intensität eines Effekts.

▶ Eigene Voreinstellungen, um Ihre Lieblingseinstellungen jederzeit blitzschnell anwenden zu können.

Anmerkung: Die folgenden Anregungen haben nicht den Charakter eines Workflows, auch die Bildbeispiele wechseln und zeigen keine Entwicklung vom Import zum Ergebnisbild.

Automatik aus! – Hier sind Sie der Experte

Am besten und schnellsten erarbeiten Sie sich die vielen Konfigurationsmöglichkeiten, wenn Sie zunächst den Optimierungs-Assistenten mithilfe der Schaltfläche über dem Tonemapping ausschalten, weil sonst die Effekte viel extremer wirken und die isolierte Wirkung verfälscht werden könnte.

Dann können Sie die gewünschten Effektkombinationen ausprobieren, nach Ihren Wünschen ganz neue Voreinstellungen erzeugen oder bestehende anpassen. Testen Sie schrittweise die Wirkung der verschiedensten Konfigurationsmöglichkeiten und stellen Sie Ihre Lieblingstools für die unterschiedlichsten Bildlooks zusammen. Und in der Vergleichsansicht können Sie Ihre Eigenkreationen mit der HDR-Fusion vergleichen.

Bevor es losgeht, stelle ich Ihnen noch zwei neue interessante Optionen vor, die Sie nutzen können, wenn Sie

- viel mit Effekten experimentieren, die Kaskade der Effekte immer länger wird und die damit verbundenen Berechnungen immer zeitintensiver werden oder
- ein Ergebnisbild schnell z. B. in eine Mail kopieren und versenden möchten.

Zwischenergebnis als neues Originalbild

Sobald Sie auf die Schaltfläche *Ergebnisbild zu Originalbild* unterhalb der Liste der gewählten Effekte klicken, passieren mehrere Dinge automatisch:

- Alle Effekte der Voreinstellung, ob ein bestehender oder ein durch Sie erweiterter, werden abgeschaltet.
- Es wird ein Undo-Punkt gespeichert.
- Das bisherige Ergebnisbild wird in voller Größe berechnet.
- Das Zwischenergebnisbild ist jetzt das neue Ausgangsbild, quasi das neue Original, an dem Sie wieder viele neue Bildlooks testen können. In Konsequenz heißt das aber auch, dass z. B. der Optimierungs-Assistent deaktiviert wird und das *Selektive Zeichnen und Kratzer & Sensorfehler geleert werden*, sofern sie aktiv waren.

Und wenn Sie möchten, kehren Sie über den Undo-Punkt zu allen aktivierten Effekten zurück.

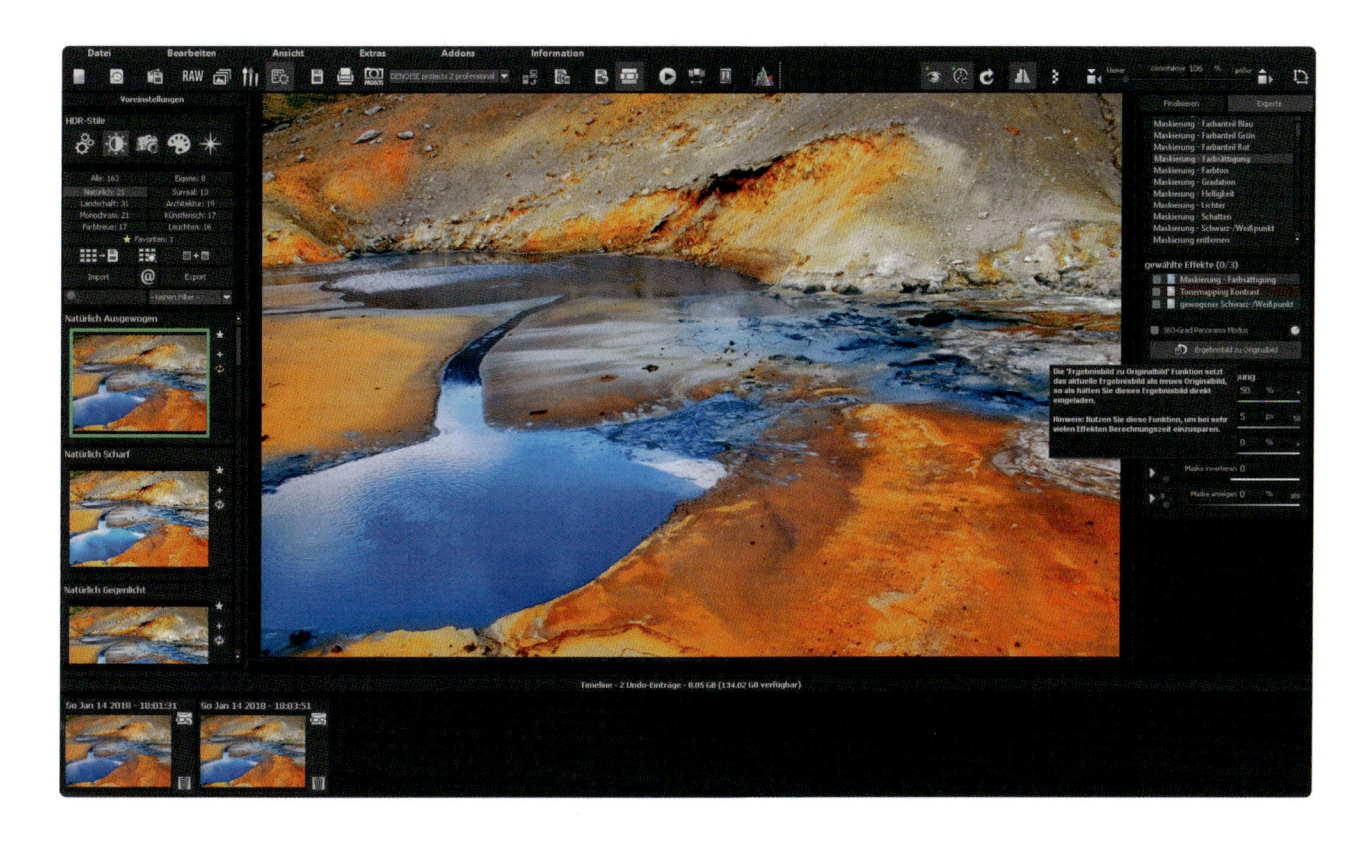

Ergebnisbild in Zwischenablage kopieren und versenden

Ein Zwischenergebnisbild oder ein fertiges Ergebnisbild können Sie jetzt ganz einfach z. B. in eine Mail kopieren und versenden:

❶ Öffnen Sie das Menü *Datei* und wählen Sie *Ergebnisbild in die Zwischenablage*, oder nutzen Sie das Tastenkürzel Strg + C.

❷ Rufen Sie jetzt Ihr E-Mail-Programm auf, geben Sie den Adressaten ein, und mit dem Tastenkürzel Strg + V fügen Sie das Bild aus der Zwischenablage in die Mail ein.

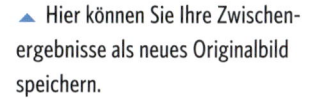

▲ Hier können Sie Ihre Zwischenergebnisse als neues Originalbild speichern.

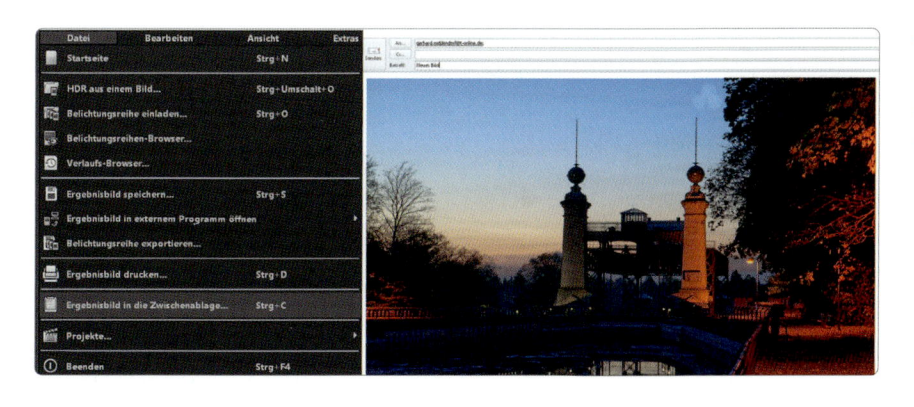

◀ **Über** Datei/Ergebnisbild in die Zwischenablage **kopieren Sie das Bild und können es dann in die Mail einfügen.**

ultra HDR, Szenario und Algorithmen
Die Entscheidung für *ultra HDR*, das passende *Szenario* und den *Algorithmus* treffen Sie genauso wie in den vorangegangenen Workflows.

▶ Die Algorithmen sind identisch mit denen im *Finalisieren*-Modus.

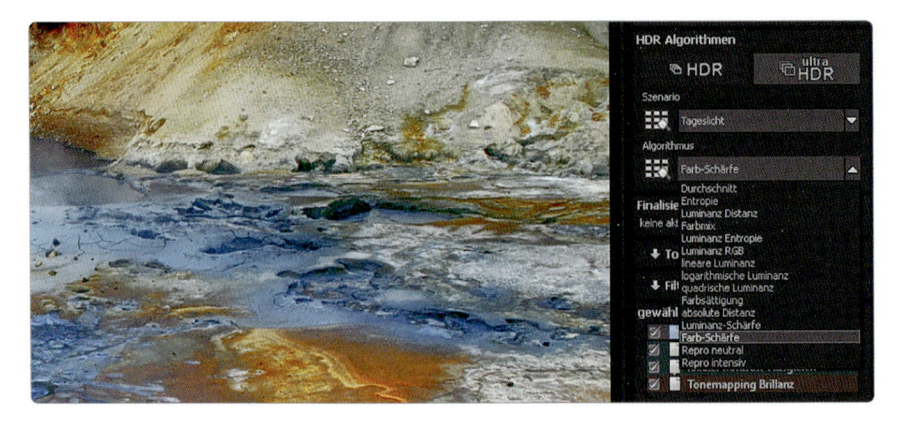

Tonemappings, Effekte und ihre Variationsmöglichkeiten
Die 13 *Tonemapping-Algorithmen* komprimieren den Dynamikumfang der Hochkontrastbilder und verbessern Ihr Bild qualitativ. *Tonemapping Kontrast*, *Tonemapping Brillanz* oder beide zusammen finden Sie praktisch bei jeder Voreinstellung in der Liste der gewählten Effekte, weil sie auch maßgeblich die HDR-Stile prägen.

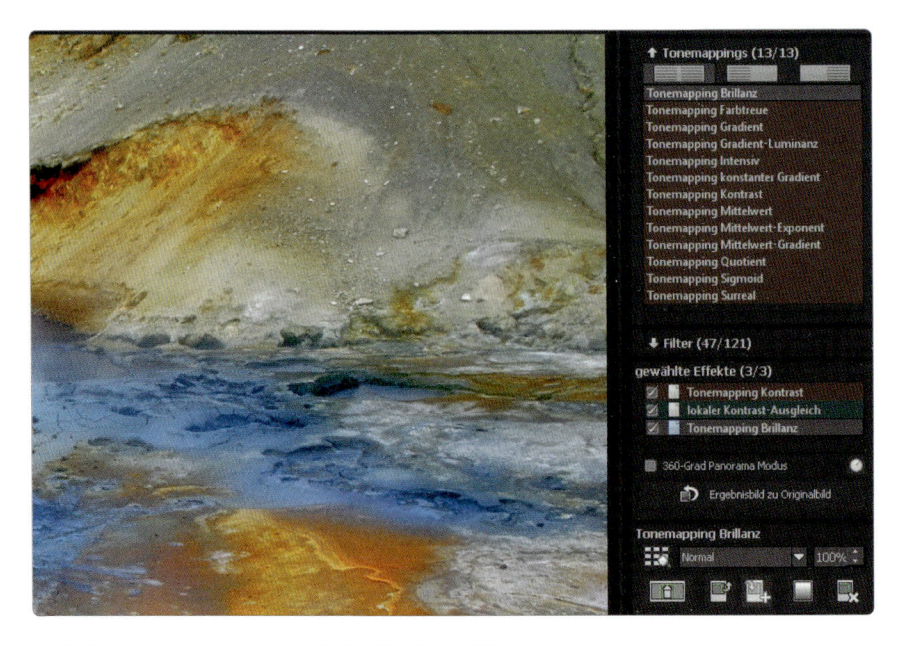

▲ Die Tonemappings verbessern die Qualität Ihres Bilds.

Wenn Sie z. B. *Tonemapping Kontrast*, der oft an oberster Stelle in der Liste steht und damit die höchste Priorität in der »Effekte-Hierarchie« genießt, wahlweise ab- und wieder zuschalten, erleben Sie nicht selten unglaubliche Veränderungen in Ihrem Ausgangsbild.

Abhängig vom Bildmotiv und dem Bildlook, der Ihnen vorschwebt, lohnt in jedem Fall ein schnelles Durchklicken der Tonemappings, weil die Bildwirkung sich manchmal nur ganz wenig, manchmal aber dramatisch verändert. Die Tonemappings liegen bewusst über den Effekten und schaffen oft die Rahmenbedingungen, in denen die speziellen Filter ihre Wirkung voll entfalten können.

Filter/Effekte und Masken

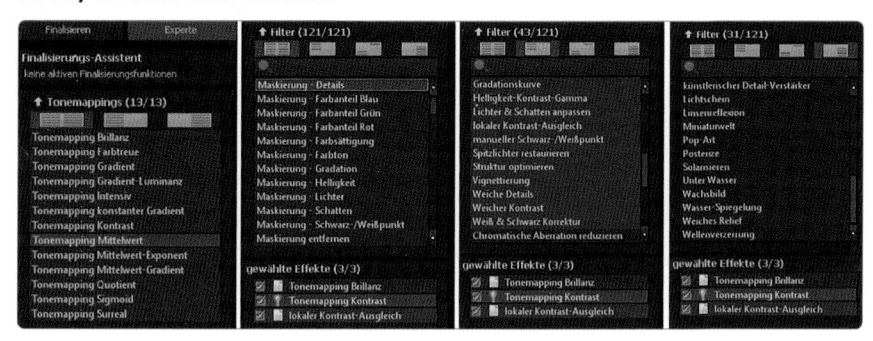

▲ Mit den Tonemappings (13) und den Effekten (121) können Sie Ihr Bild beliebig anreichern und verändern.

Das Kernstück des Post-Processings

Die Filter und Effekte bilden das Kernstück des Tonemapping- und Post-Processing-Bereichs. Hier können Sie die gesamte Bildnachbearbeitung mit den einzelnen Parametern der Effekte steuern!

Die 121 Maskierungen und Filter/Effekte können Sie über die vier grauen Schaltflächen oben (von links nach rechts) eingrenzen und sortieren:

▶ Alle Effekte – der unsortierte Gesamtüberblick.

▶ Die wichtigsten grundlegenden Effekte.

▶ Weiterführende Bildbearbeitungseffekte.

▶ Zusätzliche bzw. künstlerische Effekte.

Aus beiden Listen bzw. Zutatenregalen – den Tonemappings und den Filtern – können Sie sich beliebig und beliebig oft bedienen und damit die *Liste der gewählten Effekte* immer länger werden lassen.

◂ **Das Ausgangsbild,** die belgische Nordseeküste nahe Brügge, mit deaktivierten Effekten und leicht »geneigtem« Horizont.

40 mm :: f/8 :: 1/160 s :: ISO 100 :: RAW

▾ **Bildbearbeitung mit den drei Effekten** Airbag Verzerrung, Perspektive korrigieren, Dunst & Nebel reduzieren.

Sie werden bemerkt haben, dass die Liste der Filter gar nicht mit Effekten beginnt, sondern mit Maskierungen. Warum diese so wichtig sein können, sehen Sie im Anschluss an den Effekt-Beispielen.

Dem Ausgangsbild wurden drei Effekte hinzugefügt:

- *Airbag* – Pumpt das Bild ein wenig auf.
- *Perspektive* – Hier können Sie – das geht sonst nur im RAW-Modul – die Perspektive in der Horizontalen oder Vertikalen manuell anpassen und z. B. stürzende Linien korrigieren oder gewollte Verzerrungen einbauen.
- *Dunst & Nebel entfernen* – Hier werden mögliche Dunstschleier reduziert, und das Bild wird »klarer«. Das macht es gewöhnlich auch etwas dunkler und intensiver in den Farben. Dieser Filter ist per Drag-and-drop an die oberste Stelle der Effektebenen gesetzt worden.

▼ Links: Originalbild, entstanden in Hamburg (2018, rechts: Effekte: Offset **(Neu)**, Erosion **(Neu)**, Spiegelung.

24 mm :: f/8 :: 1/50 s :: ISO 400 :: RAW

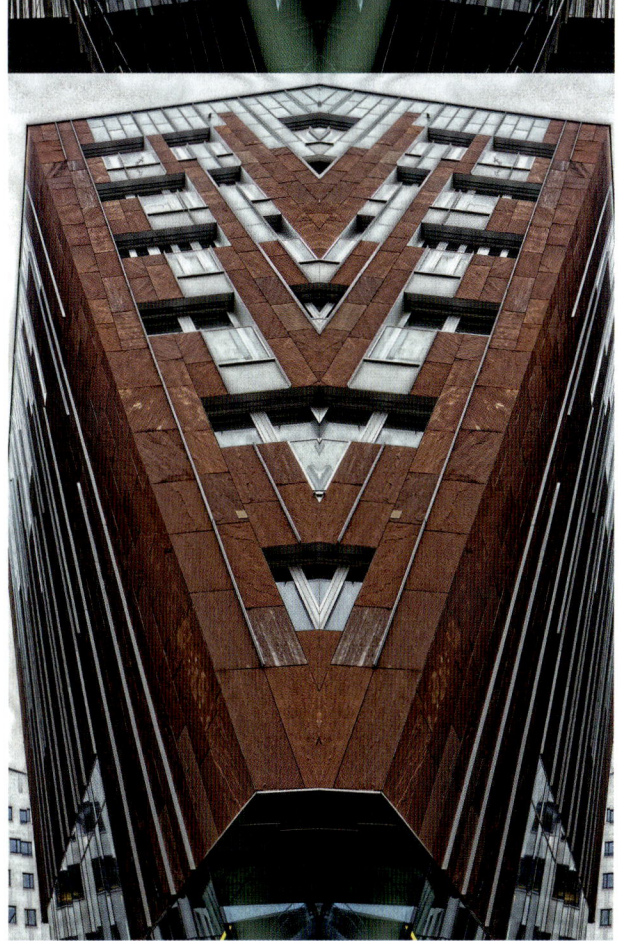

TIPP

Aktivieren Sie die leere Voreinstellung (oder löschen Sie in einer Voreinstellung alle Effekte), füllen Sie per Doppelklick die Liste der gewählten Effekte mit allen neuen Effekten und erstellen Sie eine neue *Eigene Voreinstellung* mit diesen Effekten. Diese können Sie dann nacheinander ausprobieren und kommen vielleicht in Kombination mit anderen Effekten zu neuen persönlichen Favoriten-Voreinstellungen, die Sie dann erneut als neue *Eigene Voreinstellungen* anlegen können!

In HDR projects gibt es zwölf neue wirkungsstarke Filter:

- *Chromatische Verzerrung* – Damit können Sie nachträglich für künstlerische Verfremdungen chromatische Aberrationen ins Bild rechnen.
- *Chromatische Korrektur (CA)* – Dieser Filter bewirkt das Gegenteil (pro Kanal und einstellbarem Mittelpunkt) des vorherigen Filters.
- *Dilatation* – Vergrößert helle Bereiche im Bild.
- *Erosion* – Vergrößert dunkle Bereiche im Bild.
- *Farbkanäle mischen* – Sie können z. B. den Rot- mit dem Grünkanal tauschen und so blitzschnell umfärben.
- *Offset* – Damit können Sie durch das Bild rollen und z. B. in Verbindung mit dem Effekt *Spiegelung* künstlerische Looks erzeugen.
- *Intensiv-Leuchten* – Erzeugt einen sehr starken Glow-Effekt.
- *Normalisieren* – Basiert auf Helligkeiten und entfernt Farbstiche aus einem Bild.
- *Normalisieren (RGB)* – Basiert auf Farbkanälen, die man einzeln steuern kann.
- *Pop-Art* – Künstlerischer Effekt à la Andy Warhol.
- *RGB Transformation* – Für die Erzielung toller Farbeffekte.
- *Zentrum belichten* – Wirkt ähnlich wie eine Vignette und kann beliebig im Bild verschoben werden.

▲ Zum Ausprobieren: eigene Voreinstellung mit allen neuen Effekten anlegen.

SMART-MASK-FILTER

Diese neue Effektkategorie bietet elf neue Maskierungsfilter. So können Sie z. B. bestimmte Farben, Helligkeiten oder Farbsättigungen von der Gesamtstärke aller oder einzelner Effekte ausgrenzen oder reduzieren und halten damit nicht nur sehr wirkungsvolle, sondern auch ganz leicht zu bedienende Werkzeuge in der Hand.

◀ Die neuen Maskierungsfilter.

Die Maskierung wirkt immer auf die Effekte, die darunterliegen! Wenn eine Maskierung also per Doppelklick der Liste der gewählten Effekte hinzugefügt wird, liegt sie automatisch ganz unten und bewirkt gar nichts! Wenn Sie sie ganz nach oben an den Listenanfang schieben, wirkt sie auf alle Effekte. Masken sind kombinierbar: Wenn Sie zwei Masken untereinandersetzen, wirkt auf die nachfolgenden Effekte praktisch die »Schnittmenge der beiden Masken«!

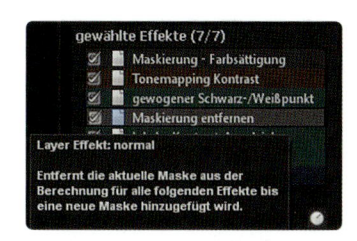

◀ Maskierungen gezielt für bestimme Effekte einsetzen.

Wenn Sie die Wirkung wie hier im Beispiel nur auf die beiden Effekte *Tonemapping Kontrast* und *gewogener Schwarz-/Weißpunkt* beschränken möchten und alle Effekte darunter unberührt bleiben sollen, platzieren Sie die Maske *Maskierung entfernen* darunter, und alle nachfolgenden Effekte wirken wieder unbeeinflusst von der einschränkenden Maskenwirkung.

▲ Wenn Sie das Bild als zu gesättigt empfinden, können Sie die Maske Maskierung Farbsättigung an den Listenanfang setzen und über die Regler die Entsättigung nach Ihren Wünschen steuern. (Fotograf: Achim Mellor)

▲ Über die Schieberegler können Sie die Wirkung der Maske beeinflussen.

Wenn Sie den Regler *Sättigung* nach links schieben, werden die Farben immer weiter entsättigt. Steht der Regler ganz rechts, passiert gar nichts.

Sie haben aber weitere Einflussmöglichkeiten:

▶ *Maske glätten* – Bewirkt, dass die Maskierung härter oder weicher gegen die Umgebung abgegrenzt wird.

▶ *Luminanz addieren* – Bedeutet, dass Sie die Lichter (positive Werte) oder Schatten (negative Werte) stärker maskieren können.

▶ *Maske invertieren* – Damit wird die Wirkung umgekehrt (und in diesem Fall passiert dann gar nichts Entsättigendes).

◀ Die weißen Stellen werden voll maskiert, die schwarzen gar nicht.

▶ *Maske anzeigen* – Ermöglicht praktisch eine Visualisierung des Maskeneffekts: Die weißen Stellen werden zu 100 % maskiert, die schwarzen gar nicht, und die verschiedenen Grautöne zeigen die differenzierten Abstufungen dazwischen.

Individuelle Einflussfaktoren auf gewählte Effekte

Im Wesentlichen haben Sie folgende Möglichkeiten, die Wirkung der gewählten Effekte – egal ob *Tonemappings* oder andere *Filter/Effekte* – zu beeinflussen (der gewählte Effekt muss durch Anklicken aktiviert sein):

▶ durch die Reihenfolge in der Liste der gewählten Effekte.

▶ durch die Ebenenverrechnungsmethoden.

▶ durch die Deckkraft, die die Gesamtwirkung des aktivierten Effekts beeinflusst.

▶ durch die zu jedem Effekt gehörenden und auf ihn abgestimmten Parameter, die ganz gezielt individuelle Veränderungen ermöglichen.

▲ **Einflussfaktoren auf** Tonemappings **und** Effekte**.**

Reihenfolge der Filter in der Liste der gewählten Effekte

Tonemappings und Effekte werden per Doppelklick aktiviert und in der Reihenfolge der Klicks bei den gewählten Effekten abgelegt.

Warum ist das erwähnenswert? Das sehen Sie sofort, wenn Sie die Algorithmen zum Ausprobieren durchklicken. Jeder neue Algorithmus verändert die Gesamtwirkung aller bisherigen Effekte und kann zu starken Irritationen führen, weil bei jedem Doppelklick auf den nächsten Filter die Bildwirkung eine völlig andere sein kann als beabsichtigt.

So hat die Funktion *Tonemapping Brillanz*, die hier ganz unten steht, für sich allein eine ganz andere Wirkung als in Kombination mit anderen Effekten. Die Reihenfolge der Effekte, die Sie durch Verschieben mit der linken Maustaste nach oben oder unten beeinflussen können, ist ebenfalls nicht egal und bestimmt wieder eine andere Gesamtwirkung.

Das ist bei Masken ganz extrem: Wenn eine Maske ganz unten in der Liste steht, bewirkt sie gar nichts, und wenn sie ganz oben steht, wirkt sie auf alles. Sämtliche ausgewählten und angelegten Effekte verhalten sich wie Ebenen. Die Reihenfolge und der jeweilige Verrechnungsmodus bestimmen die Gesamtwirkung des Bilds.

Ebenenverrechnungsmethoden und Deckkraft

Sie können die Tonemappings wie auch alle anderen Effekte durch Ebenenverrechnungen (im Beispiel *Hartes Licht*) noch weiter stark verändern und dann über die *Deckkraft* ganz subtil Ihren Vorstellungen anpassen. Die Gegenüberstellung macht deutlich, wie stark sich die Wirkung bei nur einer einzigen Ebenenverrechnung in Kombination mit einem Algorithmus ändern kann.

Wichtig: Alle diese Verrechnungsmethoden wirken nur auf den jeweils aktivierten Effekt und nicht auf die darunterliegenden Effekte.

▶ Die Lämpchen vor den Effektbezeichnungen zeigen an, dass hier eine Ebenenverrechnung aktiv ist, die Sie sich durch Klick auf den Effekt immer wieder anzeigen lassen können.

▶ Neu sind die fünf Verrechnungen *Addieren*, *begrenzt Addieren*, *Differenz Addieren*, *tiefe Schatten* und *helle Lichter*.

▶ Im Ebenenverrechnungsbrowser können Sie bequem die teilweise verblüffende Wirkung aller Methoden vergleichen und die gewünschte auswählen.

Wenn Sie die Verrechnungsmodi bei den Tonemappings oder bei den Effekten in Ruhe ausprobieren, werden Sie – je nach Bildmotiv und beabsichtigter Wirkung – schnell Ihre Favoriten entdecken.

VERRECHNUNGS-METHODEN

Ebenenverrechnungsmethoden – angewandt auf Tonemappings oder Filter – können Ihre Bilder weiter optimieren oder wirkungsvoll verfremden. Die Wirkung hängt stark vom jeweiligen Bildmotiv und dem beabsichtigten Bildlook ab.

▲ Tonemapping Intensiv **ohne weitere Effekte und ohne Ebenenverrechnung**.

◀ Tonemapping Intensiv **ohne weitere Effekte mit Ebenenverrechnung Hartes Licht**.

LETZTE AUSFAHRT HDR PROJECTS-EXPERTE | **241**

Weitere Einflussnahmen über die Effekte-Parameter

Zu jedem Tonemapping, jedem Effekt und bei allen Masken können Sie bei Bedarf die individuellen Regler- und Parametereinstellungen verändern, die sich nach einem Klick in den Effekt automatisch unterhalb der Liste aller Effekte öffnen. Sie werden staunen, wie schnell und wirksam Sie mit diesen Reglern die Wirkung feiner justieren oder im Gegenteil stark verändern können.

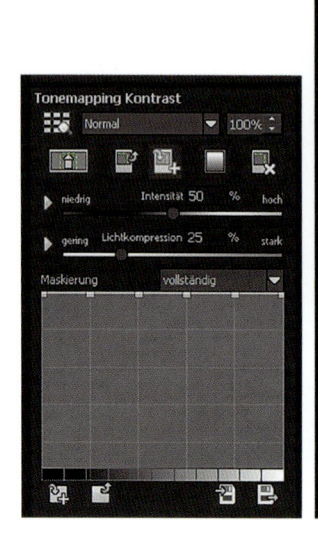

◀ Über die Effekte-Regler können Sie die Wirkung nach Ihren Vorstellungen steuern.

Und hier gibt es noch etwas Besonderes: Wenn Sie auf einen der Pfeile vor den Reglern klicken, läuft jeweils eine Filmvorschau mit der erzielbaren Wirkung auf das Bild von 0 bis 100 % ab. Das ähnelt dem Player bei den Geisterbildern. Mit der Esc -Taste können Sie den Player an jeder Stelle stoppen.

So schnell können Sie mit dem Umstellen eines einzigen Reglers den Bildlook verändern: Die Mischung des Rot- und Grünkanals führt blitzschnell zu einer spektakulären Wandlung: Alle Farbtöne, die in Richtung Rot tendierten, sind grün geworden und umgekehrt!

▼ Voreinstellungen: **HDR-Stil** Schatten und Licht, **Voreinstellung** Architektur Modern, **Landschaftspark Duisburg. Die Regler zum Effekt** Farbkanäle mischen **in der automatischen Voreinstellung.**

▶ Gleiche Voreinstellungen, Rot- und Grünkanal gemischt.

LETZTE AUSFAHRT HDR PROJECTS-EXPERTE | **243**

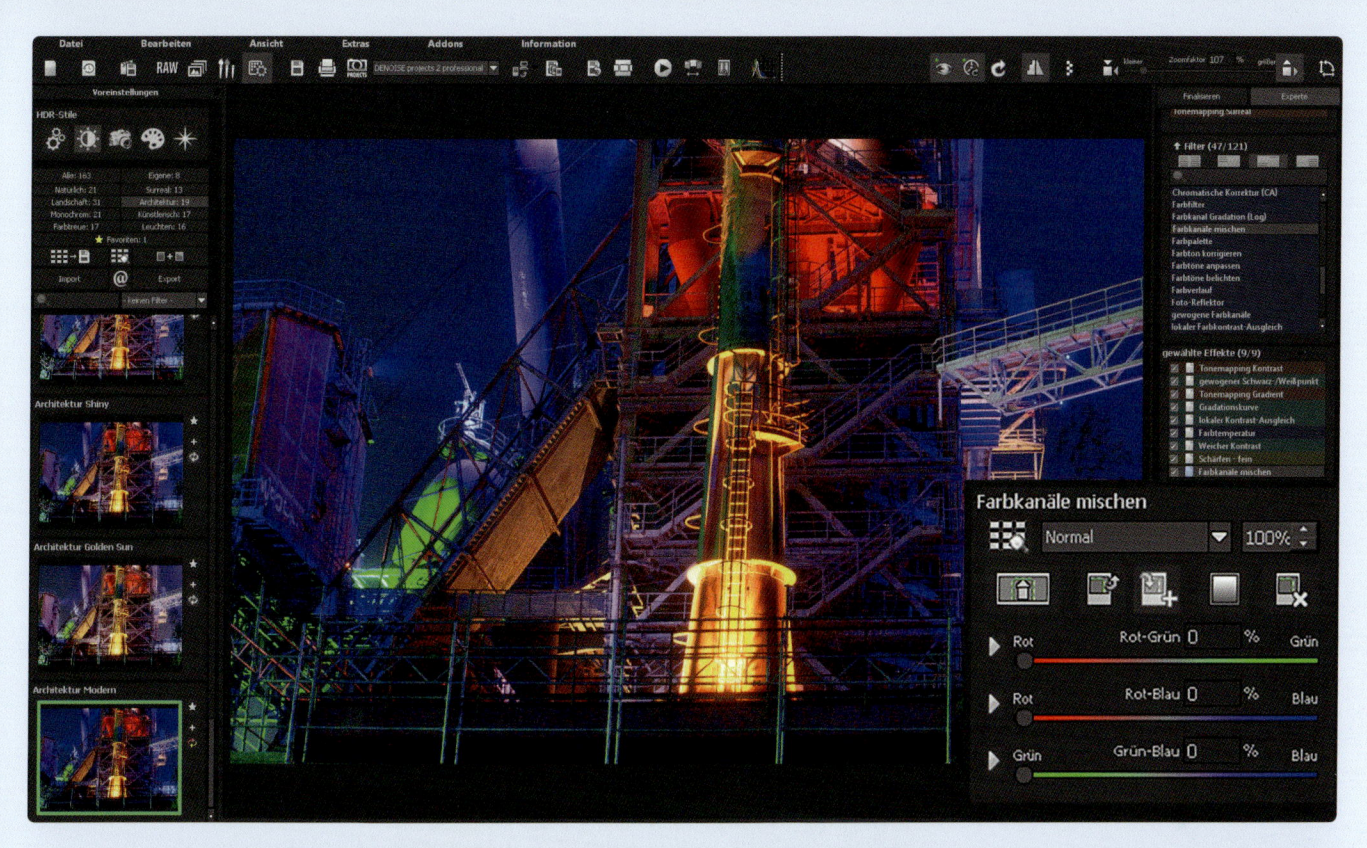

Die Maskierungskurve verändert die Intensität

Die Maskierungskurve bestimmt die Intensität des aktivierten Effekts für einzelne Helligkeitsbereiche des Bilds. Wenn Sie einen Effekt ausgewählt haben, im Beispiel die bekannte *Gradationskurve* (per Drag-and-drop an die oberste Stelle ziehen), können Sie durch Klick auf den kleinen Pfeil rechts oben die Drop-down-Liste öffnen und die Voreinstellungen ausprobieren, im Beispiel die Option *expandieren*. Oder Sie beeinflussen die *Gradationskurve* manuell über deren Anfasser:

▶ Mit den Parametern der Maskierungskurve können Sie die Bildwirkung stark verändern.

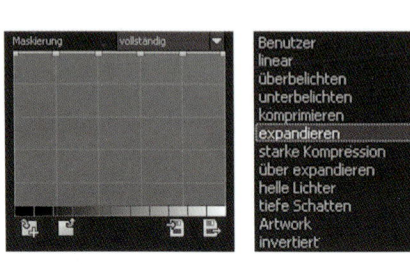

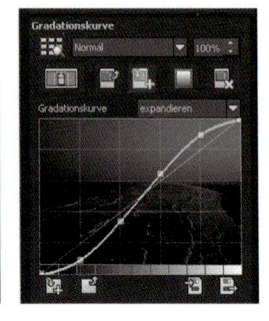

Diese Voreinstellungen und damit die neue – von Ihnen bestimmte – Helligkeitsverteilung wirken nicht generell auf das Bild, sondern die Maske wirkt selektiv je nach Kurvenverlauf. Im Bildbeispiel der S-Kurve werden die hellen Bildbereiche (der obere rechte Teil vom S) intensiviert und die dunklen (der linke untere Teil vom S) zurückgenommen.

▼ Der Effekt Gradationskurve mit der Vorwahl expandieren.

Die Werte in der Drop-down-Liste sind beim oben beschriebenen Effekt *Gradationskurve* andere als bei *Maskierung-Gradation*, also einer Maske, die diese Bildhelligkeiten auf Basis einer einstellbaren Gradationskurve maskiert.

Weitere selektive Bearbeitungsoptionen

Weitere Möglichkeiten der selektiven Masken deute ich hier nur an, weil die elf Maskierungseffekte jetzt schneller die meiste Arbeit abnehmen! Sie können bestimmte Bildteile von einem Effekt ausnehmen oder ihn mildern. Das kann beispielsweise eine starke Kontraststeigerung im ganzen Bild über ein Tonemapping oder einen Effekt bedeuten, wovon selektiv einzelne Bildelemente ausgenommen werden sollen. Wenn Sie über die interaktiven Schaltflächen streichen, werden Ihnen alle Optionen angezeigt.

Die vielleicht bekanntesten selektiven Eingriffe in ein Bild sind die *Verläufe*, die ausgewählte Bildbereiche ausmaskieren, aber eben mit sehr sanften Übergängen. Sie können per Klick auswählen und so blitzschnell den gewünschten Bildlook bestimmen. Bei sehr vielen Bildern ist die Nachbearbeitung mit dem Einfügen eines Verlaufs druckreif abgeschlossen.

Cross-Color-Entwicklung mit einem Verlauf

❶ Im ersten Schritt verrechnen Sie den Effekt per Klick im Drop-down-Menü auf *nur Rotkanal* und bekommen als Zwischenergebnis ein Cross-Color-Bild mit noch intensiverer Herbststimmung.

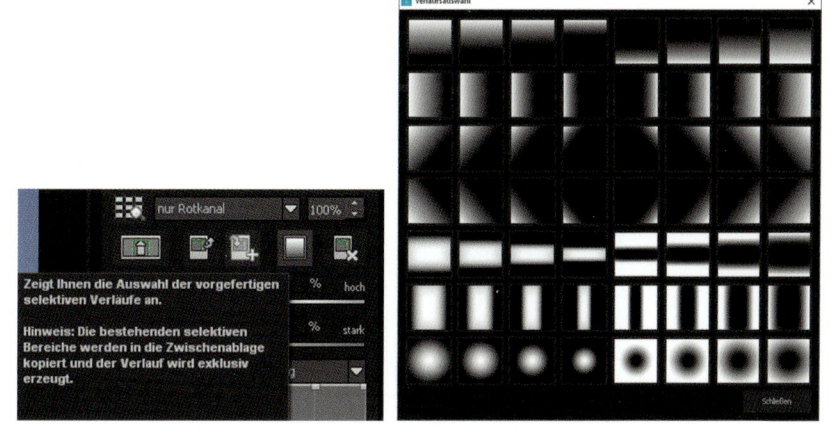

▲ Die zweite Schaltfläche von rechts öffnet die Übersicht über alle Verläufe.

❷ Im zweiten Schritt klicken Sie auf die zweite Schaltfläche von rechts für die selektiven Bereiche. Damit bekommen Sie eine Übersicht über alle Verläufe, aus denen Sie durch Klick in die Miniatur einen für die gewünschte Bildstimmung geeigneten wählen können.

▲ Spätherbststimmung durch Color-Cross-Entwicklung im Rotkanal (Tonemapping Kontrast).

32 mm :: 1/125 s :: ISO 100 :: RAW

Im Beispiel war das in der obersten Reihe der dritte Verlauf von links, also ein Verlauf von oben nach unten, um den zu Cyan-lastigen Himmel natürlicher aussehen zu lassen. Im Vergleich dazu sehen Sie im Bild darunter die Wirkung des Verlaufs von unten nach oben (dritter von rechts), der die Herbststimmung wieder bis zum Originalbild zurückführt und im Himmel die kräftigen Farben belässt.

◀ Ein Verlauf von oben nach unten führt zu einem weichen Übergang.

▶ Der Verlauf von unten nach oben führt zu einem weichen Übergang von keinem Effekt unten bis 100 % oben.

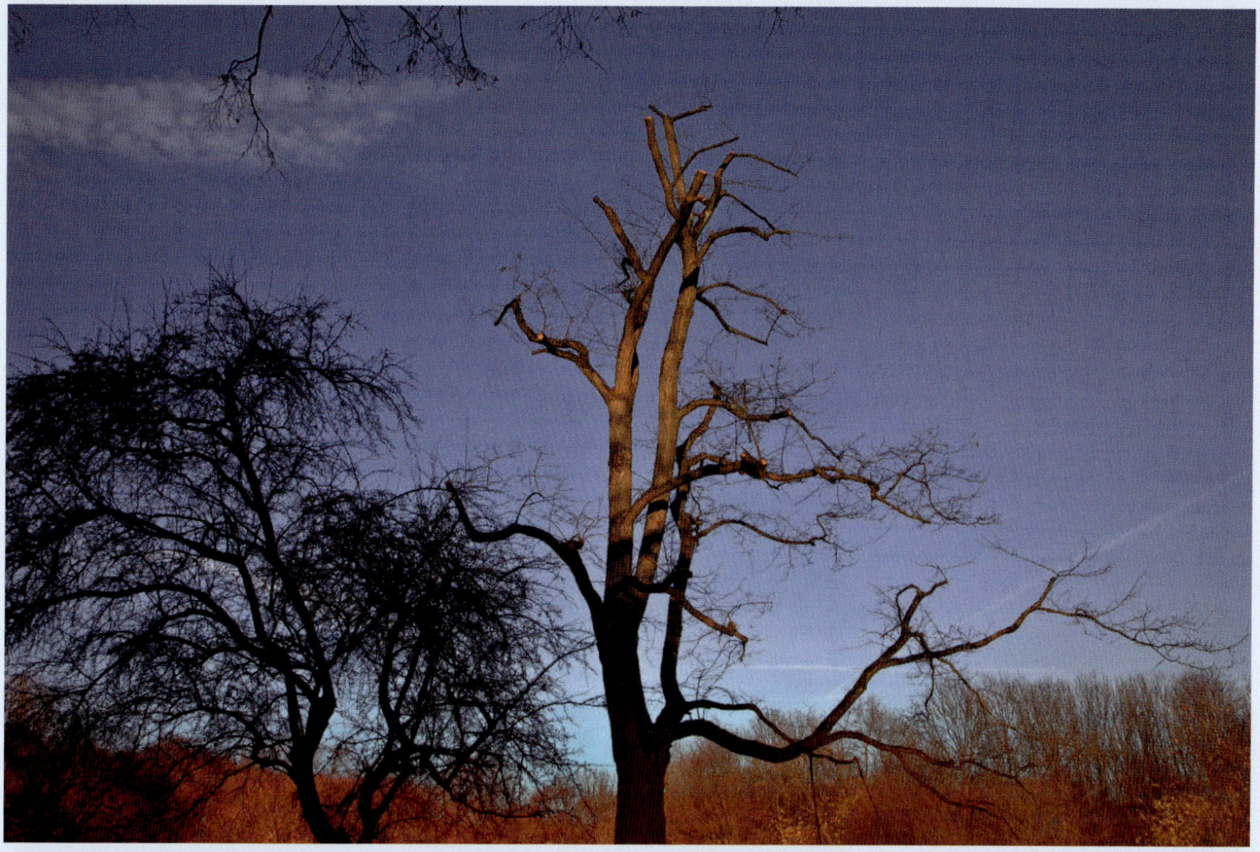

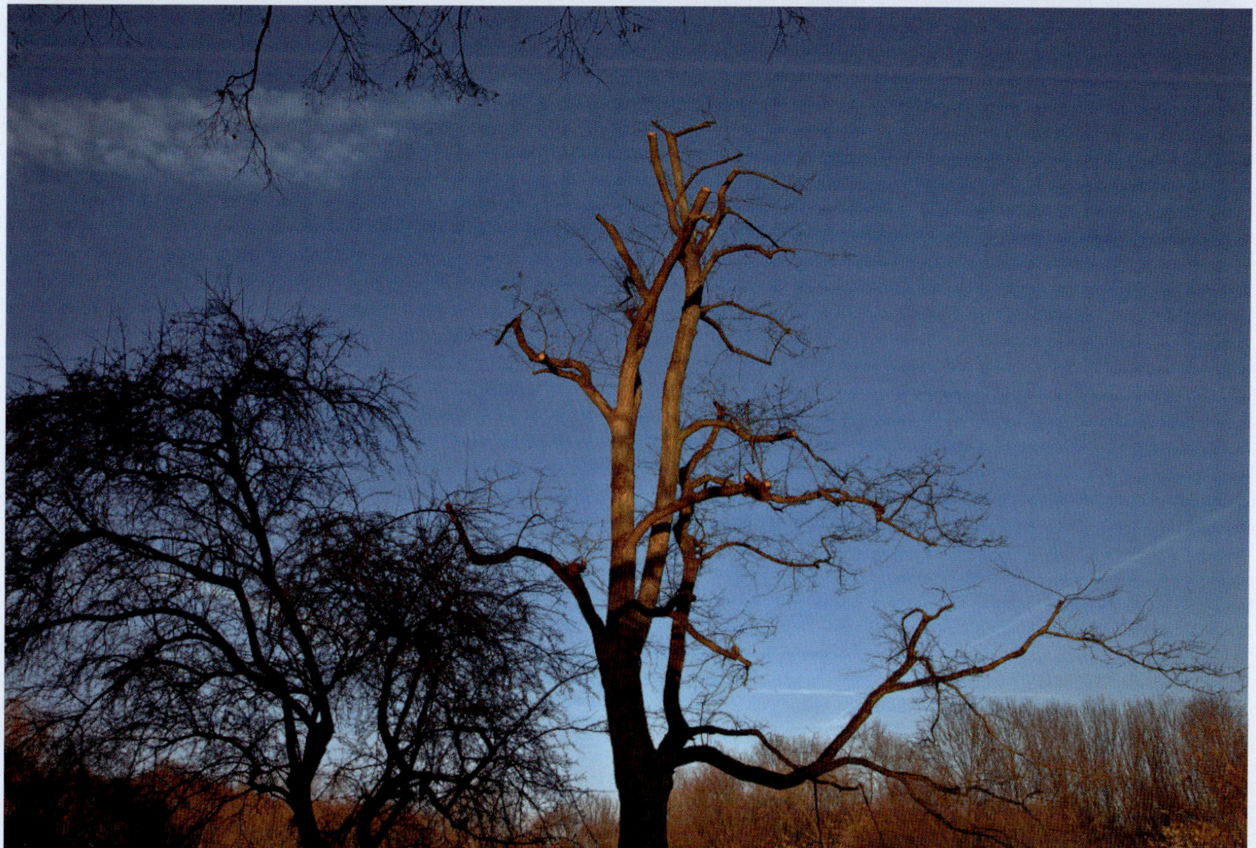

Eigene Voreinstellungen erstellen und weitere Effekte-Optionen

Wie Sie eigene Voreinstellungen erzeugen, haben Sie am Beispiel der leeren Voreinstellung schon erfahren. Hier sehen Sie noch einmal, wie einfach Sie durch Hinzufügen beliebig vieler Effekte oder ihrer Duplizierung zu ganz eigenen Bildlooks kommen oder Spezialeffekte erzeugen.

▸ Das in Kontrast und Farbcharakter etwas flache Originalbild.

▾ Der Bildlook mit der Voreinstellung Künstlerisch Impressionistisch wird durch eine Effektkaskade erzeugt.

◀ Mit Rechtsklick in die Liste der Effekte wechseln Sie zu den Effekte-Optionen.

Ein Rechtsklick in die Liste der gewählten Effekte führt Sie z. B. zu der Option, einzelne oder alle Effekte wieder abzuwählen. Hier können Sie aber auch bequem einen Effekt an den Listenanfang setzen oder Effekte duplizieren.

❶ Zuerst wählen Sie eine Voreinstellung Ihrer Wahl, im Beispiel ist das *Künstlerisch Impressionistisch*. Bei den gewählten Effekten sehen Sie 14 Effekte, eine sogenannte »Effektkaskade«, die durch Wiederholung von Effekten entsteht. Wählen Sie dazu per Rechtsklick auf einen Effekt im Kontextmenü den Befehl *Effekt duplizieren* aus.

Danach kommen Sie in wenigen Schritten zum Ziel:

▲ In drei Schritten zur eigenen individuellen Voreinstellung.

❷ Sie wählen einen oder beliebig viele zusätzliche Effekte, die Sie mit den individuellen Parametern weiter optimieren können – z. B. den Effekt *Farbdynamik* mit nach rechts gezogenem Regler für intensivere Farben.

❸ Dann wechseln Sie zur Voreinstellung *Künstlerisch Impressionistisch*, wo Sie auf das Pluszeichen klicken, um die Voreinstellung zu duplizieren, damit sie mit den neuen Effekten belegt werden kann.

❹ Anschließend vergeben Sie im sich öffnenden Dialogfeld noch einen sprechenden Namen und bestätigen die Aktion mit OK. Die Voreinstellung wird nun automatisch an unterster Stelle in die Kategorie *Eigene Voreinstellungen* angefügt. Nun setzen Sie mit Klick auf den Reset-Pfeil die Voreinstellungen bei der ursprünglichen Voreinstellung zurück.

▲ **Die selbst erstellte Voreinstellung** Impressionistisch Verstärkt **gibt dem Bild einen ganz neuen Look.**

Das etwas diesige, graue Originalbild hat durch Hinzufügen einer eigenen Voreinstellung in wenigen Minuten einen völlig neuen Look erhalten. Sie können ihn jederzeit weiter verändern, z. B. durch Kombination mit einer anderen Voreinstellung oder Hinzufügen weiterer Effekte, wie das Anschlussbeispiel zeigt.

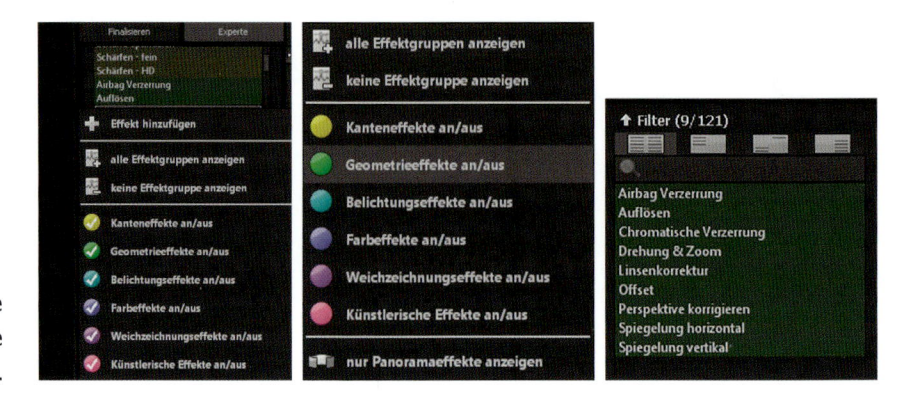

▶ **Per Rechtsklick in die Liste der Effekte sehen Sie zusätzliche Optionen, z. B. die** Geometrieeffekte.

250 | KAPITEL 9

Sie werden bemerkt haben, dass das Bild am Horizont leicht kippt. Das führt zu einer letzten Option, die ich Ihnen noch zeigen möchte:

❶ Per Rechtsklick in die Liste der 121 Effekte können Sie weitere Spezialeffekte anwenden, z. B. die *Geometrieeffekte*. Diese können Sie detailliert aufrufen, indem Sie zunächst auf *keine Effektgruppen anzeigen* klicken – dann sind alle Effektgruppen weg! Nach nochmaligem Rechtsklick erscheinen sie ohne Haken wieder. Jetzt wählen Sie den Effekt aus, den Sie anwenden möchten – im Beispiel die *Geometrieeffekte* –, und sehen die Optionen, die diese Effektgruppe anbietet, wie etwa *Drehung & Zoom*.

❷ Diesen Effekt fügen Sie wie gehabt per Doppelklick den Effekten hinzu und verändern unterhalb der gewählten Effekte nach Wunsch den Winkel.

▲ Hier können Sie Ihre Bilder geometrisch verändern oder verzerren.

Das Anpassen des Horizonts ist in diesem Modul eigentlich nicht vorgesehen und im RAW-Modul sinnvoller, weil dieses unter anderem sehr viel feiner arbeitet. Sie erkennen das an dem höheren Zoomwert: Durch das Drehen bleiben transparente oder schwarze Stellen an den Bildrändern zurück, die Sie über den eingeengten Bildausschnitt wieder abschneiden müssen. Als schnelle Nachkorrektur und hier zu Demonstrationszwecken können Sie diese Option aber gut nutzen.

▲ Überdreht! So sähe das Bild nach der Korrektur mit dem *Twist*-Wert (-180 Grad) aus.

▲ **Und so mit dem Geometrieeffekt** Spiegelung vertikal **plus Effekt** Aura.

Mit diesen Beispielen für den Modus *Experte*, die zeigen, wie individuell Sie Ihre Bilder entwickeln und Ihre Ideen weiterentwickeln können, haben Sie eine der großen Stärken von HDR projects 2018 kennengelernt. Sie können unendlich viele Möglichkeiten miteinander kombinieren. Alles, was Sie im *Experte*-Modus erfunden haben, können Sie im *Finalisieren*-Modus wieder mit anderen Effekten kombinieren. Ihrer Kreativität sind wirklich keine Grenzen gesetzt! Und genau das ist bekanntlich das Anliegen dieser Software und dieses Buchs.

Entdecken Sie die Möglichkeiten, Ihre eigenen und die der Software. Entdeckungsspielraum finden Sie hier im Übermaß. Ich wünsche Ihnen beim Nachbauen und vor allem beim Umsetzen Ihrer eigenen Bildideen viel Spaß und Erfolg.

▲ Und so nach der beabsichtigten richtigen Drehungs- und Zoomkorrektur.

> ### DANKSAGUNG
>
> **Ich möchte mich besonders bei Michael Piepgras bedanken, dem Entwickler dieser Software, der mir wertvolle Erklärungen und Hintergrundtipps zu diesem Buchprojekt gegeben hat. Ein weiterer Dank gilt meinem Lektor Ulrich Dorn.**

INDEX

Symbole

8-Bit-Bild 101
16-Bit-Datei 105
32-Bit-Bild 40

A

Abwedeln 165
Airbag 235
Algorithmen 86, 184, 232
Arbeitsbereich 24
Architektur 126
   Intensiv 31
   Tiefe 31

B

Basiswissen 13
Bearbeitungen rückgängig machen 88
Bedienfeld verschieben 98
Belichtung (EV) 42
Belichtungsreihen 13, 40, 112
   Arbeitsablauf 142
   bearbeiten 40
   einladen 60, 143
   manipulieren 170
   RAW 142
   Workflow 142
Belichtungsreihen-Browser 145
Beschneiden 48
Bildelement einfügen 211
Bildinformationen 100
Bildlooks 134
Bildsequenz-Player 168
Bildzuschnitt 49
Bit 100

Bit-Tiefe 100
Blende 109
Blitzworkflow 22
Brillanz-Optimierung 105

C

Chromatische Aberration 158
Composing 194, 206, 211
   Tipps 212
Composing-Modus 78, 206

D

Deckkraft 201
Detail-Prognose 166
Direkter Vorher-Nachher-Vergleich 180
Dodge-and-burn 165
Drittelregel 50
Dunst & Nebel 161
   entfernen 235
Dynamik 188
Dynamik-Regler 97
Dynamikumfang 13, 95, 100
Dynamikunterschiede 13

E

Ebenenverrechnungsbrowser 240
Effekte 164, 233
   ausblenden 69
   einblenden 69
Eigenes Seitenverhältnis einstellen 49
Entrauschen 158
Entrauschung 188
Entropie 42, 87

Ergebnisbild 50
   speichern 35, 48, 60
Experte-Modus 16, 30, 57, 78, 228

F

Farbmix 87
Farbrauschen 158
Farbtemperatur 164
Farbumfang 95
Favoriten
   erstellen 56
   speichern 56
Filmkorn 164
Finalisieren-Modus 16, 77, 176
Flecken 220
Fraktales Korn 195, 199
Freier Bildzuschnitt 49
Fusion 106
FX 161, 200

G

Gegenlicht 117
Geisterbilder 166
Geometrieeffekte 251
Geteilter Vorher-Nachher-Vergleich 180
Gewichte bearbeiten 169
Gewichtungsmatrix 170
Glättungsoption 202
Globales Gewicht 42, 175
   korrigieren 170
Goldener Schnitt 50
Goldene Spirale 50
Gradationskurve 244

H

HDR 13, 92
    aus einem Bild 24, 26
HDR-Algorithmen 86, 170
    Quervergleich 184
HDR-Fusion 111
HDR-Konvertierung 13
HDR projects 13, 16, 95
    Photoshop 64, 69
HDR projects 2018 5
    Neuerungen 75
HDR projects professional
    Alleinstellungsmerkmale 76
HDR-Stile 16, 22
HDR-Theorie 74
HDR-Vorbereitung 40
Helligkeitsunterschiede 13, 25, 103
Hilfslinien 50
Hintergrund 211
Histogramm 100
Hochformat 48

I

Import 105
Industrie 126
Intelligenter Farbraum 186

J

JPEG 100
JPEG-Bilder 40, 164
JPEG-Datei 13
JPEG-Format 15

K

Kameraprofil 151
Klarheit 188
Klonen 225
Kontraststeigerung 102
Kontrastumfang 13
Konturenerkennung 201
Konturenstärke 207
Körnung 194, 195, 199
Korrekturen 220
Korrekturpinsel 224
Kunstbilder 138

L

Landschaftsaufnahmen 121
Leere Voreinstellung 58
Licht 24, 112
Lichter 112
    ausgefressene 118
Logarithmische Luminanz 87, 184
Lokale Anpassungen 194, 200
Lupe 179, 221

M

Maske 173
Maskenanzeige 200
Maskierungsfilter 237
Maskierungskurve 244
Masterbild 155
Mitteltöne 112
Modus
    Experte 16, 57
    Finalisieren 16
Monochrom Orangefilter 197

N

Nachbelichten 165
Nachtaufnahmen 118
Natürliches Korn 195, 199
Natürlich/Spitzlichter 83
ND-Verlaufsfilter 164
Neutraldichte 164

O

Optimierungs-Assistent 23, 32, 33, 78, 186, 188
Originalseitenverhältnis beibehalten 49

P

Parametereinstellungen 242
Perspektive 235
Photoshop, HDR projects 64
Pinsel 169, 170, 207
Pinselsymbol 221
Point of Interest 182
Post-Processing 26, 43, 105, 176, 233
Projekt 48
    öffnen 52
    speichern 37

Q

Querformat 48

R

Radiergummi 202
Rauschverhalten 157
RAW 100, 149
RAW-Bilder 40, 164

RAW-Entwicklung   60, 149
   Besonderheiten   150
RAW-Format   13, 15
RAW-Funktionen   155
RAW-Modul   16, 148
Retusche   220

S

Schärfe   157, 188
Schatten und Licht   29
Schwarz-Weiß   132, 197
Seitenverhältnisse   48, 49
Selektive Masken   245
Selektiv Zeichnen   194, 200
Smart-Mask-Filter   237
Speichern   35, 106
Spezialeffekte   161
Spitzlichter   161
Staubpartikel   220
Supersampling   92
Synthetische Belichtungsreihe   23, 40
Synthetisches Bild hinzufügen   42
Szenario   183, 232
Szenario-Browser   183

T

Tastenkürzel   60
Technik   126
Tiefen   112
Tonemapping   60, 95
   Intensiv   240
Tonemapping-Algorithmen   96
Tonemapping-Verfahren   98
Tonwert   104, 188
Tonwertspreizung   105
Tonwertverlauf   102

U

ultra HDR   92, 183, 232
Undo-Punkte   88

V

Varianten-Browser   83, 87, 178, 179, 190
Verfremdungen   134
Vergleichsansicht   56

Verlaufs-Browser   91
Verzeichnung   159
Voreinstellungen   22, 30, 81
   kombinieren   52, 54
   leere   54, 58
Vorher-Nachher-Vergleich   180
Vorschau   30

W

Weißabgleich   164
Workflow   74

Z

Zeit   109

Bildnachweis

Alle Bilder in diesem Buch wurden von **Gerhard Middendorf** erstellt.

Ausgenommen dieser Bilder: **S. 10-11** Jörg Schulz. **S. 12** Alex Schumacher.
S. 43 Alex Schumacher (u). **S. 44-45** Alex Schumacher. **S. 62-63** Ulf Schulmeyer.
S. 72-73 Heike Buchborn. **S. 74** Alex Schumacher. **S. 93** Alex Schumacher.
S. 120-121 Alex Schumacher. **S. 140-141** Heike Buchborn. **S. 142** Alex Schumacher.
S. 189 Alex Schumacher. **S. 192-193** Shutterstock. **S. 216-217** Alex Schumacher.
S. 226-227 Heike Buchborn. **S. 228** Alex Schumacher. **S. 231** Alex Schumacher (o).
S. 243 Achim Mellor.